KB217395

영성은 사람이다

성경 인물로 보는 영성

영성은 사람이다

성경인물로 보는 영성

지은이 · 정광일
펴낸이 · 이충석
꾸민이 · 성상건

펴낸날 · 2019년 12월 20일
펴낸곳 · 도서출판 나눔사
주소 · (우) 03354 서울특별시 은평구 불광로 13가길
　　　 22-13(불광동)
전화 · 02)359-3429　팩스 02)355-3429
등록번호 · 2-489호(1988년 2월 16일)
이메일 · nanumsa@hanmail.net

ⓒ 정광일, 2019

ISBN 978-89-7027-983-1-03230

이 도서의 국립중앙도서관 출판예정도서목록(CIP)은 서지정보유통지원시스템 홈페이지
(http://seoji.nl.go.kr)와 국가자료종합목록 구축시스템(http://kolis-net.nl.go.kr)에서 이용하실 수 있습니다.
(CIP제어번호 : CIP2019051800)

영성은 사람이다

성경인물로 보는 영성

정 광 일

나눔사

머리글

"우리들 마음에 빛이 있다면 여름엔 여름엔 파랄 거예요.
우리들 마음에 빛이 있다면 겨울엔 겨울엔 하얄 거예요."

여름에는 파란 하늘을 보고 자라고, 겨울에는 하얀 하늘을 보고 자라나는 어린이의 마음을 잘 담은 '파란마음 하얀 마음'(1956년 어효선 작사 한용희 작곡)이라는 동요입니다. 칠순에 가까운 나이지만 어릴 때 불렀던 동요는 여전히 내 마음을 움직입니다. 이렇게 마음을 색깔로 표현할 수 있다면, 우리의 인격 또한 어떤 빛깔로 드러낼 수 있다는 생각입니다. 우리 민족을 백의민족이라고 하지만 그와 더불어 우리가 오래 전부터 닮고 싶은 색이 또 있었습니다.

지금 세계적으로 열풍을 일으키는 한류, 그 근원에 해당되는 것 가운데 하나인 고려청자를 떠 올려봅니다. 청자는 그 문양이나 형태의 탁월함 보다 그 색의 신비스러움에 있습니다. 청자에서 볼 수 있는 빛깔 비색翡色 이라고 하지요. 이는 하늘의 푸르름과 산의 녹음과 대지의 황녹, 이 세 가지를 담아 하나의 색으로 표현한 것이라고 합니다. 사실 비색의 '비'는 어느 특정한 색상이라기보다 어떤 상태를 표현하는 것이라고 해야 할 것입니다. 즉 고려청자는 옥빛과 담녹 회청이 혼합되어 나타나는 신비감 때문에 그 독특성과 가치가 있다고 할 것입니다. 그래서 비색은 비색秘色 이기도 한 것이지요.

그동안 영성을 색채감으로 설명해보곤 했습니다. 한 사람의 신앙적 품격이 영성이라고 한다면 이것은 어떤 색깔로도 들어날 수 있을 것이다. 즉 하늘을 사랑하고 땅을 사랑하는 어떤 사람이 그 하늘과 그 땅과 그 산과 그 들을 한껏 들이마셔 다시 내뿜는 온 색감의 조화로움이 있을 것이다. 이렇게 영성을 이야기하는 것입니다. 청자든 백자든 이들은 일종의 항아리입니다. 항아리는 무언가를 담는 그릇입니다. 가락재의 영성수련 교재의 이름을 '예수 담기, 예수 닮기'로 하면서, 영성도 우리의 몸을 그릇 삼아 무언가를 담는 과정이 아닐까 생각했지요.

이 책은 구약 성서와 신약 성서에 나오는 인물을 영성의 차원에서 그려본 글들입니다. 구약 인물은 이정훈 목사님이 발행하는 「성실문화」에, 신약 인물은 한경호 목사님이 발행하는 「농촌과 목회」에 실렸던 글을 이번에 보완하여 하나의 책으로 묶었습니다.

가락재 골짜기에서의 30년 세월을 지내오는 동안 여러모로 도움을 주신 분을 한 사람 한 사람 떠올리며 감사하는 마음으로 이 책을 펴냅니다. 수고해 주신 〈나눔사〉의 성상건 장로님과 추천해 주신 한양

대 이천진 목사님 그리고 제 아호를 지어주신 한국화가 이환영 화백
님께도 고마운 뜻을 전하고 싶습니다.

　특별히 표지를 디자인해 준 맏딸 나은이와 함께 좋은 의견을 나눈
자녀들. 학찬, 정태, 예은, 한, 효경에게 사랑하는 마음을 보냅니다.

　"진실로 생명의 원천이 주께 있사오니 주의 빛 안에서 우리가
빛을 보리이다." 시편 36:9

2019년 초겨울을 보내며
가락재에서　視山 정 광 일

차례

아브라함,
길 위의 영성

    구약 성경 창세기 11장에 처음 등장하는 아브람은 그의 아버지 데라가 유프라테스 강변 '우르'의 삶을 떠나 가나안으로 가는 여정의 아들로 소개된다. 먹고 사는 문제 때문인지 아니면 자녀 교육 때문인지 그도 아니면 정치적 또는 종교적 억압 때문인지 확실하지는 않지만 아무튼 그 가족은 거대한 메소포타미아 문명을 버리고 떠난 것이다. 문명사에 커다란 발자취를 남긴 수메르인들은 역사상 최초의 것들을 참 많이 남겼다. 쐐기 문자, 법전, 도시, 탑등. 높은 수준의 학문을 기반으로 당시 최첨단의 문명권(비옥한 초승달 Fertile Crescent 로 불려짐)을 이루었다. 이런 도시권의 혜택을 누렸을 데라는 가족을 이끌고 천 킬로미터의 대장정 길에 오른다. 창세기는 아브람을 길 떠나는 노마드 nomad 출신으로 묘사하고 있는 것이다.

데라는 가나안을 목적으로 하고 떠났으나 그는 중도의 땅 하란에서 죽고 아들 아브람은 아내 사라와 조카 롯을 데리고 다시 길을 떠난다. 우르에서 하란까지는 아버지를 따라 떠났다고 하면 하란에서 가나안까지는 자신의 결단이 필요했다. 이 주체적 결단은 그와 하나님 사이의 언약에 기인한다. 아버지가 자신의 뜻을 이루지 못하고 죽게 되어 이를 아들이 유업으로 이어받는 형태가 아니었다는 말이다. 비록 아버지의 뜻도 귀했지만 아들은 아들 나름의 하나님과의 수직적 차원의 믿음이 필요했다. 아버지 데라가 그 아버지의 집을 떠나야 했듯이 아들 아브람도 그 아버지 데라의 집을 떠나야 했다는 것이다. 한 집단이나 가족의 떠남이라 할지라도 그 안에 어떤 개인적 속성은 구별되어 이야기 될 수 있다는 점이다. 즉 떠남의 개인적 영역이다. 한 개인이 '복의 근원'이 될 수 있다는 사실은 의미 있는 신학적 주제이기 때문이다. 복의 원천에 다다르기 위해서는 세겜과 벧엘을 거쳐 네겝까지의 600 km가 넘는 길이 더 남아 있었다.

그러나 "내가 너로 큰 민족을 이루고 네게 복을 주어 네 이름을 창대하게 하리니 너는 복이 될지라"창세 12:2 는 약속의 말씀과는 정반대의 현상이 일어났다. 어렵사리 도착한 그 땅에 기근이 들어 살아갈 수 없었고 다시 이집트로 내려가게 되었는데 그곳은 약속의 땅과는 전혀 상관이 없는 곳이었다. 가나안으로 가는 길과 이집트로 가는 길은 아주 다른 것이다. 전자가 약속의 길이고 믿음의 길이라면 후자는 그렇지 않다. 이집트를 향하는 발걸음은 세속의 전형이다. 먹고 살기 위한 방책이다. 더 이상 영적존재 의미는 없다. 물적 존재로서의 배고픔이 있을 뿐이다. 이렇게 아브람은 아버지를 따라 가는 길과 주체적 신앙 결단으로 가는 길, 그리고 먹고 살고자 가는 길의 삼중적 인생 여정을 겪게 되었다. 믿음의 조상으로 떠받들어지는 아브람이라 하더라도 그가 걸어간 길이 언제나 곧고 바른 길만은 아니었다. 영성의 길만은 아니었다. 세속의 발걸음도 얼마나 많았던가! 아내를 누이로 속이기도 하고 때로는 하나님의 말씀을 웃음으로 넘기려고도 하지 않았는가? 나이 100살이라 할지라도 하나님의 말씀이라면 믿을 수 있어야 믿음의 조상 자격이 있지 않겠는가...

영성의 관심이든 아니면 물적 욕심 때문이었든 아브람과 조카 롯은 그들의 소유가 넘쳐 함께 하기가 어려울 정도의 물질적으로 부요한 상태가 되었다. 재산의 다툼은 부의 축적이 낳는 당연한 결과물이다. 이제 또 다시 가족과의 다툼을 해결하기 위해 아브람은 롯과 더 이상 함께 할 수가 없었다. 그들은 선택의 기로에 서 있게 된 것이다. 롯의 선택 기준은 이집트의 기름진 땅이었다. 아브람에게 넘겨진 땅 헤브론은 해발 927m의 고지대 산지로 거친 땅이었다. 그러나 아브람은 그곳에서 여호와를 위하여 제단을 쌓음으로 하나님과의 동행(헤브론은 친구라는 뜻)하는 길을 택했다. 이런저런 길 위에서의 우여곡절의 삶이 거반 다 지나고 이제 아브람에게는 영성의 최종 단계가 될 또 다른 길이 기다리고 있었다. 이제 겨우 제 길을 바로 가고 있는 것 같았으나 아브람 앞에는 그야말로 목숨을 걸어야 하는 또 하나의 난관이 있었다. 그것은 아들 이삭을 바치기 위해 모리아 산으로 향해야 하는 길이었다. 사람을 희생 제물로 드리는 일은 고대 제의에서는 흔한 일이었다. 신의 속성 가운데 뚜렷한 특징 가운데 하나는 진노였고 이를 피하기 위한 수단으로 동물이나 사람의 피가 드려진다. 이를 위해 어린 아이나 처녀가 제물로 드려진다. 그럼에도 불구하고 한 집단의 수장이 직접 친아들을 바치는 경우는 극히 드물었다. 희생 제물이 종교적으로 흔하던 시대라고 해도 대를 이을 아들을 번제물로 드린다는 것은 상상할 수 없는 일이었다. 아들을 바치라는 말과 큰 민족을 이루게 하겠다는 약속은 서로 상치되는 일이 아닌가? 모리아 산으로 가는 삼일 동안의 발걸음은 아브람이 그동안 걸어 온 길의 험난함과는 비교할 수 없는 실로 엄청난 것이었다.

  영성 spirituality 을 영성화 spiritualize로 이해할 경우 좋은 점은 영성을 삶과 보다 가까이 할 수 있다는 것이다. '영성'이라는 말이 본성, 본질, 근본, 바탕에 해당되는 것이라면 '영성화'는 이러한 본바탕을 우리의 삶에 어떻게 적용시키고 실천에 옮겨 이를 생활화할 수 있을 것이냐에 비중을 두는 것이다. 이런 점에서 영성은 그 자체를 신학적으로 다루기보다는 영성과 삶 또는 영성 생활이라는 말을 씀으로 그 본뜻이 더 잘 드러난다고 말 할 수 있다. 영성은 신앙생활이고 신앙인의 마땅한 삶이기 때문이다. 그런데 오래전부터 동양이든 서양이든 우리는 인간의 삶을 '길'로 묘사해왔다. 삶을 길로 비유할 때 이보다 더 좋은 수사법이 또 없었던 것이다. 우리 인간이 수 십 년에서 수 백 년 아니 수 천 년 동안 이어 온 삶의 여정旅程, 곧 길이다. 길은 어떤 뜻이나 목적을 이루기 위한 수단이나 방법이다. 가까운 이웃집이나 멀리 다른 마을로 가려면 길이 있어야 한다. 차와 말 그리고 소금, 약재, 금 은, 버섯류 등의 물물 교환을 위해서 히말라야 높은 언덕을 넘어가는 5000여 km의 장대한 차마고도茶馬高道 가 있었고, 중국의 중원에서 지중해에 이르기까지의 실크로드는 장장 6400 km 이다. 또한 모든 길은 로마로 통한다는 말이 있듯이 로마가 세계를 지배하려는 목적으로 닦은 기나긴 길도 징기스칸의 몽골 군대가 전투를 벌이기 위해 다닌 수만 킬로미터의 길에 비할 수 없으리라.

그러나 길은 반듯이 어떤 뚜렷한 가시적 목적을 전제로 하지 않을 수도 있다. 나그네 길이나, 순례자의 길 그리고 방랑자의 길도 있다. 구도자의 길은 또 다르다. 그들에게 있어서 길은 방법이 아니라 그 자체가 하나의 목적이다. 그래서 "길에서 길을 묻다"는 말도 나올 수 있었다. 슈베르트의 겨울 나그네와 방랑자 환상곡, 페데리코 펠리니 감독의 영화 '라 스트라다(길)'과 임권택의 '서편제'에서 나오는 두 주인공이 춤추던 길, 그 길은 그 자체로 하나의 예술이다. 길은 사람이고, 길은 삶이다. 길은 믿음이고 길은 영성이다. 또한 길은 예술이고 길은 진리이고 길은 도道다. 태초에 도가 있었다.요한 1:1 태초부터 있었던 그 길을 예수님은 말하려 하셨다.

아브람이 걸었던 모리아 산으로 가는 길 이야기를 이어가고자 한다. 대체 그 길을 어떤 길이란 말인가? 그동안 그가 걸었던 길도 벅차다 말할 수 있었는데 무슨 까닭으로 다른 길을 또 다시 걸어야 하는 건가? 백세에 겨우 아들 하나 얻고 그 아들 잘 키워온다고 했는데 그 아들을 바치라니 이게 될 말인가 말이다. 하갈에게서 난 아들은 이미 아들의 족보에도 오르지 못하도록 내쫓았으니 실제로는 하나밖에 없는 외아들이다. 창세기 22장은 아브람이 할례 예식을 통해서 아브라함이라는 새로운 영적 이름으로 개명된 지 얼마 되지 않아 그 이름에 걸 맞는 시험을 치르기 위한 길을 그린다. 아침 일찍 나귀의 등에 안장을 얹고 번제에 필요한 장작을 쪼개어 떠나는 사흘 길. 마침내 말씀하신 그 곳에 이르러서 제단을 쌓고 제단 위에 장작을 벌려놓고 아들을 묶어서 제단 장작 위에 올려놓고 손에 칼을 들어 이삭을 잡으려는 그 순간까지의 길. 17세기 네덜란드의 화가 렘브란트는 이 상황을 '아브라함의 제물'이라는 제목으로 큰 화폭(193×133)에 그렸는데, 건장한 할아버지의 왼손이 소년의 눈과 귀를 덮고, 조금 전까지도 오른 손에 힘 있게 쥐어져 있었을 시퍼런 칼은 바위 끝에 놓여 있다. 캔버스 중앙 아래쪽엔 16살 쯤 된 소년이 두 손을 뒤로 묶인 채로 뉘어져 있다. 칼끝은 여전히 소년의 목을 향하고 있는데 빛의 작가답게 렘브란트는 벌거벗은 제물 아들의 목과 가슴 부분을 눈이 부실만큼 밝고 환하게 그려 놓았다. 긴급한 상황, 이 보다 더한 경우가 또 어디 있을까 싶다.

번제 예식을 집행하는 아브라함의 상황에 신학적 해석을 덧붙여 본다. 제단의 제물 위로 높이 들려진 칼을 잡은 이는 하나님이고 그 칼에 의해 죽은 이는 아브라함 자신이라고. 진정으로 제물이 되어야 할 존재는 이삭도 아니고 양도 아니고 바로 아브라함 자신이라고. 사제가 제사를 위해 비둘기나 양 같은 제물을 잡지만 그 과정에서 필요한 것은, 제물을 가져 온 이들이 그 현장에서 제물의 죽음을 통해 자신의 죽음을 경험할 수 있어야 한다는 것. 아니 그보다 더 중요한 일은 사제 자신의 죽음이다. 제사 행위의 주체는 사제이며 사제의 죽음이야말로 제사의 진정성이 되는 까닭. 곧 '제물이 된 사제' 이야기를 하고 싶은 것이다. 우리가 아직까지 기독교와 교회의 상징물로 여기고 있는 십자가가 그것 아닌가? 힘에 대한 영원한 긍정성에 대한 대척점으로서의 십자가의 길, Via Dolorosa는 Via Negativa 곧 부정의 길임에 틀림이 없다. 빌라도 법정에서 제물로 규정되고 골고다 언덕에서 번제 행위가 가해진 그 800m의 길. 아브라함의 사흘 길은 바로 그러한 길이었다. 모리아 언덕은 바로 골고다 언덕이었던 것이다. 아브라함이 걸은 길이 영성의 길이고 아브라함의 영성을 길 위의 영성이라고 함은 그 길에서 예수께서 지신 십자가를 앞서 보여주는 신학적 예표豫表 이기 때문이다.

새벽길의 교우들, 등교 길의 학생들, 새벽 첫차를 향하는 이들. 농부의 발걸음은 논둑길을 만들어 갈 것이고 어부의 발걸음은 뱃길을 만들어 갈 것이고 상인의 발걸음은 장삿길을 만들 것이다. 순례자의 발걸음이 산티아고의 길을 남겼고 제주의 올레 길은 또 하나의 명물이 되어간다. 지금도 목숨을 걸고 히말라야의 길을 걷는 산악인이 있다. 세상에서 가장 위험한 길로 알려진 스페인의 '엘카미나토 델 레이' El Caminato del Rey 라는 절벽 길에서 스릴을 느끼는 이들도 있을 것이다. 오늘도 해뜨기 전 이른 아침에 일어나 하루의 첫 걸음을 뗀다. 진정한 영성의 길은 어떤 것인가. 세속을 등진 길인가. 세상을 껴안는 길인가. 세속을 초월한 길인가 세상 한 가운데로 난 길인가. 오늘 걷는 이 길은 어떤 길인가. 내가 걷는 이 길은 아브라함의 길과 중첩되어 나중 어떤 길로 남겨질 수 있을까?

이삭,
우물을 파는 영성

아버지 아브라함에 비해 아들 이삭은 여러 가지로 비교된다. 아브라함이 통 큰 장군형이라면 이삭은 어린 소년상이다. 백 살에 낳아 기른 자식이다. 어떻게 자랐겠는가. 아무리 나이를 먹고 어른이 되어도 평생 아무 아무개의 아들로 기억되는 사람이 있다. 유대인 가운데 히브리어로 아들을 뜻하는 벤Ben으로 시작되는 이름이 그렇고 (벤야민, 벤암미, 벤허) 영어권의 경우 이름에 아들을 뜻하는 썬son으로 끝나는 사람이 그렇다.Johnson, Anderson, Peterson등 자신의 이름이 '아무개 아버지의 아들'인 셈이다. 그러한 이름은 아닐지라도 이삭은 평생 아들이라는 이미지를 갖고 살았다. 그는 독립적이기 보다는 의존적이고, 전투적이기 보다는 방어적이고, 적극적이기 보다는 수동적이었다. 모리아 산 제단에 결박되어 있는 모습이라든가 배필로 리브가를 삼게 되는 과정이 그렇다. 가정생활에서도 아내에게 주도권이 있었을 것이라는 점은 어렵지 않게 추측된다. 말년에 나이가 많아 눈이 어두워 잘 볼 수 없게 되긴 했지만 그가 아들 야곱과 에서를 혼돈 하는 장면에서도 그의 이런 성품을 엿볼 수 있다.

아브라함은 고향을 떠나 수천 킬로미터를 다니며 떠돌이로 살아간 유목인의 전형이었다면 이삭은 한 곳에 머무르며 살아간 농사꾼이었다. '그랄'이란 땅에서 농사를 지어 한 해에 백 배의 수확을 거두어들였다고 했으니 실로 놀랍다 창 26:12. 농사 뿐 아니라 목축업에도 탁월함을 발휘하여 양떼와 소떼를 늘려 큰 부자가 되었다. 기질적으로 아버지와는 달리 그는 정착형의 인물이었다. 그런 그에게 뜻하지 않은 일이 발생한다. 농사와 목축의 근원이라 할 만한 정착 생활의 근거가 되는 샘터를 빼앗기게 된 것이다. 아브라함에게서 넘겨받은 우물이 블레셋 사람들에 의해 흙으로 메워지고 그는 다른 곳으로 옮겨 새로운 우물을 파야했다. '에섹'이라는 우물이었다. 그러나 그 우물도 다른 목자들과의 시비 때문에 넘겨주고 '르호봇'이라는 우물을 다시 파야했고, 또다시 '브엘세바' 라는 곳에서 새롭게 우물을 파야했다. 브엘세바는 맹세나 일곱을 뜻하는 '세바'와 우물을 뜻하는 '브엘'이 합쳐진 이름이다. 이삭의 별명을 들라면 '브엘'이라 하겠다. 우물을 파는 삶, 그것이 이삭의 인생이었다.

샘이나 우물은 깊이로 말해진다. 가락재 영성원을 세우면서 그동안 모두 네 개의 관정管井을 팠다. 둘은 얼마가지 못해 물이 말라 용도 폐기되었고 둘은 지금까지 사용한다. 하나는 이십 여 미터를 팠고 다른 하나는 구십 여 미터를 팠다. 관정을 파는 기술자나 집 주인이 서로 하는 말은 얼마나 깊이 파야하느냐 또는 얼마나 깊이 팠느냐는 것이다. 꼭 요즘의 상황이 아니더라도 모든 샘은 그 깊이를 가진다. 굳이 사람의 손으로 파지 않고 자연스레 위로 솟아 넘치는 샘이라 할지라도 그 근원은 언제나 깊은 곳에 있기 마련이다. 그런 점에서 샘이나 우물은 영성과 관계된다. 큰 영성, 넓은 영성, 강한 영성 등의 표현이 가능하다 하더라도 영성에 어울리는 말은 '깊은 영성'이다. 나무로 말하면 영성은 나무의 크기나 나무의 아름다움이나 나무의 열매에 있다기보다 오히려 그 뿌리에 있다. 뿌리 깊은 나무는 시편 1편에서 말하는 시냇가에 심겨진 나무와도 같다. 뿌리 깊은 나무는 바람에 흔들리지 않으며 샘이 깊은 물은 가뭄에 마르지 아니한다. 그런 점에서 영성이 뿌리의 깊음으로 말해짐은 당연한 일이다.

태초의 일에 대한 창세기 1장 2절은 "하나님의 영이 물 위에 움직이고 계셨다"고 기록한다. 여기에서 주목하여 볼 것은 영과 물, 물과 영의 관계이다. 히브리어로 '영'은 루아흐Ruach이며 물은 마임mayim이다. 이는 생명에 대한 두 개의 다른 표현이다. 생명 그 자체는 보이지 않지만 동시에 보이는 것이기도 하다. 루아흐는 보이지 않는 생명에 대한 표현이며 마임은 보이는 생명에 대한 표현이다. 루아흐는 바람이나 숨을 말한다. 바람 같은 하나님의 숨결이 생명의 근원이라 할 수 있는 물 위를 휘감으며 움직이고 있었다. 이것이 최초의 생명

탄생 순간에 대한 묘사이다. 이를 한 폭의 그림으로 연상해볼 수 있을 것이다. 안개나 폭포 또는 강물을 여백의 미로 표현하는 동양화나 한국화 말이다. 지구에 오늘과 같은 생명체가 살게 된 그 최초의 원인을 물에 두는 것이 일반적 자연 상식이다. 물 한 방울에서 지구의 생명이 시작될 수도 있었다는 이야기이다. 그 물의 유입을 외부적 요인에 두기도 한다. 만일 우주의 어느 한 별에 생명체가 살고 있다면 역시 그 원인도 물에서 찾는다. 생명체가 있는 행성에 물을 지속적으로 댈 수 있는 기술이 있다면 새로운 생명체가 사는 별을 우리가 만들 수도 있지 않을까 상상해 본다. 물이 있으면 생명이 있는 것이다. 물이 생명이니까.

이삭의 삶은 이런 물의 가치를 느끼며 물과 함께 살아 온 물의 삶이다. 물이 없으니 양이나 소가 죽는다. 이들을 살리기 위해 물을 찾는다. 물이 어디 있는가? 산골짜기나 강 아니면 오아시스? 그러나 이삭은 물을 얻으려고 산이나 들 아니면 사막 한 가운데로 가지 않고 자신이 살고 있는 그 땅에서 물을 찾으려 했다. 이것은 영성에 있어서 아주 중요한 점을 암시한다. 목이 마르다. 물이 필요하다. 그런데 물이 없다. 물이 어디에 있을까. 물을 찾아 천리 만 리를 헤매는 것이 아니라 자신이 현재 두 발로 딛고 땅 그 땅에 분명히 물이 있다고 확신하는 것이다. 옆에 있는 것도 저 멀리 있는 것도 아니고 내 발 밑에 있다는 것이다. 이삭은 물을 찾기 위해 땅을 팠다. 땅 속 깊은 곳에 숨겨져 있는 물을 찾은 것이다. 그야말로 수맥水脈을 찾는 것이다. 이것이 물에 대한 수직의 차원이고 이는 영성의 한 단면이기도 하다. 지금도 아프리카 오지에 사는 사람들은 마실 물 한 동이를 얻기 위해 한 시간 두 시간을 걷는다. 그러나 물은 그들이 살고 있는 마을에 있다. 그 땅 여기저기에 있다. 아직 찾지 못했기 때문이다. 수맥을 살피고 관정을 파고 양수기를 돌리면 물을 얼마든지 뽑아 쓸 수 있다. 이런 일을 하는 국제 봉사단이 한국에도 있지 않는가.

시편 42편 기자는 "사슴이 타도록 목말라 시냇물을 찾듯, 내 영혼이 주님을 찾아 애태웁니다"라고 고백한다. 목마른 사슴의 타들어 가는 목을 적실 생명수가 다른 데 있는 것이 아니라 내 안에 있다. 내 안 깊은 곳에 있다. 내 안에 있는 마르지 않는 수맥을 찾는 일 이것이 영성의 과정이다. 그 맥을 제대로 찾기만 하면 예수 그리스도께서 말씀하신대로 그 배에서 생수의 강이 넘쳐날 것이다. 그런 우물, 퍼 올리는 두레박을 갖고 있다면 사마리아 여인처럼 더 이상 남의 시선을 피하여 대낮에 물을 긷기 위해 야곱의 우물을 찾지 않아도 될 것이다. 내 집에도 물이 있으니까. 내 집 마당에 마르지 않는 우물이 있으니 말이다.

이삭은 물을 파는 사람이었다. 이삭은 수맥을 알고 있는 사람이었다. 그는 물이 없어 쩔쩔매는 상황의 경험을 여러 번 한 사람이었다. 그는 열심히 판 우물이 다른 이들에 의해 졸지에 메워지는 호된 시련도 맛 본 사람이었다. 그러나 힘들었던 만큼 그는 새로운 샘 줄기를 찾고 그 물이 솟아나는 그야말로 놀랍고 엄청나게 기쁜 순간도 체험한 사람이었다. 이를 위해 때로 다투기도 하고(종들 사이의 다툼이었지만), 때로 부딪치기도 하였다. 그러나 끝내 물이 흘러넘치는 넓은 우물이라는 르호봇을 얻었다. 일반적으로 말해서 이삭의 이미지는 순종과 착함이다. 아버지에게 이끌려 모리아 산으로 끌려갈 때도, 사용하던 우물이 메워졌을 때도, 애써 판 우물을 다시 빼앗겼을 때도 그는 잠잠했다. 그의 종들이 물 때문에 이웃 사람들과 시비가 붙고 싸울 때도 막상 그 자신은 다툼을 피하고 결국은 우물은 포기하고 다른 지역으로 옮겨갔다. 그야말로 착한 사람이었다. 다툼을 싫어하고 시시비비를 가리는 일보다, 양보하고 한 발 뒤로 물러나는 삶이었다. 그러나 그에게 물에 대한 관심만큼은 대단했다. 물에 대한 열정이 누구보다 컸다는 말이다. 브엘세바까지 어쩌면 쫓겨 왔다고 할 그 상황에서 "이삭이 그 곳에 제단을 쌓고 주의 이름을 부르며 예배하였다. 그는 거기에 장막을 치고 그의 종들은 거기에서도 우물을 팠다고"창 26:25 성경은 기록하고 있다. 새로 판 우물가에서 드리는 샘솟는 기쁨의 예배는 그 어떤 곳에서의 예배와 비교할 수 없는 것이었다. 브엘세바의 예배는 창세기에서 길갈의 예배, 벧엘의 예배와 함께 중요하게 기억되는 예배이다. '브엘세바'는 맹세의 우물, 일곱 개의 우물이라는 뜻이다. 아마 이 명칭을 쓰게 된 것은 그동안 아브라함과 이삭이 판 우물이 모두 일곱 개이기도 하며 일곱이 뜻하는 완전함 때문이 아닌가 추측해 볼 수 있다. 더 이상의 우물은 필요 없다는 뜻 아닌가? 우물을 빼고 이삭을 이야기 할 수 없다. 물을 파며 물과 함께 살아가며 물과 함께 예배하며 살았던 사람이 이삭이다.

창세기 1장에 나오는 물 이야기는 계시록 마지막 22장에서 마무리

된다. 22장 1절 수정같이 빛나는 생명수의 강이 보였다는 말씀, 그 물길이 도시의 넓은 거리 한가운데를 흘렀다. 생명나무 이야기가 나오고 17절 성령과 신부가 "오십시오!"라고 말한다. 이 말을 듣는 사람들은 또한 "오십시오!"를 외친다. 목이 마른 사람들은 오라 한다. 생명의 물을 원하는 사람은 거저 마시라고 말한다. 내용적으로 말하면 요한 계시록은 22장 17절의 말씀이 결론이다. 뒤에 나오는 18-21의 말씀은 일종의 에필로그이기 때문이다. 성경 말씀은 이렇게 물에서 시작하여 물로 끝을 맺는다. 물이 생명이기 때문이다. 물을 말하고, 물에 대한 영적 의미를 묻고, 물을 영성화spiritualize하는 것. 이렇게 물을 영성화 함에 있어서 성경적 인물로 이삭을 떠올리는 일은 당연하다. 우물 때문에 고생하고 우물 때문에 기쁨도 얻고 우물물과 함께 평생을 살아 온 이삭은 물다운 사람이다. 물의 유연함, 물의 겸손, 물이 깊이, 물의 생명력, 말 그대로 이삭의 유연함, 이삭의 겸손, 이삭의 깊이, 이삭의 생명력이다.

이삭의 생명력은 둘째 아들 야곱에게 그대로 이어진다. "하늘에서 이슬을 내려주시고 땅을 기름지게 하시고 곡식과 새 포도주가 넉넉하게 하실 것이다…"창 27:28 곧 하늘의 물을 받아 기름져 풍성한 열매를 맺음으로 여유롭게 살아가는 삶. 이것은 이삭이 평소 바라고 소원했던 바로 그것이다. 그 자신도 그 복을 누렸으며 그 복 곧 아버지 아브라함에게 하나님께서 약속하신 그 복이 자자손손 대대로 이어지도록 복을 비는 것이다. 복의 근원, 근원으로서의 복 말이다. 근원根源은 물의 근원을 뜻한다. 마르지 않는 샘물의 근원을 가지고 산다면 이것이야말로 최고의 복이다. 그 물은 자신과 가족은 물론, 더욱 낮은 데로 흐르면서 주위의 땅을 기름지게 하고 오곡백과를 무르익게 할 것이다. 이 세상에 물보다 더 착한 것이 없다고 하는데 바로 이 착한 모습을 우리는 이삭에게서 보는 것이다. '상선약수 수선리 만물이부쟁上善若水 水善利 萬物而不爭'(노자 도덕경에서)

리브가,
아름다운 여성 그 이상의 영성

'리브가' 하면 떠오르는 이미지는 아리따움이다. 성경의 인물 가운데 지금까지 아름다움을 추구하는 여성들에게 붙여지는 이름으로는 으뜸이 아닌가 싶다. 아브라함의 아내 사라는 '원숙함'으로 사사시대의 드보라는 '여장부'로 마리아는 '모성애'로 그 특성을 들어낸다면 리브가는 무엇보다 아름다운 여성상이다. 포털 사이트에 리브가를 치면 헤어샵, 토탈 뷰티샵이 먼저 눈에 띈다. 뮤지컬과 소설 그리고 잡지의 이름은 레베카로 잘 알려져 있다. 리브가가 아름다운 여인인 것은 성경의 기록 그대로다.

"그 소녀는 보기에 심히 아리땁고..." 창 24:16

"...리브가는 보기에 아리따우므로..." 창 26:7

아브라함은 백세가 되어 낳은 아들 이삭의 배필을 위해 고향 메소포타미아로 종을 보냈다. 그의 가족들이 거주하고 있는 가나안 땅의 여인을 며느리로 맞을 뜻이 없었기 때문이었다. 어느날 리브가가 물을 길러 나왔는데 그곳은 나홀이란 성 밖의 한 우물이었다. 나홀이란 말은 구약 성경에 여러 번 나오는데 그곳은 하란에 가까운 도시였다. 하란은 그 옛날 아브라함의 아버지 데라가 우르를 떠난 뒤에 오랫동안 머무른 도시였으며 데라는 거기에서 아브라함과 나홀과 하란을 낳았다. 창 11:26 곧 나홀은 아브라함의 형제로 나홀 성은 그 이름에 기인한 것이 아닌가 한다. 그렇다면 리브가는 아브라함의 한 집안 핏줄인 것이다. 성경은 물동이를 어깨에 메고 오는 리브가를 말하면서 그는 아브라함의 동생 나홀의 아내 밀가의 아들 브두엘의 소생임을 밝혀준다. 아브라함은 그가 태어난 고향 하란을 떠나 약속의 땅 가나안으로 들어가서 살게 되었는데 아들 이삭의 짝은 하란 땅 나홀 성에서 살고 있는 혈육을 택하고자 한 것이다.

창세기 25장은 아직 남자를 가까이 하지 않은 처녀인 리브가의 얼굴모습 뿐 아니라 그의 몸짓과 행동거지에 이르기 까지 비교적 자세히 기록하고 있다. 아브라함의 종이 그녀에게 물을 좀 마시게 해 달라고 부탁을 하자 급히 물동이를 내려 손에 받쳐 들고 마시도록 할 뿐만 아니라 물을 더 길어다가 낙타에게도 실컷 마시게 한다. 잠 잘 때를 찾는다고 하니 자기 집에는 짚과 여물이 넉넉하고 하룻밤 묵을 방도 있다며 손님에 대한 배려와 친절을 아끼지 않는다. 아브라함과 사라가 원하는 청혼의 뜻을 리브가의 오라버니인 라반과 아버지인 브두엘에게 전하자 이 모든 과정이 하나님의 뜻인 것을 알고 승낙한다. 다만 얼마동안의 날을 더 보낸 뒤라야 하지 않겠느냐는 부모의 생각과는 달리 리브가는 곧바로 떠날 채비를 하고 먼 길을 나선다. 이러한 청혼과 승낙과 동행의 과정을 67절이라는 긴 이야기로 소개한다. 여기에서 주목할 점은 리브가의 친절함과 민첩성 뿐 아니라 그녀의 자발적 적극성이다. 그리고 과감한 결단력이다. 어쩌면 이러한 성향은 그의 남편 이삭과는 뚜렷한 대조를 이룬다.

이삭이 온순하고 순종적이며 부드럽고 갈등을 피하며 조화와 양보의 성품을 지닌 사람이라면 리브가는 적극적이고 결단력이 있으며 갈등을 헤쳐 나가면서 끝내 뜻을 이루고 마는 성향의 사람이다. 이삭이 평화주의자라면 리브가는 개혁주의자이다. 착한 남자 이삭이 똑 부러지는 여자 리브가를 만나 한 가정을 이루게 되었다. 어찌 보면 남녀로 궁합이 잘 맞는 부부라고 할 수 있다. 부드러움과 강함, 내향성과 외향성, 수동성과 능동성, 보수성과 진보성…음양의 조화가 아닌가 싶다. 끝내 '이스라엘'이라는 한 나라의 이름을 얻은 둘째 아들 야곱은 아버지 이삭 보다는 엄마 리브가를 닮았다. 이 모자는 너무도 꿍짝이 잘 맞아 이른바 대형사고를 쳤다. 어디라고 감히 남편과 아버지를 속이고 그런 일을 저질렀는가 말이다. 그런데 중요한 사실은 그런 일이 발각되었음에도 불구하고(사전이 아닌 사후 발각이기는 하지만) 장자에게 이어지는 영적 계보가 그대로 장남 아닌 차

남에게로 넘어갔다는 점이다. 이를 어떻게 해석할 수 있을까? 이를 풀기 위해서 열쇠 말로 인용될 수 있는 구절이 있다. 곧 "내가 야곱을 사랑하였고 에서는 미워하였으며…"말라기 1:2-3 그런데 이에 앞서 "이삭은 에서를 사랑하고 리브가는 야곱을 사랑하였더라…"는 말이 나온다 창 25:28. 성경은 리브가의 편애적 사랑을 두둔하고 있는 듯하다. 결국에는 아브라함과 이삭으로 대표되는 가정에 며느리가 들어와서 한 집안의 흐름을 바꾸어 놓은 셈이다. 아버지에서 장남으로 이어지는 가문의 맥을 어머니에서 차남으로 연결되도록 말이다.

그런데 아버지 이삭이 에서를 사랑하는 이유가 다름 아닌, 에서가 사냥해서 만들어준 고기 때문이었다는 것이다. 또한 큰 아들이 장자의 상속권을 당장 배고픔을 해결할 팥죽 한 그릇 보다도 가볍게 여겼다는 것이 문제였다. 천칭 저울을 생각해보자. 한쪽 그릇에 고기와 팥죽이 담겨져 있고 다른 쪽 그릇에는 장자의 상속권이 담겨져 있다. 에서의 저울과 야곱의 저울이 달랐다. 저울은 무게이며 가격이며 가치를 측정하는 기준이다. 곧 여기에 중요한 영과 육의 교차점이 생겨난다. 다시 말해서 영적 가치 또는 영적 관심과 육적 가치 또는 육적 관심의 차이를 말하고자 하는 것이다. 영은 영이고 육은 육일 뿐이다. 영으로 시작해서 육으로 마친다고 할 때의 그런 영과 육이다. 하나님께서 아브라함을 선택하셔서 이루고자 하신 계획 그 뜻을 이어나갈 영적 계보의 바통을 받아들고 잘 달릴 수 있는 주자走者로서의 자격이 에서가 아닌 야곱으로 뽑혔다는 사실이다. 그리고 그 결정적인 역할을 다른 이가 아닌 리브가가 해냈다는 점이다. 이 과정에서 한 가지 리브가의 단면을 알 수 있는 구절이 나오는데 곧 "어머니가 그에게 이르되 내 아들아 너의 저주는 내게로 돌리리니 내 말만 따르고 가서 가져오라" 창 27:13 는 말이다. 혹시나 이런 어찌 보면 큰 잘 못일 수 있는 이런 일 때문에 당할 저주의 몫이 있다면 그것은 내가 감당하겠다는 단호함이다. 비장함마저 느껴진다. 대단한 여인이 아닐 수 없다.

아브라함-이삭-야곱으로 이어지는 영적 맥의 과정에서 리브가라는 한 여성이 차지하는 비중은 컸다. 왜 에서가 아니고 야곱인가? 남성 위주의 사회, 장남으로 계보가 이어지는 문화권에서 리브가라는 한 여인의 역할은 놀랍도록 크다. 야곱에게로 장자의 명분이 넘어가고 그 명분에 걸 맞는 역할을 제대로 해내어 결국은 이스라엘이라는 큰 이름을 얻도록 하는데 있어서 야곱의 어머니 리브가는 결정적인 인물이었다. 리브가 없이는 이삭도 없고 리브가 없이는 야곱도 없었을 테니까...

하란 땅 나홀의 성에 살고 있었던 처녀 리브가는 장차 시아버지가 될 이삭이 보낸 종을 만나 메소포타미아에서 가나안까지 500km에 이르는 대장정의 길을 떠났다. 그의 장래 시조부 아브라함이 그리했던 것처럼 말이다. 그녀도 믿음의 조상 아브라함의 친족으로 같은 피가 흐르고 있었고 그 먼 길을 마다하지 않고 자청하듯이 떠날 때는 그 나름의 믿음이 필요했을 것이다. 그렇다면 리브가의 영성은 무엇일까? 우선 떠오르는 특성은 아리따운 처녀로서의 여성스러움에서 시작된다. 곧 물동이를 어깨에 메고 나타나 샘터에서 항아리에 물을 가득 채워 목마른 나그네와 낙타로 하여금 생수를 실컷 마시도록 하는 그런 이미지이다. 그런 여인이 이삭과 만나 가정을 이루고 남편으로부터는 사랑을 받고 남편은 그녀로부터 위로를 받으면서 창 24:67 아들 쌍둥이를 낳아 길렀다. 이삭은 사십 세가 되도록 아내가 임신을 못하므로 하나님께 간구하여 아이를 가지게 되었는데 두 아들이 태 안에서 부터 서로 싸우는 형세였다. 그가 처음으로 하나님께로부터 받은 계시도 이렇게 싸우는 두 아들에 관한 것이었다.

> "여호와께서 그에게 이르시되 두 국민이 네 태중에 있구나. 두
> 민족이 네 복중에서부터 나누이리라 이 족속이 저 족속보다
> 강하겠고 큰 자가 어린 자를 섬기리라." 창 25:23

태중에서부터 서로 싸우는 두 아들을 키우는 어머니의 고충이 어떠했을까 싶다. 에서가 사십 세에 헷 족속의 딸들을 아내로 맞아들임으로 이삭과 리브가의 마음에 근심이 되었다고 했는데 창 26:35 헷은 가나안의 아들로 이스라엘 민족으로서는 결코 피를 나눌 수 없는 대상이었다. 그렇지 않으면 아브라함이 종으로 하여금 그렇게 먼 곳까지 가도록 해서 며느리를 얻으려 했겠는가. 야곱이 혼인한 여인은 당연히 가나안 여인이 아니었다. 야곱은 헷 사람의 딸들로 며느리를 삼은 자신의 삶이 싫어졌다는 어머니의 하소연을 귀담아 들었다. 아버지 이삭의 말도 그러했다. 가나안 사람의 딸들 가운데서 아내를 맞이하지 말라고 당부를 한 것이다. 그는 아버지 이삭의 말대로 하란

땅의 라반 외삼촌 집의 딸을 얻게 된다. 에서의 편에서 보면 어머니의 편애로 인한 상처를 부각 시킬 수 있겠으나 아무튼 그는 이브라함을 뿌리로 하는 믿음의 영적 계보를 이을만한 그릇은 아니었다. 바로 이 점을 리브가는 영적 통찰력으로 직관하고 있었던 것이다.

아이가 자라서 여자가 되고 그 다음에 인격을 갖춘 사람이 된다. 물론 아이가 자라서 남자가 되고 그 다음에 인격을 갖춘 사람이 된다. 여성을 여자로만 보려 하지 말고 성을 넘어서는 통합적 인격체로 봄이 마땅하다면 (물론 남자도 그러하다) 이러한 과정을 심도 있게 파악할 수 있도록 살아간 사람이 리브가이다. 예쁜 여자가 그저 뭇 사내로부터 귀여움을 받는 존재로서만이 아니라 나름의 성장과 성숙의 길을 걸은 것이다. 여자의 길이 따로 있고 남자의 길이 따로 있는 것이 아니다. 오직 사람으로서의 길이 있을 뿐이다. 리브가는 아내이고 어머니로서만이 아니고 독자적인 제 나름의 신앙의 여정을 밟았다. 아브라함의 집으로 들어갈 때나, 이삭의 아내가 되어 자식을 낳고 키울 때나, 누구에게 영적 맥을 잇도록 할까를 판단하고 결정 할 때나, 이러한 일을 하기 위해서 어떻게 해야 할 것인가를 결정할 때나, 결국 하나님의 음성을 듣고 그 뜻을 실행하는 모든 과정에서 그는 독자적 한 인격체로서 해냈다는 사실이다. 여자로서가 아니다. 며느리로서도 아니다. 아내로서도 아니다. 어머니로서도 아니다. 그래서 여로女路 가 아니라 인로人路 인 것이다. 여인의 길이 아닌 사람으로 마땅한 길인 것이다. 그래서 그 길은 이 세상의 모든 여성들이 가야할 길만이 아닌 남녀노소 누구나, 어느 사람이나 가야 할 길을 제시한 것이다.

리브가는 리브가이다. 하나님의 형상으로 지음 받아 하나님의 형상을 아낌없이 보여주며 살아간 영적 인물인 것이다. 그 없이는 아브라함도 야곱도 또한 요셉도 없다는 말이다. 그것이 바로 사도 바울의 고백한 대로 "하나님의 은혜로 오늘의 내가 있는 것이다." By the grace of God, I am what I am. 고전 15:10 리브가는 리브가로 당당하게 살았다. 그는 이름의 뜻처럼 그물이 코로 연결되어 이어가듯이 영적 계보를 잘 이어준 인물로 기억되는 것이다.

야곱,
죽고 사는 영성

구약과 신약에 등장하는 주연급 인물 가운데 영성가의 이미지와 가깝게 여겨지는 사람을 떠올려 본다. 이번에는 그 반대로 비교적 거리가 멀게 느껴지는 사람을 떠올려 본다. 누구겠는가? 야곱이 아닐까 싶다. '야곱'이란 말이 그렇듯이 그는 발꿈치를 붙들고 놓지 않는 사람이었다. 야곱의 사람됨은 남을 속이고 남의 것을 빼앗는 야비한 인간상이다. 야곱과 동일한 어근 '아카부' akabu 는 속이다는 뜻이다. 이 말은 에서가 아버지 이삭에게 그의 억울함을 토로하면서 "그 녀석의 이름이 왜 야곱인지, 이제야 알 것 같습니다. 그 녀석이 이번까지 두 번이나 저를 속였습니다 창 27:36."라고 했을 때에 동어 반복적으로 쓴 말이기도 하다. 이를 우리 식으로 말해본다면 "'개똥이' 그 개똥같은 녀석이 개똥같은 짓만 한다 말입니다." 에 비견될 수 있을 것이다. '속이다'는 말은 예언자 예레미야가 이스라엘 백성을 나무라며 그들이 혀를 놀려 거짓을 말한다고 할 때 쓴 단어이기도 하다. 렘 9:3 또한 그가 어머니 리브가에게 한 말 "내 형 에서는 털이 많은 사람이고, 나는 이렇게 피부가 매끈매끈한 사람" 창 27:11 이라고 했을 때의 매끈매끈하다는 '할라크' halake 는 아첨하다, 간교하다, 거짓말하는 혀를 뜻하기도 한다. 이사야서는 그를 '버러지 같은 야곱' 사 41:14 이라고 일갈—喝 한다.

야곱은 그 이름처럼 살았다. 보통 이름처럼 살았다면 칭찬일 수 있겠으나 오히려 흉이 되는 것이 야곱의 경우다. 그는 이름이 뜻하는 그대로 빼앗으며 살았고, 속이며 살았고, 아첨하며 살았다. 장자의 명분을 빼앗기 위해 형을 속였으며, 그 복을 가로채려고 아버지를 속였다. 외삼촌 라반의 집에서 자신의 재산을 늘리기 위해 야비한 짓을 서슴치 않았으며 그렇게 모은 소유를 갖고 결국에는 줄행랑을 쳤다. 집요한 욕망의 덩어리, 자신의 야심을 이루기 위해서는 수단과 방법을 가리지 않는 사람이었음에도 야훼 하나님에 대한 관심만은 어느 누구에게도 못지않았다고 할 수 있다. 모든 복은 하나님으로부터 오는 것이며 또 진정한 복은 그래야 한다는 것을 알고 있었다. 하나님은 자신의 할아버지 아브라함을 복의 근원으로 삼고자 고향 땅으로부터 불러내 여기 먼 곳까지 오게 하셨음을 잊지 않았다. 그 복은 아버지 이삭에게로 이어져 다음 세대인 자기 대 또 그 다음으로 이어져야 함도 인식하고 있었다. 그가 그렇게도 원했던 이른바 장자권이 실지로 영적인 것인지 아니면 단순한 물질적 축복인지는 불분명 하지만 아무튼 그는 하나님-아브라함-이삭의 맥을 잇는 자로 살고 싶었다. 그래서 하나님은 아브라함의 하나님, 이삭의 하나님 그리고 야곱의 하나님으로 불릴 수 있게 되었다. 야훼 하나님은 곧 야곱의 하나님이었던 것이다. 출 3:6, 시 84:8, 114:7, 146:5, 눅20:37

그렇다면 야곱의 하나님은 어떤 하나님인가? 첫째로 하나님은 일방적 선택의 주권자이다. 왜 하나님은 장자인 에서를 택하지 않고 둘째인 야곱을 택하셨나? 쉽게 납득이 가지 않는 부분이지만 성경 말씀은 "내가 야곱은 사랑하고, 에서는 미워하였다." 말 1:2-3 롬9:13 고 기록하고 있다. "나의 택한 야곱아" 사 41:8 라는 말씀은 '그러기 때문'이 아니라 '그럼에도 불구하고'에 해당된다. 어디가 예뻐서가 아니라, 허물 많음에도 불구하고 라는 말이다. 이는 하나님의 절대 주권을 뜻한다. 선택의 주체가 인간인 내게 있지 않고 오직 그분에게 있다는 말이다. 선택 받을만한 이유를 철저하게 이편이 아닌 저편에 찾는 것이다. 바로 이점 때문에 선택 받은 자 곧 사랑 받은 자는 하나님의 은혜를 깨닫고 찬양하게 된다. "아, 하나님의 은혜로 이 쓸 데 없는 자…"를 노래하며 "나 같은 죄인 살리신 그 은혜 놀라와…"를 찬양하게 된다. 마태복음 20장에 나오는 '포도원 품꾼의 비유'를 기억한다. 주인은 약속대로 아침 9시부터 일한 일꾼이나 늦은 5시에 와서 일한 일꾼이나 똑같이 한 데나리온을 주었다. 값없는 은혜에 대한 감격이 누구에게 더 클 것인가는 자명하다. 둘째로 그분은 언약의 하나님이셨다. 계약을 맺고 이를 지키시는 분이셨다. 브엘세바를 떠나 하란으로 가는 길에 돌을 베개 삼아 잠이 들었을 때 꿈에 나타나서서 하신 말씀은 하나님 편에서 먼저 하신 약속이었다. 모세의 율법은 먼저 우리가 해야 할 일을 말하고 이를 지키면 복을 받을 것이라고 말한다. 그러나 야곱의 하나님은 조건을 제시하기 전에 먼저 약속을 해주신다. 사실 하나님 편에서는 불리한 조건일 수 있다. 어찌 보면 갑과 을의 관계에 있어서 하나님이 을이고 우리가 갑이랄 수 있는 그런 계약이니 말이다. "네가 누워 있는 땅을 너와 네 자손에게 주겠다…땅의 모든 족속이 너와 네 자손으로 말미암아 복을 받으리라… 내가 너와 함께 있어 어디로 가든지 너를 떠나지 아니하리라." 베개로 삼았던 돌을 기둥으로 세우고 이름을 '벧엘'이라 하고 십일조를 드리겠다는 서약은 나중 일이었다. 그는 평생 이 약속을 잊지 않았으며 이에 대한 믿음을 져버리지 않았으며 이를 지키고 살았다. 그는 하나님을 믿었다. 하나님의 말씀을 믿었으며 하나님의 약속을 믿었다. 돌비를 세우고 창 28:18, 돌무더기로 증거를 삼고 창 31:48 제단을 쌓는 일 33:20이 그렇다. '벧엘'뿐 아니라 '여갈사하두다' '갈르엣' '마하나임' '엘엘로헤이스라엘'이 이를 뒷받침 한다.

어떻게 영성적 인물이 될 수 있겠는가? 위대한 영성가는 노력만으로 되는 것은 아니다. 타고 나는 것이다. 그럴만한 사람으로 태어나는 것이다. "될 성부른 나무는 떡잎부터 알아본다."고 이는 영성가에게도 해당된다고 본다. 이집트의 성 안토니우스, 히포의 아우구스티누스, 아씨시의 프란체스코, 우리나라의 주기철, 손양원, 이세종, 이현필이 바로 그렇지 않은가? 이런 차원에서 영성가를 이해한다면 야곱을 영성가로 부르기는 어렵다. 그에게서 어떤 영성가의 이미지를 찾기는 어렵다는 말이다. 그럼에도 불구하고 우리가 야곱의 영성을 이야기 할 수 있음은 어떤 연유에서일까? 답은 저 유명한 얍복강가 브니엘이란 곳에 있다. 야곱은 홀로 남아 밤을 지새우면서 목숨을 건 그야말로 한바탕 격투를 벌인다. 맞붙은 자로부터 일격을 당하고 허벅지 관절이 어긋남으로 그 싸움은 비로소 끝이 났다. 승자가 패자에게 묻는 말이다. "너의 이름이 무엇이냐?" 무릎을 꿇는 자가 대답한다. "야곱입니다." 주의 사자가 말한다. "이제 너의 이름은 야곱이 아니라 이스라엘이다." 이스라엘은 하나님과 겨룬다, 하나님과 씨름한다는 뜻이다. 이 말은 유대 민족과 유대 나라를 뜻하는 대표적 고유명사가 되었다. 야곱의 영성은 결코 자신 안에 있지 않다. 싸우고 죽고 다시 태어난 그 결과로 주어진 것이다.

야곱은 겨룸으로 인생을 살았다. 형과 겨루고 아버지와 겨루고 외삼촌과 겨루고 그리고 끝내 하나님과도 겨루었다. 장자의 명분을 얻기 위해서, 더 많은 복을 얻기 위해서, 재물욕을 채우려고... 그의 겨룸은 일종의 싸움질이었다. 승부사로서 언제나 이겨야 했다. 그리고 가지고 싶은 모든 것을 얻었다. 장자권도 얻었고 예쁜 아내도 얻었고 재물도 모았다. 그는 영성가靈性家가 아니라 사실은 물성가物性家로 살아왔다. 세속적 성공을 삶의 목적으로 삼는 성취형 인간의 자아 이미지는 '나는 성공한 사람'이다. 그에게 있어서 일의 실패는 곧 인생의 실패가 된다. 얼마만큼 성공했느냐 하는 것으로 인생의 가치를 따진다. 따라서 그는 어떤 역할이나 지위나 직위를 자기 자신과 동일화 한다. 그의 근원적인 죄는 거짓과 기만이다. 진실과 솔직함이 그럴듯한 이미지의 포장 안에 묻혀 버리게 된다. 야곱은 왜 평생 씨름하며 살게 되었을까? 이기고 싶었기 때문이다. 이기기 위해서는 상대방을 넘어뜨려야 하고 넘어뜨리기 위해서는 술수를 써야한다. 자기의 약점, 자신의 단점이 노출 되어서는 결코 안된다. 때로 포장해야하고 때로 위장해야 한다. 그 '때'가 계속되다보면 때로 때때로가 일상이 되기 마련이다. 이른바 생얼은 어느덧 사라지고 성형한 얼굴로 평생을 살면서 그 모습이 참 내 모습이겠거니 한다. '거짓 나'에서 '참 나'로 가는 길이 어렵다면 야곱 같은 이에게 있어서 그 길은 참으로 멀고도 먼 길이 아닐 수 없을 것이다. 그러나 야곱은 그 멀고도 먼 길을 마다하지 않고 걸었다. 그 길이 야곱의 영적 여정이다. 아버지 이삭의 집 브엘세바를 떠나 하란으로 다시 길르앗으로 그리고 다시 세일에서 숙곳으로. 그 도정에 벧엘이 있고 브니엘이 있다.

야곱의 영성은 벧엘 Bet-el 로부터 시작되어 브니엘 Punu-el 에서 완성된다. 곧 하나님의 집에서 시작되어 하나님의 얼굴로 끝난다는 말이 된다. 이는 영성에 대한 중요한 점을 시사하고 있는데, 첫째로 영성은 하나님에서 시작되어 하나님으로 완성된다는 말이고 둘째로 영성은 하나님의 집에서 하나님의 얼굴을 바라봄을 의미한다. 영성이란 무엇인가? 인간이 하나님의 숨결을 받아 창조된 존재이며 사람의 사람다움도 하나님과의 영적 호흡으로 이루어짐을 이야기하려는 것이며 또한 그런 영성을 내 안에서 이루기 위한 과정을 영성 수련이라 말할 수 있다. 그리고 그러한 수련의 한 가운데 관상觀想 이 자리하고 있다. 관상이 하나님의 신비를 영적인 감각으로 바라보는 것이라 할 때 이는 결국 하나님의 대면, 하나님의 얼굴을 마주 대하는 것이다. 관상 contemplation 의 어원인 라틴어 con-templatio는 성전과의 일치를 뜻한다. 하나님 계신 하나님의 집, 그냥 성소가 아닌 지성소의 경험이 진정한 하나님 체험이다. 예루살렘 성전의 지성소는 '비움으로 존재하는 하나님'에 대한 높은 단계의 신인식神認識 장소이다. 하나님은 신비한 존재이다. 알 수 없는 하나님, 볼 수 없는 하나님 그러나 그 하나님을 만나고 그 거룩한 존재와의 대면이 일어난다는 이 논리적으로 모순을 일으키는 양자 그 사이에 하나님 체험의 간증이 있다.

> "야곱은 기도를 드렸다. 할아버지 아브라함을 보살펴 주신 하나님, 아버지 이삭을 보살펴 주신 하나님, 고향 친척에게로 돌아가면 은혜를 베푸시겠다고 저에게 약속하신 주님, 주께서 주의 종에게 베푸신 이 모든 은총과 온갖 진실을 이 종은 감히 받을 자격이 없습니다. 제가 이 요단강을 건널 때에 가진 것이라고는 지팡이 하나뿐이었습니다만 이제 저는 이처럼 두 무리나 이루었습니다..." 창 32:9-10

지팡이 하나에서 시작하여 두 무리를 이루었다는 고백은 더 이상 재물 욕에 대한 충족감으로 들리지 않는다. 그 '두 무리'는 오히려 하나님의 은혜를 상징하는 영적인 것이다. 이제 그 한 무리는 형에게 그 또 한 무리는 하나님께 드려도 아깝지 않게 되었다. 그는 그동안 자신도 모르게 영성의 길을 걸어 온 것이다. 하나님과 함께, 하나님을 대면하면서. 엉덩이뼈가 어긋나 절뚝거리게 되어 자유롭게 걷거나 뛸 수 없게 되었으나 그는 참 자유자가 되었다. 이제 더 이상 도망자로 살 까닭이 없게 되었다. 평생 그토록 자신을 괴롭혔던 '에서'의 얼굴이 하나님의 얼굴로 바뀌는 순간을 경험한 것이다. 그리고 드디어 그의 조상 아브라함과 그의 아버지 이삭과 동등한 반열에 오른다. 아, 야곱의 하나님!

05

요셉,
거룩한 빛깔의 영성

창세기 37장부터 나오는 요셉 이야기는 마지막 50장까지 이어진다. 그에 대한 첫 이미지는 '채색옷' 37:3을 입고 있는 귀공자이다. 야곱은 다른 열 아들보다 늘그막에 얻은 요셉을 특별히 사랑하였다. 당시 최상류층이나 왕족들이나 입는 발바닥까지 내려오는 긴 팔 '파씸'이란 옷을 어린 요셉에게 입히며 사랑을 흠뻑 쏟았다. 귀한 대우를 받으며 자란 아이가 그렇듯이 그 역시 눈치가 없고 상황 판단에 우둔한 편이었다. 그렇지 않다면 어떻게 그렇게 형들의 허물을 아버지에게 일러바치고, 식구들이 듣기에 언짢은 꿈 이야기를 해대고 결국 시기와 미움의 대상이 되었을까. 형들로부터의 따돌림은 그 정도를 넘어 죽음의 구덩이로 내몰았다. 형들은 그가 입고 있었던 보기 싫은 언짢은 옷부터 벗겨 버렸다. "목숨만은 해치지 말자. 피는 흘리지 말자"는 르우벤이 없었더라면 "그래도 우리의 피붙이 아니냐, 차라리 이스마엘 상인들에게 팔아버리자"는 유다가 없었더라면 그의 생명은 거기에서 끝나버렸을 것이다.

불행 중 다행이라는 말이 있듯이 이스마엘의 나라 이집트의 노예로 팔려가면서도 이것이 오히려 다행이라고, 그래도 죽음만은 면했지 않았느냐고 요셉은 생각할 수 있었을지 모르겠다. 그러나 당장 죽지 않았다 뿐이지 언제 어떻게 죽게 될지 모르는 처지는 전혀 바뀌지 않았다. 그의 생명은 그때부터 자신의 의지와 관계없이 무엇인가에 맡겨져야 했다. 목숨 부지에 연연에 하는 사람이 있고 어느 한순간에 목숨을 던지는 사람이 있다면, 자신의 목숨을 내놓는 일이 일상처럼 된 사람이 있다. 요셉이 이스마엘 상인에게 팔린 시기를 열일곱 살 남짓으로 볼 때, 이를 기점으로 전과 후를 가를 수 있겠다. 가정에서 부모의 사랑을 듬뿍 받고 행복하게 살았던 시절과 그런 행복이 끝난 그 이후의 삶. 물론 예기치 못했던 험난한 삶이 그때부터 시작되었다고 말 할 수 있을 것이다. 그러나 그 전에는 행복했을까? 야곱의 행복한 가정을 이루며 살았을까? 그렇다고 답할 수 없는 여건이었다. 야곱의 가정은 실제로 이러했다. 첫 아내인 레아가 낳은 여섯 아들, 둘째 아내인 라헬이 낳은 두 아들 그리고 라헬의 몸종 빌하에게서 얻은 두 아들과 레아의 몸종 실바에게서 얻은 두 아들 이렇게 배 다른 열 두 형제들이 한 집에서 살았다. 어떠했을까. 상상이 간다. 거기에 편애와 편파의 기질이 다분한 야곱의 성향을 생각해 보자. 사랑해서 결혼한 아내와 사랑 없이 사는 아내, 이편의 자식과 저

편의 자식, 더 큰 사랑이 가는 자식에 대한 지나친 편향성, 내가 그 가운데 어느 쪽의 한 아들이라고 가정해 보자.

요셉은 이미 팔려가기 전부터 문제가 있는 가정에서 자라난 것이다. 그 문제는 당연히 형제사이의 불화로 드러났다. 제대로 자라난 아이라면 자신에 대한 특별대우가 형들에게 어떤 영향을 미치는가를 알고 이를 고치려 했을 것이다. 그의 청소년기는 불행했다. 그 불행은 어쩌면 그가 자초한 것인지도 모른다. 아무튼 이런 저런 일로 닫힌 공간에서 살아야 했던 그에게는 돌출구가 필요했다. 일반적으로 현실의 문제와 고통은 꿈으로 해소되기 마련이다. 고단한 낮의 삶은 밤의 꿈으로 이어진다. 그 아픔이 강한 만큼 꿈도 진하게 나타난다. 형들의 곡식 단이 우뚝 서 있는 요셉의 단을 둘러서서 절을 했다는 꿈이나 해와 달과 별 열 한 개가 요셉에게 절을 했다는 특이한 꿈은 그가 처한 환경과 그 때문에 일어나는 마음 상태이기도 하다. "네가 우리의 왕이라도 될 성 싶으냐? 정말로 우리를 다스릴 참이냐?"라고 말하는 형들의 이야기는 요셉의 무의식의 한 현상 때문에 나타난 결과라고 말할 수 있다. "네가 꾼 그 꿈이 무엇이냐? 그래, 나하고 너의 어머니하고 너의 형들이 함께 너에게로 가서 땅에 엎드려서 너에게 절을 할 것이란 말이냐?"는 아버지의 꾸짖음도 같은 결과물이다.

"야 저기 꿈꾸는 녀석이 온다" 창세 37:19는 말이 뜻하듯이 요셉은 꿈으로 기억되는 사람이다. 꿈을 꾸고 그 꿈 이야기 때문에 죽을 고

비를 넘겨야 했고 또 남의 꿈 이야기를 듣고 해몽을 해줌으로 인생 반전의 기회를 얻기도 했으며, 이집트의 총리가 됨에 결정적인 역할을 한 것도 꿈이었다. 누구나 매일 밤 꿈을 꾼다. 그러나 아침까지 꿈을 기억하고 또 그 꿈을 낮의 일로 관련시켜 해석해내는 사람은 많지 않다. 인간의 내면세계나 잠재의식이 꿈을 통해 나타난다는 사실은 이미 심리학에서 규명되었다. 정신 치료의 과정에서도 꿈은 중요하게 다루어진다. 요셉은 꿈을 꾸고 그 꿈을 기억하고 꿈에 대한 해석까지 해내는 성경 또 다른 곳에서 찾기 힘든 특출한 인물이다. 그가 그렇게 된 데는 어린 시절의 성장과정이 한 몫을 했다고 볼 수 있다. 여러 형제들 가운데 살았지만 외톨이 신세를 면치 못했던 삶, 형들의 허물을 아버지에게 일러바치는 일, 유달리 좋은 옷을 입고 있었던 일, 꿈을 꾸고 그 꿈을 말했던 경험, 형들은 모두 양 떼를 치려고 나갔음에도 집 안에 있어야 했던 상황 등, 요셉은 늘 혼자였다. 별난 기질 일 수도 있고 혼자 있기를 좋아할 수도 있고 아니면 따돌림의 결과일 수도 있겠으나 요셉이 내성적 성향이라는 점은 충분히 추측할 만하다. 이 내성성은 그로 하여금 어떤 상황을 그냥 흘려버리지 않고 직시하며 이를 해석해내는 한 분야의 전문성을 키우는 경향으로 길러졌다. 이것이 그가 십분 발휘한 꿈 해석이다. 감방 동기들의 꿈을 해석하고 이집트 왕 파라오의 꿈도 해석하는 놀라운 능력을 갖추게 된 데는 그의 내성성이 바탕으로 자리하고 있다.

영성은 색으로 비유될 수 있다. 하늘에 계시는 하나님의 빛을 받아 그 빛이 인격이 되고 숙성 되고 체화 되어 나타나는 색깔이 곧 그의 영성이다. 색을 말하자면 크게 보아서 긍정을 뜻하는 밝은 색감과 부정을 뜻하는 어두운 색감을 떠올릴 수 있다. 빨강, 파랑, 초록, 하양이 전자의 경우이고 자주색, 남색, 보라색, 검정색은 후자의 경우이다. 동양의 오방색으로 말한다면 청靑은 봄을 뜻하고, 적赤은 여름을 백白은 가을을 그리고 흑黑은 겨울을 뜻한다. 황黃은 가운데 색으로서 계절의 한 가운데 있는 색으로, 우주의 중심을 나타내고자 할 때 옛 사람들은 이 색을 사용했다. 요셉의 삶을 색깔로 비유해 본다는 것은 그리 어색하지 않은 일이다.

영성의 차원에서 보자면, 그의 풍성하고 화려한 어린 시절의 경험은 짧았고 길고 긴 고난과 역경의 세월이 계속 되었다. 어두움 없이 밝고 화려한 세월만 이어졌더라면, 다채로운 색깔의 옷을 입고 그에 걸 맞는 유복함으로 성장 과정이 채워졌더라면, 그의 영성적 빛깔은 당연히 어릴 때 입은 그 다채로운 채색의 빛깔이었을 것이다. 그러나 영성이 외적으로 입혀지는 것이 아니라 내면으로부터 비롯되는 것이고 이것이 자신의 안을 채우고 밖으로 드러나는 것이라고 할 때 요셉의 영성의 빛깔은 인생 고빗길을 걸으며 달라진다. 구덩이에서의 경험과 감옥에서의 경험은 죽음을 눈앞에 둔 극단적 체험이다. 색동옷이 벗겨져 구덩이 안으로 던져지고, 평복이 벗겨져 죄수복으로 입혀지고, 감옥 안으로 넣어지는 나날들을 겪으면서 얻게 되는 영성의 색깔은 전과는 전혀 다른 빛이다. 그의 삶에 드리워지는 어두운 그림자는 그가 어렸을 때 입은 옷에 덧칠해지는 검정 물감들이다. 그림자의 색은 모두 검정이 깃들어진 색이다. 그 어떤 색의 물체라 하더라도 검정이 들어가면 어두워진다. 빨간색에 검정 물감을 타면 보다 어두운 자주색이 된다. 청색에 검정 물감을 타면 진한 남색이 된다. 남색藍色은 파랑과 보라의 중간색이다. 하양에 검정 물감을 타면 회색이 된다. 그림자는 검은 계열의 색일 수밖에 없다. 이 세상의 여러 색을 합치면 검정이 되듯이 이렇게 요셉의 화려한 채색 옷에는 검은 물이 드려져갔다.

채색 옷이 검은 색으로 바뀌어 질 정도로 요셉의 파란만장한 일생은 39장에서 40장으로 이어진다. 보디발이라는 파라오 경호실장의 종이 되고, 그 사람의 부인의 유혹을 물리치려다 되려 감옥살이를 하게 되고, 감방 동료에게 베푼 호의로 인한 기대는 무산되고... 모함, 불신, 배반, 고통과 역경은 고난의 종 욥에 못지않다. 욥의 인생을 말할 때 고난을 떠올리게 되는 것처럼 요셉의 경우도 그럴 수 있다. 욥의 결말이 해피 앤딩이라고 해서 그가 오랜 세월 겪은 고통이 없었던 일로 사라지고 마는 것이 아니듯, 요셉의 경우도 그러하다. 그가 어쩌면 욥 보다 더 오랜 세월 겪었을 고통이 결국 그가 총리 대신이 되었다는 것으로 쉽게 치환 되지는 않는다. 오히려 고난과 역경과 좌절과 절망의 나날을 통해 나타내지는 색깔에 어떤 의미가 부여된다는 뜻이다. 무지개의 색은 주로 밝은 계통의 색들로 이루어져 있다. 빨강 주황 노랑 초록 파랑 남색 보라 거기에는 검은 색이 없다. 이에 비해 오방색에는 검은 색이 있다. 검은 색은 색의 변화를 일으키는 변색의 힘을 지닌 색이다. 자연물에서의 퇴색이 오히려 숙성의 색이듯이 요셉은 이런 색깔의 영성을 입게 되었다. 그런 옷을 입

었다기보다 그의 체취가 이 색으로 드러난다고 보는 것이 맞을 듯
싶다. 세상에 많은 색이 있지만 그 중에 그저 밝고 환하고 화려한
색만으로는 영성을 그리기 어렵다. 깊은 영성의 색은 그 바탕이 어
떠하든 검정 물감이 깃들여진 색이다. 검정 물감이 들여진 색깔이
야말로 깊이 있는 색이고 실제로 거룩을 드러내는 색깔이 된다.

> "이리 가까이 오십시오. 내가 형님들이 이집트로 팔아넘긴 그
> 아우입니다. 그러나 이제는 걱정하지 마십시오. 자책하지도 마
> 십시오. 형님들이 나를 이곳에 팔아넘기긴 하였습니다만 그것
> 은 하나님이 형님들보다 앞서서 나를 여기에 보내셔서 우리의
> 목숨을 살려 주시려고 그렇게 하신 것입니다." 창 45:4-5

> "하나님이 나를 형님들보다 앞서 보낸 것은 하나님이 크나큰
> 구원을 베푸셔서 형님들의 목숨을 지켜주시는 것이고 또 형님
> 들의 자손을 이 세상에 살아남게 하시려는 것입니다. 그러므
> 로 실제로 나를 이리로 보낸 것은 형님들이 아니라 하나님이
> 십니다. 하나님이 나를 이리로 보내셔서 바로의 아버지가 되
> 게 하시고 바로의 온 집 안의 최고의 어른이 되게 하시고 이집
> 트 온 땅의 통치자로 세우신 것입니다." 창 45:7-8

요셉은 더 이상 고자질쟁이가 아니다. 아버지가 입혀준 색동옷을
혼자 입고 우쭐대는 철부지도 아니다. 이 땅에 하나님의 나라를 이
루려는 '하나님의 꿈'이다. 그 꿈을 실현하기 위해 가족 공동체와 민

족 공동체의 온 생명을 한 배에 싣고 약속의 땅으로 항해하는 아브라함의 자손이다. 자랑스러운 이삭의 손자이며 야곱 집안의 핏줄이며 영적 광맥鑛脈 인 것이다.

모세,
자유와 해방의 영성

"갓 태어난 히브리 남자 아이는 모두 강물에 던지고, 여자 아이들만 살려두어라"출 1:22 절대 권한을 가진 최고의 권력자가 자신의 통치 영역 안의 모든 백성에게 내린 명령이었다. 이 말을 거역할 수 있는 이는 아무도 없었다. 어리고 여린 생명 모세를 둘러싸고 있었던 시대적 배경은 이렇게 암울하고 처절했다. 기원전 14세기 아멘호텝 3세는 아프리카 남부와 시리아와 요르단까지 점령하면서 이집트를 제국으로 키웠으며 그의 아들 아멘호텝 4세는 주위의 여러 신들을 태양신인 아텐 신神 아래 굴복 시키고 자신을 태양의 아들로 부르도록 했다. 이후 람세스 1세를 거쳐 모세와 함께 왕궁에서 자란 람세스 2세가 파라오로 즉위하였던 기원전 13세기는 이집트 역사의 최전성기였다. 창세기 12장에 나오는 바벨탑의 높이가 30층 건물의 높이에 해당되는 98.5미터였는데 이집트의 피라미드는 45층의 높이인 139미터에 달했다. 이는 1889년 프랑스 혁명 100주년 만국 박람회 기념 상징물인 에펠 철탑이 세워질 때까지 거의 사천년 동안 세계 최대의 높이를 자랑하였다.

바벨탑이 흙으로 벽돌을 찍어 직사각형으로 쌓는 것이었다면 이집트의 건축물은 이 보다 한층 발전시킨 공학의 결과물이었다. 돌을 재료로 하고 사각형의 구도를 삼각형의 구도로 바꾼 것이다. 아직도 하늘은 위에 있었고 권력자들은 그 하늘에 닿고자 채찍을 휘둘러댔다. 그 채찍 아래 암하렛츠 즉 땅의 백성으로 표현되는 노동 천민 계층인 히브리인들이 받는 억압과 압제가 있었다. 비돔 성과 람세스 성이른바 위대한 문명이 자랑하는 그 크기와 무게와 높이만큼 짓누름은 컸다. 거기에다가 무자비한 폭력이 더해졌다. 히브리 민족이라는 오직 한 가지 이유로 어린 생명들은 나일 강물에 버려져 죽어갔다. 이러한 잔혹의 시대에 태어나 함께 수장될 수밖에 없었던 아기 모세는 역청과 송진을 바른 갈대 상자를 방주 삼아 극적으로 생명을 건지게 된다.

파라오의 왕궁에서 호사스런 생활을 영위하던 모세는 자신이 사실은 노예 계층 출신임을 알고는 왕자의 지위를 버리고 이스라엘 백성들과 함께 고난 받는 길을 택한다. '물에서 건짐'을 받은 모세는 '건져져야 할 또 다른 자신들'에 눈이 떠진다. 이기성과 이타성은 악과 선의 이중성이며 육과 영의 이중성이다. 자신과 이웃과의 일체감과 동질감의 정도가 선의 영역이며 영적 수준이다. 따라서 이기성과 악이란 타인의 부재 현상이다. 바로의 완악함에 비견되는 모세의 온유는 이웃의 땅을 돌보려는 마음이다. 그리고 그 넓은 마음이 산상수훈의 팔복으로 들려진 온유한 이들에게 주어지는 너른 땅이다. 그러나 모세의 성품이 타고날 때부터 그러지는 않았다. 오히려 성경은 먼저 그에게 있던 폭력성을 주시한다. 사실 폭력은 이집트인들의 전유물이며 히브리인은 그 폭력의 희생자들인데, 그런 히브리인이 도리어 폭력을 휘두르는 존재가 되었다는 이야기이다. 가해로 표출되는 피해의식의 컴플렉스가 모세 안에서 발견된다. 이 모순을 극복하지 않으면 진정한 구원의 사역을 이룰 수 없다. 혈기에서 온유로 가는 길은 이스라엘 백성의 40년 광야 길과 같은 것이었고 모세는 그것을 앞 당겨 체험해야했던 것이다.

모세의 그 '다움'은 그 자신이 죽음 가운데서 건짐을 받은 것이고 마찬가지로 죽어가는 동족을 살리는 데 신명을 바쳤다는 점에 있다. 그러나 여기에서 고통 받는 이들이란 단순히 혈통적 히브리 종족만이 아닌 '하나님의 백성'을 가리키는 말이었다. 그는 하나님의 백성을 이집트 사람의 손아귀에서 건져 내기 위하여 부름을 받은 것이다. "나는 나의 백성이 고통 받는 것을 똑똑히 보았다. 또 그들이 억압 때문에 괴로워서 부르짖는 소리를 들었다." 출 3:7 고난의 현장으로 가라는 것이다. 이 땅의 눌림 속에 있는 사람들에게 가라는 것이다. 그에게서 우리는 지도자의 자질에 해당되는 영성을 만나게 된다. 일반적으로 '영성'하면 중세 수도원에서 외진 곳에서 독거 또는 공동체

생활을 한 수도사의 모습을 떠올리게 된다. 그들은 현실적 가치인 권력과 부와 명예와 일정한 거리를 두고 복음이 뜻하는 내적 의미에 뜻을 두고 평생을 진리를 추구하는 구도자의 삶으로 살았다. 이른바 세속에 때 묻지 않고 깨끗하고 거룩하게 살아간 사람을 영성가라고 하는 데는 누구도 주저함이 없을 것이다. 그러나 죤 위클리프와 얀 후스, 마르틴 루터와 쟝 칼뱅, 훌드리히 쯔빙글리와 토마스 뮌쳐 그리고 본 회퍼로 이어지는 교회 개혁가들이 높이 든 깃발은 이른바 성聖과 속俗에 대한 새로운 해석의 시도였다. 전통적으로 거룩함이란 세속적이지 않기에 가능한 것이었다. 수도원이 화려한 궁궐이나 권력의 도성이 될 수는 없었다. 그래서 중심부가 아닌 변방, 도시가 아닌 사막, 봉우리가 아닌 골짜기를 선호한 것이다. 이러한 경향 때문에 나타난 현상이 이른바 이원론의 문제였다. 이원론은 성과 속, 이상과 현실, 정신과 육체 등으로 나누어 이를 상호 반대 개념의 자리에 설정한다. 하나를 위해서는 다른 하나를 억제해야 한다는 말이다. 거룩함을 위해서는 세속을 등져야 하고, 정신의 고양을 위해서는 육체적 쾌락을 끊어야 하는 식으로 말이다. 이러한 현상은 역사적으로 페르시아의 이원론, 유대교의 바리새주의, 기독교 초기 영지주의자나 사막 이슬람의 수피주의자 또는 불교의 고행자들에게서 어렵지 않게 발견된다.

교회 개혁은 한마디로 이러한 이원론의 틀을 깨려는 과감하고도 혁명적인 발상이었다. 곧 성의 속화이며 거룩의 일상화이며 이상의 현실화를 향한 진일보의 발걸음이다. 그래서 우리가 살고 있는 현존으로서의 '이 세상'이 강조되어야 했다. 다시 말해서 '세상'의 소금이고 '세상'의 빛이다. 거룩한 뜻이 '이 땅'에 임하기를 기도한다. 받은 달란트를 땅에 묻어 두지 않아야 한다. 이 세상을 등지고 홀로 거룩하려 하지 않고 이 세상을 향해 가도록 한다. 이것이 '가라 모세!'라는 말씀 안에 담겨 있는 뜻이다. 지도자는 민중을 이끄는 사람이다. 그는 선각자이며 선지자일 뿐 아니라 민중이 그 길을 따를 수 있도록 앞 서 길을 만들어 가는 선구자이다. 왕족으로 왕의 자리도 넘볼 수 있었던 사람이었으나 높은 성벽 안에서 호위병으로 무장한 제왕의 신분으로서의 지도자가 아니라 함께 울고 함께 웃고 함께 고난당하고 함께 죽는, 그래서 때로는 백성의 원망도 한 몸에 받아야 하고 그들로부터 쫓겨 날 위험도 감수해야 하는 그런 지도자. 그런 지도자는 로마의 위대한 장군 씨저의 모습이라기보다는 오히려 노예 반란군 수장 스파르타쿠스에 더 가까워 보이는 사람. 모세는 그런 사람이었다. 그러나 그는 장군이었고 통치권자였고 예언자였고 지혜자였고 동시에 영성가였다. 어떻게 이러한 다중성이 어떻게 한 사람에게서 가능할 수 있었을까?

마흔이라는 적지 않은 나이에 왕자의 신분에서 졸지에 양치는 목동 신세가 된 모세 그것도 장인의 집 양을 맡아 돌보는 노동자의 처지라는 딱한 신세가 되었다. 낯 선 환경, 익숙지 않은 일, 무의미한 나날의 반복이었다. 그 기간이 무려 40년. 성경은 그 오랜 기간 동안 모세가 키워갔을 깊은 내면세계를 말하지는 않는다. 그의 영성의 형성 과정에 대해서 침묵한다. 출애굽기가 모세 자신의 기록이라고 할 때 어찌 이 기간의 생각, 성찰, 느낌들을 좀 더 자세하게 남기지 않았을까 의아스럽다. 만일 그때 적어 놓은 일기가 있다면 전도서나 잠언 시편에 못지않은 대단한 영성 일기가 되었을 텐데 말이다. 이러한 의문을 풀 수 있는 함축적 사건이 바로 호렙 산에서의 "떨기나무 체험"이다. 불이 붙었는데도 나무가 타지 않는 것이다. 나무가 타들어 가지 않는데 불은 꺼지지 않고 계속 붙어 있는 것이다. 이것은 떨기나무를 매개로 하여 모세가 경험한 '불의 체험'이다. 떨기나무와의 일체감을 통해서 얻은 하나님 만남의 신비한 체험이었다. 하나님의 거룩함 앞에서 그의 몸은 불로 태워졌고 그의 과거는 신발과 함께 벗겨졌으며 그의 귀에는 하나님의 이름이 들렸다. "야훼YHWH"라는 이름이 들려졌고 그의 말씀은 곧 바로 소명으로 하달되었다.

그는 오래 전 뛰쳐나왔던 왕궁으로 달려가서 바로 앞에 선다. "나의 백성을 내보내라!"는 말은 일종의 선전포고였다. 그 많은 노예들을 결코 포기할 수 없는 바로와의 일대 전투가 이어진다. 40년의 왕궁 생활과 40년의 광야 생활 이제 80세의 고령이었으나 그에게는 유대의 민족사 뿐 아니라 세계사적 사건으로 기록될 엄청난 과제가 주어진 것이다. 백만 이상의 하나님의 백성을 그들의 선조 아브라함에게 약속하신 젖과 꿀이 흐르는 가나안 땅으로 인도해야 할 지도자로서 갖추어야 할 영성적 덕목을 충분히 갖춘 셈이다. 이른바 '모세와 같은 영도자'라는 말을 그동안 얼마나 많은 사람들이 얼마나 많은 나라에서 해왔을까? 미국의 역대 대통령 가운데 이 말을 들어보지 않은 인물이 없었을 것이고, 우리나라의 대통령 조찬 기도회에서도 이 말은 반복하여 울렸을 것이다. 그렇다면 과연 영도자 모세의 영성은 무엇인가? 그것은 자유와 해방의 영성이다. 그가 이끌어야 했던 사람들은 '이집트에서 고통 받는 나의 백성' 3:7 '부르짖는 이스라엘 자손' 3:9 '학대 받는 사람들' 3:9 '종살이 하는 사람들' 6:6 이었다. 그리고 그들을 그러한 상태에서 벗어나도록 하기 위함이었다. 그 일을 위해 믿음이 필요했고 힘이 필요했고 결단과 용기 그리고 희생과 헌신이 필요했다.

여기서 자유와 해방의 관계를 생각해 봄이 마땅하다. 자유에 대한 영어표기는 둘로 나뉘는데 free와 liberty이다. 전자가 freedom이라면 후자는 liberation이다. 이를 자유의 영성과 해방의 영성으로 이해할 수 있겠다. 자유로움이란 자연스런 상태에서의 자족과 그것으로 말미암는 기쁨을 뜻한다면 해방은 억압과 착취와 구조 악에 대한 항거를 전제로 한다. 전자가 어떤 절대적 상황을 설정하고 이를 내 안에서 누리고자 하는 것이라면 후자는 보다 구체적이고 현실적이고 직접적인 그 무엇을 문제 삼고 해결하려 한다. 이것은 자연신학과 정치신학, 자유신학과 진보신학의 차이이기도 하다. 자유주의가 자연주의이고 이상주의이며 도덕주의이며 원리주의이며 복고주의라고 할 때, 진보주의는 인간주의이며 현실주의이며 발전주의이며 혁명주의이며 미래주의를 뜻한다. 따라서 자유주의가 본질의 차원이라면 해방주의는 실존의 차원이다.

미디안 광야에서의 사십 년이 '자유의 영성'을 상징하는 것이라면 람세스 성에서의 바로 왕과의 대결은 '해방의 영성'을 상징한다. 하나님을 깊은 차원에서 만난 영성가는 인간의 차원에서 혁명적 삶을 살기도 한다. 이것은 내적 자유가 외적 해방으로, 개인적 자유가 사회적 실천으로, 골짜기의 은둔隱遁이 봉우리의 현현顯現으로 나타난 결과이기도 하다. 이렇게 볼 때 출애굽 사건은 자유의 영성과 해방의 영성이라는 양면성이 모세 한 사람 안에서 하나로 통합되어 나타난 위대한 영성적 엑소더스 사건이라 말 할 수 있는 것이다.

여호수아,
새 땅을 이루어 가는 영성

온 이스라엘 백성이 '이집트 대 탈출'을 함께 시도하였으나 그들이 모두 약속의 땅을 밟은 것은 아니었다. 홍해를 건넌 이들은 사막에서 그들의 일생을 마쳐야 했고 40년이라는 고난과 그 민족적 의미는 다음으로 미루어졌다. 노예 상태에 있던 민족을 자유와 해방의 무대로 이끄는 일이 모세의 역할이었다면 새 땅에 입성하여 새로운 나라를 건설하는 일은 다음 세대의 몫이었다. 그 다음 세대의 주역이 바로 여호수아였다. 그는 이스라엘 12지파를 대표 하는 사람 가운데 하나로 에브라임 지파의 우두머리였다. 모세의 명령을 받고 가나안 땅을 탐지하고 돌아 온 사람 가운데 갈렙과 더불어 소수 의견을 가진 사람이었다. 그러나 그의 의견은 하나님의 약속을 믿는 신앙과 영적 직관으로부터 나온 것이었다. "그들 백성은 우리 보다 강하다. 그들의 키는 장대 같고 네피림 자손으로 보였다. 그들의 눈에 우리는 메뚜기로 보였을 것이다."는 다수의 의견에 "그 땅은 참으로 아름다운 땅이다. 주께서 우리를 기뻐하시면 그 땅을 우리에게 주실 것이다. 그들은 우리의 먹이일 뿐이다." 민 14:9는 말로 응수하였다. 회중들이 돌로 쳐서 죽이려는 위협에도 불구하고 주장한 용기 있는 보고였다.

모세는 이런 여호수아를 아끼고 사랑했으며 차세대의 지도자로 키우고자 했다. 그가 다 하지 못한 일을 맡기기에 부족함이 없는 인물이 되기를 원했다. 모세가 여호수아에게 주고자 했던 지도자로서의 가장 중요한 자질은 좌로나 우로나 치우치지 않는 판단력 수 1:7과 이를 실천할 수 있는 담대함 수 1:9이었다. 같은 사람이라도 상황에 따라서 좌로 치우치기도 하고 때로는 우로 치우치기도 한다. 아예 좌의 편에 서거나 아니면 우의 편에서 모든 일을 평가하고 판단하기도 한다. 좌와 우, 우와 좌 사이의 갈등을 푸는 일은 여전히 중요한 사회적 과제이다. 한 국가나 사회를 이끌어 가는 지도자에게 이 양자 사이의 균형 감각은 시대를 막론하고 중요하다. 또한 "강하고 담대하라!"는 스승의 말은 평생 여호수아에게 큰 힘과 격려가 되었을 것이다. "모세가 여호수아를 불러 온 이스라엘의 목전에서 그에게 이르되 너는 강하고 담대하라 너는 이 백성을 거느리고 여호와께서 그들의 조상에게 주리라고 맹세하신 땅에 들어가서 그들에게 그 땅을 차지하게 하라" 신명 31:7 그동안 여호수아는 모세의 일등부관이며 핵심 참모였을 것이나 앞으로는 이스라엘 군대를 이끄는 장군의 역할을 감당해야 한다. 그에게 요구되는 두 가지 곧 판단력과 담대함은 상반되는 개념이다. 판단력은 예리함의 차원이고 담대함은 두터움의 차원이다. 예리한 판단력은 지장知將의 특성이며 두터운 담대함은 용장勇將의 특징이다. 그러나 이 두 가지 요소는 우리가 오래 전부터 지도자에게 필요한 덕목으로 강조해 왔던 것이다. 곧 문文무武의 겸비이다. 이 양자를 갖춘 덕장德將의 모습을 여호수아에게서 본다.

여호수아는 히브리어로 '야훼는 구원이시다'는 뜻이며 그리스어로 〈예수〉와 같은 이름이다. 곧 구원자이신 하나님을 말한다. 예수 그리스도를 우리의 주님이며 구원자로 고백한다고 할 때 '구원'이란 말의 뜻을 여호수아에게서 찾아볼 수 있다. '구원'이 신약적 개념으로 죄의 상태로부터 벗어나 영원한 생명을 얻음이라고 한다면, 구약의 개념으로는 어떤 억압의 상태에서 건져냄의 뜻이다. 곧 사망이나 질병 또는 적으로부터의 구출을 말한다. 구원의 하나님을 말할 때 이스라엘 백성들에게 일차적으로 생각할 수 있는 것은 땅의 문제이다. 구원의 하나님은 아브라함에게 '구원'의 징표로 땅을 주시겠다고 약속하셨다. 그러나 그 땅에서 삶은 오래가지 못하였고 요셉의 시대 이후로는 이집트가 주거지로 바뀌고 말았다. 이집트 땅은 그들에게 약속된 젖과 꿀이 흐르는 땅이 아니었다. 모세에게서의 구원이 탈 이집트였다면 여호수아에게서의 구원은 새로운 땅을 밟는 것이다. 새 땅이 구원이다. 땅 없이 나라가 나라일 수 없다면 하나님의 나라도 땅으로 구체화 된다. 지금도 파키스탄, 아프카니스탄, 카자흐스탄 등의 나라의 '스탄'이 땅을 말하듯이 땅이 곧 나라이며 이 땅에서 하나님의 구원의 역사가 이루어지는 것이다. 이 땅은 "뜻이 하늘에서와 같이 땅에서도 이루어지이다"라고 기도할 때의 그 땅이기도 하다.

　하나님은 이방잡신과 우상숭배와 문란한 성문화의 가나안 땅에 그 모든 악을 뿌리 뽑고 하나님의 통치를 실현하는 나라를 세우고자 하셨으며 이 일을 구체적으로 여호수아에게 맡기신 것이다. 여호수아는 적과 싸워야 했으며 적을 몰아내야 했고 땅을 차지하여 각 지파에게 골고루 나누어 주어야 했다. 성경적 관점에서 볼 때, 이스라엘이라는 나라는 세계 여러 나라 가운데 하나의 나라로 국한 시켜서는 아니 될 것이다. 그들의 역사는 그들 한 민족의 역사가 아니라 하나님의 구원사로 해석되어야 함이 마땅하다. 그러한 점에서 가나안 땅은 하나님의 나라를 이 땅에 이루기 위한 실험의 장이며 하나님의 특별한 구원의 손길이 펼쳐진 은총의 결과물이다. 우리는 이스라엘 민족의 역사를 통해서 또한 구약성경을 통해서 하나님께서 어떻게 이스라엘을 부르시고 이루시고 만들어 가셨는가를 잘 알 수 있다. 그리고 그러한 역사는 그 한 민족 집단으로 끝나지 않고 세계사로 이어진다. 세계의 구원 역사로 확장 되지 않는 이스라엘 역사는 아무런 의미가 없을 것이다. 여호수아는 이러한 점에 주목하며 아무리 가나안 땅을 이스라엘 민족에게 물려주었을지라도 그들이 차지한 땅에서 다시 쫓아내실 수도 있음을 분명하게 밝히고 있다. 그의 고별사의 한 대목이다. "만일 너희가 너희의 하나님 여호와께서 너희에게 명령하신 언약을 범하고 가서 다른 신들을 섬겨 그들에게 절하면 여호와의 진노가 너희에게 미치리니 너희에게 주신 아름다운 땅에서 너희가 속히 멸망하리라" 수 23:16

요르단 서편의 땅 가나안은 어떤 곳인가? 이스라엘 민족이 유목민이었음에 비해 가나안의 사람들은 농경민이었다. 그들의 신은 풍요와 다산을 가져다주는 신이었다. '엘'을 우두머리로 하여 그 부인은 아세라였고 그의 아들은 바알이었다. 바알이 미美의 여신 아스다롯과의 교접을 통해 농산물의 풍요가 이루어진다고 믿었다. 이른바 성창聖娼제도가 있어 산당山堂에서 이루어지는 남녀사제들의 혼접이 신들을 성적으로 자극하고 신들의 교접의 결과물로 이슬과 비가 내린다는 것이다. 따라서 이스라엘 예언자에게 있어 산당은 결코 받아들일 수 없는 음란과 향락과 배교와 범죄의 소굴이었다. 특히 젊은 이들을 타락하게 만드는 성적 문란의 온실이었다. 예언자들에게 임하는 하나님의 말씀은 그러한 바알신의 문화를 배격하는 메시지였다. 여호수와와 같은 뜻의 이름을 가진 예언자 호세아는 음란한 아내를 통하여 하나님과 이스라엘 민족 사이의 영적 혼음 문제를 구체적으로 부각시킨다. 우상숭배와 음란에 대한 질책은 예언자들의 공통 메시지였다. 타락과 범죄의 땅, 썩고 죽어가는 땅, 탄식의 대상이 되어버린 땅 이런 땅을 하나님의 땅, 처음 창조의 낙원인 에덴의 땅으로 회복시키는 일이 필요했다.

이러한 일을 위해서 못자리로서의 땅이 필요했다. 새 땅이 필요했다. 약속의 땅이 필요했다. 젖과 꿀이 흐르는 땅을 이루어야 했다. 하나님의 특별한 계획, 하나님의 특별한 은총, 하나님의 특별한 지역으로서의 경계가 필요 했다. 야훼 하나님은 그 일을 위하여 모세를 부르셨고 그다음 주자로 여호수아를 세우신 것이다. 여기서 자연사로서의 인간 역사는 멈추었다. 하나님의 특별한 개입을 위해 해와 달이 그 자리에 그 대로 정지되어 있어야 했다. 태양을 절대 신神으로 삼아 그 자리를 차지하며 권력과 부를 독식하던 왕과 제왕과 황제들의 나라에서 그 태양과 함께 권한이 멈추고 그 달과 함께 음란의 밤이 그치는 초월적 사건이 일어난 것이다. 이것은 하나님의 초자연적인 메시아적 개입의 한 예표와 예증이기도 하였다.

"태양아,
기브온 위에 머물러라!
달아,
아얄론 골짜기에 머물러라!" 수 10:12

이런 날이 전에도 없었고 뒤에도 없었다고 성경은 기록한다.

태초에 하나님이 하늘과 땅을 창조하셨다는 성경 기록은 그분이 하늘과 함께 이 땅의 주인 되심에 대한 신앙 고백이다. 땅은 하나님의 것이다. 땅은 하나님의 발판이다. 사 66:1, 마 5:35 땅은 하나님의 뜻이 펼쳐지는 광장이며 하나님의 손길이 닿는 그림책이다. 그 땅을 하나님은 사람에게 맡기신다. 마땅한 몫이 있고 경작하고 가꾸어야 할 책임이 있다 곧 마름의 역할이다. 새로운 땅을 주시고 소유의 한계를 정하시고 그 땅에서 하나님의 거룩함과 아름다움이 펼쳐지도록 하기 위한 청지기의 역할이다. 그런 점에서 창세기는 하나님이 땅을 창조하셨다는 기록이고, 출애굽기는 약속의 땅으로 가는 여정이며,

레위기는 하늘이 거룩한 것처럼 이 땅도 거룩함을 알리는 책이고 민수기는 이런 땅에서 살아가는 이들이 거룩한 백성임을 깨닫도록 하는 책이고, 신명기는 이렇게 거룩한 땅에서 그에 걸 맞는 삶을 살도록 훈련시키는 지침서이다. 여호수아서는 이 오경五經의 가르침을 펼치며 새로움을 이루어 가는 구체적 역사 기록이다.

땅은 하나님의 나라이며 땅은 하나님의 뜻이다. 땅은 하나님의 은총이며 하나님의 선물이고 사람의 분복이다. 하나님은 땅을 통해 그의 백성에게 자유를 주신다. 사람의 자유는 땅과 더불어 주어졌기에 땅과 함께 존재하고 지속된다. 영성이 새로움을 향해 가는 것이라면 이 새로움의 구현의 장이 바로 땅이다. 새로움은 새 땅으로 구체화 된다. 즉 이사야가 꿈꾸고 요한이 계시한 '새 하늘과 새 땅'으로서의 그 땅이다. 이러한 새로움을 추구하고 실현하는 영성을 여호수아에게서 본다. 그래서 그는 대적과 싸워야 했다. 기브온과 싸웠고 아모리와 싸웠으며 하솔과 바산과도 싸웠다. 그것은 예수께서 유대 광야에서 사탄과 싸워야 했던 그러한 싸움이다. 가나안과의 싸움이 그것이다. 가나안식 제의와 가나안식 축복과 가나안식 번영이다. 가나안은 내 안에 있고 우리 안에 있다. 우리 사회에 범람하고 있으며 우리 교회 안에 만연되어 있다. 이를 대적하고 싸우고 하나님의 새로움으로 새롭게 하여 새 땅 곧 젖과 꿀이 흐르는 약속의 땅으로 가야 할 하나님의 백성들 그 앞에 우리의 대장군 여호수아가 있다. 여호수아의 영성이 있다.

08

룻,
주체적 삶의 영성

"어머님이 가시는 곳으로 저도 가겠으며,

어머님 머무시는 곳에 저도 머물겠습니다.

어머님의 겨레가 제 겨레요

어머님의 하나님이 제 하나님이십니다.

어머님이 눈 감으시는 곳에서 저도 눈을 감고

어머님 곁에 같이 묻히렵니다.

어떠한 일이 있어도 안 됩니다.

죽음밖에는 아무도 저를 어머님에게서 떼어 내지 못합니다."

룻 1:16-17

'룻'하면 이렇게 착하고 순종하는 며느리의 얼굴이 떠오른다. 그도 그럴 것이 지금까지 룻은 성경에서 효부孝婦를 대표하는 인물이었다. 당시의 유대 사회에서나 성경을 전해 받은 시대나 어쩌면 오늘에 이르기까지 남성 위주의 사회에서는 당연히 그런 상징이 필요했을 것이다. 따라서 룻이 그의 시어머니 나오미에게 고백하는 이 말도 그렇게 해석 되어온 것이 사실이다. 시종일관 어머님을 앞세우며 어머님을 따르고 어머님과 함께 하겠다는 이렇게 착한 며느리가 어디 있겠는가. 당연히 으뜸가는 효부상을 주어 마땅할 것이다. 그러나 문법적으로 위의 말씀을 눈 여겨 보면 여기에서의 주어는 어머님이 아니라 룻이다. 따라서 위 문장의 기본 구조는 이렇게 축약될 수 있다. "내가 가겠으며, 나는 머물겠으며, 나의 겨레이고 나의 하나님이다. 나도 함께 묻힐 것이다. 나는 결코 떠나지 않을 것이다." 따라서 여기에서 주어인 '나'는 그렇게 착하고 말 잘 듣고 순종하는 소위 여필종부女必從夫나 삼종지부三從之婦의 덕목을 보이는 여자는 아니다.

시어머니의 말을 잘 듣고 그대로 따른 며느리는 룻이 아니고 도리어 동서인 오르바였다. 타국 땅 모압에서 살다가 남편과 두 아들을 잃고는 다시 고향 땅 베들레헴으로 돌아가려는 상황. 자식도 없는 과부의 입장에서 굳이 시어머니의 귀향길에 동행해야 할 필요가 있었겠는가? 며느리를 끌어안고는 돌아가라는 시어머니의 권유에 큰 며느리 오르바는 작별 인사를 하고는 친정집을 향한다. 그러나 룻은 달랐다. 자신의 뜻을 굽히지 않았다. 이제 동서가 제 겨레와 제 신에게로 갔으니 너도 고집스레 굴지 말고 동서를 따라 돌아가라는 강권에도 불구하고 결코 물러날 줄을 몰랐다. 그리고 이어지는 결단의 고백이 위의 성경 구절인 것이다. 나오미는 끝내 따라 나서겠다고 버티는 룻을 어찌할 수 없어 그냥 데리고 베들레헴으로 길을 떠났다. 며늘아이는 보잘 것 없는 이방인으로 남편을 잃고 자식도 없이 살아야 했던 불쌍한 자식이었다. '나의 귀염둥이'라는 뜻을 지닌 시어머니 나오미가 스스로를 한탄하며 나를 그렇게 부르지 말고 쓰림의 뜻인 '마라'라고 불러달라고 할 정도의 비참함은 그대로 며느리에게 이어질 수밖에 없었다. 모든 것을 잃고 낙향하는 동병상련同病相憐의 이 두 여인을 그린 어떤 화가가 있었는지는 잘 모르겠으나 누구라도 그 장면을 상상해 볼 수 있을 것이다. 낙담으로 가득 찬 얼굴 표정, 남루한 옷, 이를 감싼 주위 배경. 어떤 계통의 색감으로 칠해질까? 어두운 그림 하면 떠오르는 작품이 빈센트 반 고흐의 '감자 먹는 사람들'인데 그에 못지않으며, 불쌍한 그림 하면 장 프랑수아 밀레의 '이삭 줍는 여인들'인데 그 보다 못하지 않다. 고부사이인 나오미와 룻, 이 두 여인은 가장 어둡고 암울한 색조의 작품이 되었을 것이다.

이제 장소를 달리하여 베들레헴에서 룻이 보아스를 만나는 장면으로 가보자. 성경은 룻이 모압 여자임을 강조하고 그럼에도 불구하고 이방 지역 베들레헴 땅에서의 적극성이 어떠한지를 보여준다. "저를 밭에 나가게 해 주세요. 행여 무던한 사람이라도 만나면 그의 뒤를 따르며 이삭이라도 주워 오고 싶어요." 룻 2:2 시어머니를 조른 그녀는 마침 보리를 추수하는 때에 보아스의 밭에서 이삭을 줍다가 주인의 눈에 띄게 되었다. 룻에 대한 보아스의 평가는 이러했다. "네가 굳센 여자라는 것은 이 성 안에 사는 내 겨레치고 모르는 사람이 없다."룻 3:11 돈이 있든 없든 이혼의 경력이 있든 없든 그런 것을 별문제로 삼지 않았던, 넉넉한 재물만큼이나 인격의 풍성함을 지닌 사람. 그는 추수하는 일꾼들을 감독할 머슴이 따로 필요할 만큼 넓은 토지를 소유한 사람으로서 어찌보면 그 당시에 노블레스 오블리즈noblesse oblige의 삶을 보여주는 인물이 아닌가 싶다. 이른바 재력가나 권력층에 대한 사회적 책임을 뜻하는 이 말은 프랑스의 역사를 배경으로 한다. 14세기 백년전쟁 당시 프랑스의 도시 '칼레'는 영국의 공격을 더 이상 버틸 수 없어 항복을 하게 된다. 그러나 점령군은 시민의 생명을 보장하는 조건으로 그동안의 반항에 대한 대가로 도시의 대표 6명의 목을 요구한다. 그때 칼레시에서 가장 부자인 유스타쉬 드 생 피에르Eustache de St Pierre가 처형을 자처하였고 이어서 시장, 상인, 법률가 등의 귀족들도 처형에 동참한다. 그들은 다음날 처형 교수대에 섰다. 그러나 이 사실에 감동 받은 왕비의 간청으로 영국 왕 에드워드 3세는 모두를 살려주었다는 이야기다. 조각가 로뎅에 의해서 '칼레의 시민'은 예술작품으로도 길이 남게 되었다. 이 일화는 역사적 실재라기보다 어떤 교훈을 주기 위해 미화되고 각색되었다고도 하지만 그 의미는 진실일 것이다.

룻은 어머니의 말을 듣고 보아스의 집으로 간다. 신분 높고 재물 많은 그 어른이 집안의 친척이라는 말에 힘을 얻었는지는 모르겠으나 그를 당당하게 만나고 결국에는 아내가 되고 한 집안의 대를 잇는 중요한 인물이 된다. "야훼께서 그대 집에 들어오는 이 여인으로 하여금 이스라엘 가문을 일으킨 두 여인 라헬과 레아처럼 되게 해 주시기를 기원한다. …또한 야훼께서 이 젊은 여인의 몸에서 후손을 일으키시어 그대의 집안이 다말이 유다에게 낳아 준 베레스의 집안 같이 되기를 기원한다."룻 4:11,12는 마을 장로들의 뜻대로 보아스는 룻과 결혼하여 오벳을 낳았다. 오벳은 한 집안의 대들보로만 끝나지 않는다. 그는 이새를 낳았고 이새는 이스라엘 민족의 영웅 다윗을 낳았다. 이 다윗의 증조할머니가 룻인 것이다. 그리고 마태복음1장에 기록된 대로 "…살몬은 라합에게서 보아스를 낳았으며 보아스는 룻에게서 오벳을 낳았고 오벳은 이새를 이새는 다윗왕을 낳았다."

 예수 그리스도의 족보에 오른 여인 가운데 라합은 여호수아서 2장에 나오는 인물로 기생으로 기록된 사람이다. 그러나 그녀의 직업을 지금의 잣대로 보는 것은 옳지 않을 것이다. 그래서 학자에 따라서는 숙박업을 하는 주인으로 보기도 한다. 아무튼 어느 정도의 재산을 가진 사람으로 보인다. 그녀는 여호수아가 가나안을 공격하기 전에 보낸 두 정탐원을 자기 집에 숨겨주었으며 창문을 열어 도망갈 수 있도록 은혜를 베풀어서 나중 여리고 성이 무너질 때 가족과 더불어 생명을 보호받았다. 그 라합의 아들이 바로 보아스인 것이다. 보통 아들은 어머니 닮은 아내를 얻게 된다고 하는데 그렇게 본다면 보아스는 어머니 라합을 닮은 룻에게서 어떤 매력을 느꼈을 수 있다. 라합Rahab은 강함 또는 당당함을 뜻하는 이름이다. 그런데 이런 특성이 바로 룻에게서 나타나는 성향이기도 했다. 히브리서 11장에 나오는 위대한 신앙의 선열先烈, 그 대열에 오른 이 여인을 야고보는 행하는 믿음의 본보기로 말한다. 행함이 없는 믿음을 죽은 믿음이라고 나무라면서 살아있는 믿음의 모본으로 아들 이삭을 바친 아브라함의 행함과 더불어 라합의 행함을 거론하는 것이다. 약 2:25-26 어찌 라합의 믿음을 아브라함의 믿음에 비견할 수 있을까? 그러나 야고보서의 관점에서 보면 분명히 그렇다고 말할 수 있다. 이 서신에 나오는 믿음의 모본으로 등장하는 인물이 단 세 사람인데 아브라함, 엘리야 그리고 라합이니 말이다.

이제 좀 더 분명해졌다. 보아스가 어떻게 하여 룻을 아내로 택할 수 있었는가 하는 점이다. 남성들이 만들어 놓은 '순종'이라는 사회적 미덕 아래 굴종의 나날을 보내면서 쌓여지는 울분. 그것을 소위 한풀이로 토해야 하는 순환의 고리에 대한 책임은 간접적이나마 여성들에게도 있다. 룻은 그런 고리를 신앙의 이름으로 과감하게 끊은 사람이다. 그러하기에 룻의 영성은 하나님을 향한 주체적 결단의 당당함이라 말하려는 것이다. 여기에서 주체적이라 함은 우리가 흔히 말하는 혈연이나 학연이나 지연의 연결고리에 빌붙지 않고 스스로 일어서는 한 개인의 독립성을 말한다. 여자가 부모를 떠나 남자를 만나 한 몸을 이루었는데 그 남편이 죽고 난 뒤 시어머니를 따라 타국에서 이방인으로 살아가는 딱한 처지의 여인이라고 보기 어려운 독립적 주체성은 어디서 나온 것일까? 신앙이 지성을 만나면 신학이 되고 감성을 만나면 예술 작품이 되고 그 믿음이 어떤 뜻으로 펼쳐져서 개인과 사회의 변화를 일으킨다면, 룻은 세째의 경우이다. 그녀의 단호한 결단은 변화를 몰고 왔다. 모압 출신으로 모압 땅에서 사라지고 말 한 여인이 하나님의 나라 백성으로 귀화되어 그 백성을 이끌어가는 지도자로까지 큰 역할을 담당하게 되는 이면에 신앙적 결단이 있다. 영성이 하나님을 믿는 신앙이 내 안에서 발효되고 체화 되고 인격화 되어 나타나는 어떤 품격이라고 정의 내릴 때, 룻에 게서 보여지는 영성은 주체적 결단을 뿌리로 하여 당당하게 뻗어가 는 가지로서의 삶, 바로 그것이다.

한 사람이 유아기를 거쳐 성인으로 가는 과정에서 필요한 것이 유아적 탯줄을 과감하게 끊고 떠나는 일이라고 한다면 룻의 삶은 그러했다. 유대 남자와 결혼을 하기위해 모압이라는 가정과 문화권을 떠나야 했고, 남편을 여의고는 물설고 낯선 베들레헴으로 떠났으며, 이제까지 유일한 탯줄이었던 시어머니 나오미의 집마저 떠난 것이다. 보아스와의 만남은 그래서 더욱 당당했다. 먹고 살기 어려워서 남의 밭에서 추수하고 남은 이삭을 주워 먹어야 했던 신세였으나 주종관계의 차원을 넘어서 한 남자의 떳떳한 아내로 설 수 있었으니 말이다. 사도바울의 말씀 가운데 "나의 나 된 것이 하나님의 은혜로 된 것" 고전 15:10 이라는 신앙고백이 있다. '나의 나됨' I am what I am을 이루어가는 길에 영성이 있다. 영성의 길은 나의 나답지 못한 점들을 찾는 길이다. 또한 언제부터 그런 것들이 내게로 들어와서 나를 점령하게 되었으며 나는 왜 그런 것들의 지배 아래 눌려 살고 있는가를 깨달아가는 길이다. 그렇게 나답지 못한 것들을 발견하고 그로부터 떠나서 진정한 나 자신으로 되돌아 올 수 있다면 그런 상태에서 깨닫는 하나님의 은혜야말로 가장 큰 선물이다. 이 크나큰 선물을 한 작고 초라한 이방 여인이 받아 누렸으며 이를 대대로 이었다. 그 대代는 예수 그리스도를 통하여 하나님에게까지 이르는 위대한 영적 계보였다.

사무엘,
들음과 울림의 영성

　어린 시절 버스를 타고 다닐 때의 추억이다. 초등학교 5-6학년 2년 동안에는 늘 버스로 통학을 하였는데 나는 주로 버스 기사 옆 자리를 차지하곤 하였다. 그때는 보통 운전사 아저씨라고 불렀는데 그분의 눈높이 앞면에는 무릎을 꿇고 기도하는 어린이의 모습을 담은 그림 사진이 걸려 있곤 하였다. 그 어린이의 오른 쪽에는 이런 글귀가 쓰여져 있었다. "오늘도 무사히…" 처음에는 머리가 길은 탓에 여자 어린이로 생각했다가 그 사진의 주인공이 성경에 나오는 사무엘이라는 것을 알고 더욱 깊은 정을 느꼈다. 나중에 안 일이지만 이 그림은 렘브란트의 영향을 받은 작가로서 특히 어린이의 초상을 많이 그린 영국의 화가 레이놀즈 Joshua Reynolds 1723-1792의 작품이었다. 우리가 아는 대로 '사무엘'하면 가장 먼저 떠오르는 이미지는 역시

'기도'이다. 어머니 한나의 눈물 어린 기도 응답으로 태어났고 성전에서 엘리 제사장의 시중을 들고 있을 때 하나님의 부름을 듣고는 한밤중에 일어나 "말씀하옵소서, 주의 종이 듣겠나이다."라고 기도하는 어린 사무엘의 모습은 많은 이들의 마음에 남아 있다.

사무엘상 3장에 나오는 이 어린 소년의 기도 내용을 주목해보자. 하나님은 어린 사무엘에게 하나님의 음성을 듣는 귀를 키우기를 원하셨던 것으로 보인다. 성경은 엘리 제사장의 눈은 점점 어두워져 갔음에도 하나님의 등불이 꺼지지 않고 있음에 주목하도록 한다.(3절) 어느 날 밤 하나님의 궤가 있는 성전에 누워 있던 사무엘은 자기의 이름을 부르는 소리를 듣고는 벌떡 일어나 엘리 제사장에게로 달려간다. 그러나 사무엘을 부르는 소리는 엘리 제사장의 음성이 아니었다. 같은 소리를 세 번 반복해서 들은 연후에라야 자기를 부르는 이가 다른 사람이 아닌 하나님임을 알게 되고 엘리의 가르침을 따라 주님의 부르심에 응답하게 된다. 일반적인 우리의 기도는 우리의 소원을 하나님께 간절히 아뢰고 그분의 응답을 기다리는 것이지만 또한 기도는 주님의 음성을 듣고 그분의 말씀에 응답하는 일이기도 하다. 간절한 마음으로 부르짖는 기도도 하게 되지만 귀를 열고 듣는 기도도 할 수 있어야 한다. 사무엘의 기도는 듣는 기도의 전형이다.

하나님은 말씀하시는 분이다. 말씀으로 온 세상을 창조하시고 말씀으로 사람을 부르시고 말씀으로 죄를 용서하시고 말씀으로 만물을 회복하신다. 우리는 그의 말씀을 듣는 종이다. 주의 종의 그 다음은 주인의 말씀을 귀 담아 듣는 데 있다. 그분이 내게 무어라 말씀하시는지 귀를 쫑긋 세우고는 그의 말씀을 듣고 또한 들은 말씀대로 실천에 옮기는 사람이다. 종이 종답게 살기 위해서는 무엇보다 먼저 듣는 훈련을 해야한다. 그런 훈련 가운데 하나가 바로 기도 훈련이다. 곧 귀로 듣고 마음으로 듣고 영으로 듣는 것이다. 따라서 하나님의 사람은 말하는 자이기에 앞서 듣는 자이다. 그래서 이스라엘의 예언자들은 이렇게 외쳤다. "하나님께서 이렇게 말씀하신다.ko amar Yahweh" 이사야의 외침이다. "하늘이여 들으라 땅이여 귀를 기울이라. 여호와께서 말씀하시기를…" 사 1:2 예레미야의 외침이다. "여호와의 말씀이 내게 임하니라…" 렘 1:4 에스겔의 외침이다. "칠 일 후에 여호와의 말씀이 내게 임하여 이르시되…" 겔 2:16 하박국은 이렇게 전한다. "내가 내 파수하는 곳에 서며 성루에 서리라 그가 내게 무엇이라 말씀하실는지 기다리고 바라보며…" 합2:1 하나님이 내게 무어라 말씀하실는지 귀를 기울이고 마음을 기울이고 오직 하나님 한 분에게 집중하는 것이 기도이다. "하나님을 가까이 하라 그리하면 너희를 가까이 하시리라." 야고보의 가르침이다. 약 4:8 "그러므로 믿음은 들음에서 나며 들음은 그리스도의 말씀으로 말미암았느니라" 로마서가 전하는 하나님의 말씀이다. 롬 10:17

이스라엘의 교육의 핵심을 '쉐마 교육'으로 부른다. 이는 '너희는 들으라!'라는 말로서 신명기 6장의 "이스라엘아 들으라!"(3, 4)에서 비롯된 말씀이다. 물론 '쉐마'의 내용은 마음을 다하고 뜻을 다하고 힘을 다하여 하나님을 사랑하라는 가르침을 마음에 새기고 자녀에게 가르치고, 손목에 매고, 미간에 붙이고, 문설주에 기록하라는 것이다. 이 말씀의 내용이 중요하다. 그러나 이에 못지않게 중요한 것이 이 말씀이 하나님께로부터 왔으니 그런 줄 알고 들으라는 것이다. 아무리 하나님의 말씀이라 하더라도 듣지 않으면 무슨 소용이 있겠는가? 아무리 하나님의 말씀이 선포된다 하더라도 마음 중심으로 받아들이지 않는다면 무슨 의미가 있겠는가? 이러한 '들음'의 의미는 엘리야에게서 더욱 깊어진다. 바알의 선지자 사백오십 명을 상대한 위대한 인물이었지만 이세벨의 위력에 눌려 도망자로서 스스로 죽기를 바라는 신세가 되었다. 그가 호렙산 굴에서 들은 "네가 어찌하여 여기 있느냐, 내가 바알에게 무릎을 꿇지 않고 남겨진 사람이 칠천 명" 열왕상 19:18이라는 하나님의 음성은 아주 세미한 소리였다. 성경은 이 작은 소리를 강력한 태풍이나 지진이나 화염 같이 엄청난 뇌성雷聲에 대조 시킨다. 하나님의 음성은 누구나 어디서도 쉽게 들리는 그런 소리가 아니다. 자칫하면 그냥 넘겨 버릴 수 있는 소리, 딴생각을 하다가는 여지없이 놓칠 수밖에 없는 소리, 어쩌면 소리 아닌 소리 그래서 들을 귀 있는 자에게만 들리는 그런 소리이다. 여기에서 새롭게 부여되는 의미는 소리만큼 귀중한 것이 바로 '들리는 귀'이다. 예수님은 하늘 나라의 비밀에 대해 말씀하실 때 주로 비유를 사용하셨다. 그리고는 "들을 귀 있는 자는 들으라!" 눅 8:8고 말씀하셨다.

우리는 사도 바울의 경우도 잘 알고 있다. 다메섹으로 가던 사울이 하늘의 빛과 함께 어떤 소리를 들었을 때, 동행했던 사람들이 빛은 다 함께 보았지만 그 소리는 제대로 알아듣지 못했다. 행 22:9 하늘의 음성은 이런 것이다. 성경이 말하는 '들음'이란 단순히 청각을 울리는 것이 아니라 마음을 울리는 것이다. 마음과 정신과 영혼을 울리는 것이다. 발자국이 울리고 삶이 울리는 것이다. 그런 발자국과 그런 삶은 급기야 땅을 울리고 이웃을 울리고 결국은 역사를 울리는 것이다. 사무엘이 들은 하나님의 음성은 바로 이런 것이었다. "보라 내가 이스라엘 중에 한 일을 행하리니 그것을 듣는 자마다 두 귀가 울리리라" 삼상 3:11 성경은 "사무엘이 말을 하면 온 이스라엘이 귀를 기울여 들었다"고 기록하고 있다. 삼상 4:1 이러한 '울림'의 역사는 '들음'에서 비롯되는 것이다. 어떤 음성을 어떻게 들었기에 그 소리가 울림을 불러일으킬 수 있었나. 그 울림이 어떤 울림이었기에 자신 뿐 아니라 일파만파一波萬波로 온 나라로 퍼져갈 수 있었나?

사무엘상을 읽으면서 새롭게 감동을 받는 것은 다음 두 구절이다. 즉 "순종이 제사보다 낫고 말씀을 따르는 것이 숫양의 기름보다 낫다" 삼상 15:22는 말씀과 "사람은 겉모습만을 따라 판단하지만, 나 주는 중심을 본다" 삼상 16:7는 말씀이다. 앞의 말씀은 사무엘 자신이 기름을 부어 세운 이스라엘의 첫 왕 사울이 아말렉과의 전투 그 자체보다 전리품의 약탈에 더 큰 관심을 가졌던 일을 나무라면서 한 말이다. 뒤의 말씀은 사울을 이을 다음 왕으로 집 안에 있는 이새의 일곱 아들을 마다하고 굳이 밖에서 양을 치고 있는 막내 아들 다윗을 왕으로 세우는 과정에서 한 말이다. 여기에서 '순종'은 제사(또는 예배)와 비교하며 또 '중심'은 겉모습과 비교하며 대치를 이루는 말이다. 이는 보이는 것과 보이지 않는 것, 형식과 내용, 껍질과 알맹이의 관계와 같다. 우리의 일상에서는 이 둘이 대립되는 관계에 있지만은 않다. 어쩌면 양자는 상호 보완의 관계라고 봄이 타당할 것이다. 보이는 것을 통해 보이지 않는 것까지 보며, 형식을 통해 내용이 담겨지며, 껍질로 알맹이가 보호 받을 수 있기 때문이다. 그러나 이 양자의 보완상태가 항상 유지 되는 것은 아니다. 곧 치우침의 문제이다. 이때의 치우침은 순종이 없는 예배행위와 중심을 잃은 겉모습의 현상이다. 이러한 치우침과 왜곡을 바로 잡고 어느 한편으로 쏠려 있는 상태를 반듯하게 돌려놓기 위해서 다른 한쪽을 강조하는 것이다. 이스라엘 예언자의 역할은 바로 이런 것이었다. 때때로 예언자들이 보였던 과격한 레디칼리즘의 양상은 이 때문이었다.

진정한 울림은 울음 때문이라고 나는 생각한다. 성경적으로 또 역사적으로, 진정한 영성가의 울림은 울음소리를 듣는데서 비롯되었다. 어떤 울음소리가 어떻게 들리느냐가 그의 삶을 결정한다. "나의 귀에 들리는 이 양떼의 소리와 내가 듣는 소떼의 소리는 무엇입니까" 삼상 15:14 사무엘은 양떼와 소떼의 울음소리 뿐 아니라 사울을 왕으로 삼은 것을 후회하는 하나님의 울음소리 삼상15:11를 듣고 있는 것이다. 그 울음소리가 마음에 울림으로 다가왔다. 그는 괴로운 마음으로 밤새도록 주께 부르짖었다. 삼상 15:11 다른 나라와 같이 우리를 다스리는 왕을 세워달라는 이스라엘 백성들의 울음소리도 사무엘은 일종의 울림으로 받아들였다. 왕을 세우면 왕이 너희들을 종으로 삼을 것이다. 너희는 그로부터 온갖 압제와 강제 노역을 받게 될 것이며 결국에는 스스로 택한 왕 때문에 울부짖게 될 것이나 그때 하나님은 너희의 기도를 들어주시지 않을 것이라는 사무엘의 말을 끝내 거부하는 어리석은 백성들의 못난 울음소리조차도 외면치 않았다. 사무엘의 영성은 이러한 들음에서 비롯되는 영성이었다. 그는 무엇보다 하나님의 울음, 백성의 울음 심지어 동물의 울음소리까지도 가슴 깊은 곳에서 울림으로 받아들여지는 영적 민감성을 지닌 인물이었다. 하나님은 그를 사사로 세우시고 그의 손으로 두 왕의 머리에 기름을 붓게 하시고 그를 지도자로 삼아 그의 나라 이스라엘을 이끌어 가셨다. 그러나 무엇보다 중요한 것은 하나님이 사무엘과 함께 아파하셨고 함께 슬퍼하셨고 함께 우셨다는 점이다. 사무엘은 이런 식으로 하나님과 동행하였다. 영성은 이런 것이다.

우리에게 들려지는 소리가 우리의 영성을 만들어간다. 자연의 소리를 듣고 산다면 창조의 영성이 키워질 것이다. 이웃의 소리를 듣고 산다면 사랑의 영성이 키워질 것이다. 하나님의 소리를 듣게 된다면 예언자의 영성이 생겨날 것이다. 그렇다. 들리기에 그렇게 되어간다. 울리기에 그렇게 되어진다. 이런 들음과 이런 울림이 있어 예수 그리스도의 말씀을 제대로 받아들일 수 있는 것이다. 예언자들을 돌로 치고 죽임으로 몰고 가는 예루살렘의 권력자들과 이에 동조하는 군중을 마치 암탉이 병아리를 날개 아래에 품듯이 그 품에 안고 안타까워하며 눈물을 흘리셨던 예수님의 영성 눅 19:41, 그 울림의 영성을 사무엘에게서 본다.

다윗,
왕의 관을 쓴 목동의 영성

    신구약 성경에 전체 내용을 하나로 묶는 의미로 제목으로 부친다면 '하나님의 나라'라고 말할 수 있을 것이다. 구약은 하나님의 나라를 약속하셨다는 말씀이며 신약은 그 하나님의 나라가 이 땅에 도래했다, 곧 예수 그리스도와 함께 시작되었다는 말씀이다. 그러한 하나님 나라의 주인공으로서 다윗은 구약을 대표하는 인물로 볼 수 있는데, 이는 복음서에서도 예수 그리스도를 '다윗의 자손'으로 표명하고 있다는 점 때문이기도 하다. 이스라엘 민족에게 '하나님의 나라'에 대한 이미지는 그들이 역사적으로 경험한 다윗의 왕국을 통해 이해될 수 있었다. 하나님이 이 세상에 이루려는 그의 나라는 엄격하게 말하면 제 1대 사울 왕으로부터 비롯되었다고 말할 수 있다. 그때부터 '나라'라는 개념이 이스라엘 민족에게 도입되었기 때문이다.

그러나 사울 왕은 역사의 엄연한 실패자였다. 하나님은 사무엘에게 "사울을 택한 것이 후회 된다"고 말씀하셨다. 삼상15:11 그런 사울에 이어 이스라엘의 2대 왕으로 세워진 이가 바로 다윗이었다. 사무엘은 들에서 양을 치는 이새의 막내아들을 불러 그의 형들이 둘러 선 가운데서 왕위 계승을 뜻하는 기름을 머리에 붓는다. 그날부터 '주의 영'이 다윗을 감동시키기 시작했다고 성경은 기록한다. 삼상 16:13 사울에게서는 주의 영이 떠났고 그 대신 악한 영이 괴롭혔다는 점과는 뚜렷한 대조를 이룬다.

그럼에도 불구하고 다윗이 사울의 왕위를 물려받는 일은 곧 바로 이루어지지 않았다. 다윗의 생애에서 가장 혹독한 시련은 오히려 그 때부터 시작되었다. 블레셋 장군 골리앗을 쓰러뜨리고 그의 목을 벤 다음 온 이스라엘과 유다 사람들의 환호성이 다윗에게 쏠리자 사울의 시기와 질투심은 날로 커져갔다. 다윗은 사울이 던진 창을 여러 차례 피해야 했고, 사울의 아들 요나단의 도움으로 겨우 목숨을 건 졌으며 심지어 이스라엘의 적대국가인 블레셋으로 망명하기도 했다. 목숨을 부지하기 위해 미친척하며 수염에 침을 질질 흘리기도 하였다. 난민 다윗을 받아줄만한 나라는 주위 국가 어디에도 없었다. 그가 마지막으로 피해간 은신처는 '아둘람'이라는 동굴이었다. 거기에는 압제받는 사람들, 빚에 시달리는 사람들, 원통하고 억울한 일을 당한 사람들이 한데 어울리기에 적합한 곳이었다. 인생 밑바닥을 헤매던 사백 명의 무리, 그들은 장차 다윗을 통해 이루려는 하나님 나라의 씨받이가 되었다.

역사적으로 그 어떤 개혁도 그 에너지는 중심부가 아닌 변방에서 나오게 마련이다. 또한 그 개혁이 제대로 이루어지기 위해서는 그 개혁자들이 중심부에 있는 사람들에 대한 열등감을 떨쳐버릴 수 있어야 한다. 자신을 그토록 줄기차게 죽이려한 사울을 대하는 다윗의 태도에서 그의 남다른 건강하고 성숙한 영성을 보게 된다. 하나의 손아귀에 온 권력이 집중되는 왕정시대에서 그 정점에 있는 한 사람의 품성과 인격은 온 나라에 영향을 끼치게 마련이다. 우리는 여기에서 그 한 사람에 해당되는 '왕'과 그의 '왕국'에 대한 의미를 살펴 볼 필요가 있다. 사실 왕정王政은 원래 하나님이 원하는 제도가 아니었다. 부富와 마찬가지로 권력이 어느 한 사람에게 장기적으로 집중되는 것을 하나님은 원치 않으셨기 때문이다. 그럼에도 불구하고 어떻게 하나님의 나라를 왕국王國 곧 왕의 나라로 묘사할 수 있겠는가. 어떻게 하나님의 나라를 하늘 왕국으로 이야기할 수 있겠는가. 이 말은 곧 하나님을 왕으로 비유한다는 말이고 왕이 하나님을 대신한다는 말이 되기 때문이다. 이 문제에 대해 대한 성경적 해답은 무엇일까?

그 답이 다름 아닌 '다윗'이다. 처음부터 다윗은 왕이 될 만한 사람은 아니었다. 그는 왕의 아들이 아니었으며 베냐민 지파 출신인 사울 왕과는 다른, 유다 지파에 속한 사람이었다. 게다가 이새의 가문 가운데서도 내세울만한 아들이 아니었다. 사무엘이 새로운 왕을 선택하기 위하여 이새의 집을 방문했을 때도 다윗은 열외의 인물이었다. 그는 한낱 목동에 불과했다. 훌륭한 왕이 되기 위해 특별한 교육을 받은 것도 아니었고 왕이 되고 싶은 욕망이 있는 것도 아니었다.

어쩌다가 골리앗을 무너뜨리는 바람에 그야말로 졸지에 왕처럼 추앙 받기 시작한 것이다. 온갖 난관을 겪고 정식으로 왕위를 넘겨받은 뒤에도 그는 초심을 결코 잃지 않았다. 다윗은 언제나 목동이었다. 하나님 앞에서는 언제나 목동이었다. "주님은 나의 목자시니 내게 아쉬움 없어라" 시 23:1 신약에 주기도문이 있다면 구약에는 시편 23편이 있다. 사실 다윗이 읊은 싯귀는 그가 목동 생활을 할 때 지은 것 같지는 않다. 이어지는 다음 구절 때문이다. '죽음의 그늘 골짜기'와 '내 원수들이'라는 말에서 나타나는 대로다. 이 말은 목동의 삶보다는 장군으로 그리고 왕으로서의 역할을 감당 하려는 데서 비롯되는 어려움에 가깝다. 양을 치는 상황에서의 위험을 넘어서 목숨을 내걸고 칼을 휘두르는 전쟁터의 경험을 뒷받침 하고 있다는 뜻이다.

그러기에 다윗 왕은 주위 강대국의 왕이나 제왕들과는 근본적으로 달랐다. 그들이 태양신을 경배하며 또 백성들로 하여금 그런 신앙을 갖도록 함으로써 자신을 태양과 동일시하는 것과는 전혀 다른 입장이었다. 그에게 있어 야훼 하나님은 그야말로 주님, 주인이었다. 그분의 막대기와 지팡이가 없으면 살아갈 수 없는 한 마리의 연약한 양일 뿐이었다. 이 세상 어느 왕이 이런 나약한 기도를 드린단 말인가? 이 세상 어느 제왕이 그렇게 낮은 자리에 처한단 말인가? 이런 왕이라면, 이런 마음으로 한 나라를 다스리고 섬긴다면 그런 나라를 하나님의 나라로 가늠해도 되지 않겠느냐는 것이다. 그런 왕이 통치하는 왕국이라면 우리가 세속적 차원에서 생각하는 왕국과는 전혀 다른 느낌이 아니냐는 것이다. 예수 그리스도께서 그렇게도 강조하셨던 '하나님의 나라'를 복음서의 기자들이 '하늘 왕국' Kingdom of heaven 으로 묘사함은 이래서 마땅한 것이리라.

그러기에 다윗 왕국은 하늘 왕국, 하나님의 나라를 표상하는 국가로 여겨질 수 있는 것이다. 더 나아가서 권력에 대한 영성적 접근도 가능해진다. 권력자의 영성, 왕의 영성이라는 말도 가능해진다. 영성이 영적인 것이라면 권력은 세속적인 것이다. 영성이 보이지 않는 그 무엇을 추구하는 것이라면 권력은 보이는 것을 손에 쥐려하는 것이다. 영성이 이데아적인 것이라면 권력은 현실적인 것이다. 영성이 초월적인 세계를 담으려 한다면 권력은 내재적 가치를 담으려 한다. 영성이 저 세상의 가치를 지향한다면 권력은 이 세상의 가치를 찾으려 한다. 그래서 영성을 진정으로 바라는 이들이라면 이 세상의 권력을 떨쳐버려야 한다. 권력을 한 손에 움켜잡고 영성을 추구한다는 것은 이율배반이다. 그럼에도 불구하고 이 모순을 헤쳐 나갈 수 있는 길이 있다면 그 답이 '다윗 왕의 영성'이라는 말이다. 왕이 하나님 나라의 사자使者 노릇하기 위해서는 그 왕관을 벗어던져야 마땅할 터인데, 그런 왕관을 머리 위에 쓴 채로 영성적 삶을 살았다면 더욱 놀라운 일이다. 그래서 그의 모습을 이렇게 말해보고 싶은 것이다. '왕의 관을 쓴 목동'이라고…

다윗의 영성은 왕의 관을 쓰고 있는 목동의 영성이다. 그에게 있어서 왕관이란 어쩌면 사울이 잠시 내어준 놋 투구와 갑옷과 같은 것이었는지 모른다. 그보다 목동의 지팡이와 시냇가의 돌과 무릿매가 더욱 어울리는 사람이었다. 더 중요한 사실은 싸움에서 지고이기는 것이 칼이나 창에 있지 않고 하나님에게 달렸다는 믿음이었다. "너는 칼을 차고 창을 메고 투창을 들고 나왔으나, 나는 네가 모욕하는 이스라엘 군대의 하나님, 곧 만군의 주의 이름을 의지하고 너에게로 나왔다." 사무엘 상 17:45는 그의 신앙 고백은 계속 이어진다. "주께서 너를 나의 손에 넘겨주실 것이다... 주께서는 칼이나 창 따위를 쓰셔서 구원하시는 것이 아니다...전쟁에서 이기고 지는 것은 주께 달린 것이다...주께서 너희를 우리 손에 넘겨주실 것이다." 들이나 산에서 양을 치며 양떼를 지키기 위해 밤을 지새우며 때로는 사나운 맹수와도 맞서 싸우는 목동의 그 당당함이 야훼 하나님을 절대적으로 의지하는 신앙에서 나온 것이라면 그 목동으로서의 믿음을 왕이 되어서도 그대로 간직하며 살았다.

그는 장군이었으나 칼이나 창 따위가 무엇이냐고 말하는 사람이었다. 그는 왕이었으나 왕관이란 도대체 무엇이냐고 자문하는 사람이었다. 그는 언제라도 그 두터운 갑옷과 화려한 왕관을 벗어던질 수 있는 사람이었다. 하나님 앞에서 맨몸으로 서는 사람이었다. 그의 손에 쥐어진 무릿매가 작고 큰 원을 그리면서 나오는 힘을 온 몸으로 느끼면서 살았던 사람이었다. 때로는 원심력으로 때로는 구심력으로 다가오는 모든 힘의 근원이 하나님인 것을 잘 아는 사람이었다. 그가 온 이스라엘의 왕이 되어서 나라의 영역을 확장 시키며 에돔과 모압과 암몬과 시리아를 물리치고 하닷과 에셀 두 성읍을 점령하면서 승승가도를 달리고 있을 때에도, 오랜 세월 운명적 적대 국가였던 블레셋을 물리치고 난 뒤에도, 그는 자신의 업적을 길이 남기기 위해 이집트나 바벨론이나 앗시리아나 로마의 황제들이 그러했듯이 예루살렘 도시 한 복판에 개선문 따위를 세우려는 생각을 하지 않았다. 도리어 그는 자신의 영광이 아닌 하나님을 찬양하는 노래를 불렀을 뿐이었다. 이렇게 말이다~

야훼는 나의 반석
나의 요새 나를 구원하시는 이
나의 하나님 내가 숨을 바위
나의 방패 승리를 안겨주는 뿔
나의 산채 나의 피난처
포악한 자들의 손에서 이 몸 건져 주셨으니
찬양을 받으시라
…
내가 망할 처지가 되자 저들이 달려들었지만
야훼께서 내 편이 되어 주셔서
건져 주시고 어깨를 펴게 해 주셨다
…
야훼님 만만세!
나에게 승리를 안겨 주신 하나님 높으시어라
…
그러하오니 야훼님!
그 고마움을 어찌 만민에게 알리지 않고

하나님의 이름을 노래하지 않겠습니까?

삼하 22장에서

11

솔로몬,
권력과 부 그리고 영성

20여 년에 걸쳐 야훼 성전과 궁전을 건축한 솔로몬은 주의 제단 앞에 서서 하늘을 바라보면서 두 팔을 들어서 펴고 이렇게 기도하였다. "...주님은 세우신 언약을 지키시고 은혜를 베푸시는 분이십니다...오늘 주의 종이 주 앞에서 부르짖으면서 드리는 이 기도를 들어주십시오. 들으시는 대로 용서해 주십시오...옳고 그름을 판결하여 주십시오...죄를 지어 적에게 패배한 이들도 주께 간구하거든 그들을 다시 돌아오게 해주십시오...용서해 주십시오...용서해 주십시오...용서해 주십시오..." 왕상 8:22-61 그가 드린 기도에서 반복되는 단어는 '용서'이다. 그의 기도를 요약하면 하나님은 공의로우신 분이고 사람은 잘못을 저지른 존재이지만 이를 자백하면 그분은 용서하신다는 것이다.

솔로몬이 성전 봉헌식에서 이렇게 용서를 반복해서 빌며 기도하는 까닭은 무엇일까? 그가 저지른 죄가 생각나서일까, 아니면 백성들의 죄 때문일까, 그도 아니면 조상들의 죄가 떠오른 때문일까? 그는 이스라엘의 삼대 왕으로서 초대 사울 왕과 아버지 다윗 왕 사이에서 일어난 권력 갈등을 알고 있었을 것이다. 또한 아버지와 형 압살롬 사이에서 일어난 권력 다툼을 지켜보았을 것이다. 권력은 투쟁이며 쟁취다. 거저 생겨나는 것이 아니다. 빼앗는 것이고 지켜내야 하는 것이고 그래서 싸우는 것이다. 싸워서 이기는 자에게 주어지는 상급 같은 것이다. 그래서 그 싸움에서 지면 그것으로 끝이다. 권력은 끊임없는 전쟁이다. 솔로몬은 이러한 전쟁 한 가운데서 태어나고 자랐다. 나이가 들고 몸이 커가면서 그는 자신의 이름이 왜 '평화'인지를 깨닫게 되었을 것이다. 솔로몬은 히브리어로 평화를 뜻하는 '샬롬'의 그리스식 표기이다. 전쟁과 평화는 불가분의 관계에 있다. 평화라는 말은 전쟁을 전제로 할 때 그 의미가 분명해진다. 총알과 포탄이 떨어지는 전쟁터 한 가운데서 평화의 절실함을 깨닫기 마련이다.

왕 솔로몬은 자신의 이름대로 유대 민족을 샬롬 공동체로 이끌어 가기 위한 구체적 방법으로 먼저 용서를 떠올렸다. 샬롬을 이루기 위한 지름길이 바로 용서이기 때문이다. 용서 없이는 화해가 불가능 하고 용서 없이는 화합이 불가능하다는 사실을 아는 것이 지혜이리라. 이것이야말로 시대를 뛰어넘는 솔로몬의 지혜 곧 인류의 지혜이다. 2차 대전 독일의 나치당이 저지른 만행과 20세기 말 아프리카 남아공에서 벌어진 인종 차별에 대해 피해자들이 용서하자는 선언은 참으로 귀한 것이었다. 솔로몬은 소 이만 이천 마리와 양 십이만 마리를 제물로 바치며 화목제를 드렸다. 엄밀히 말해서 용서는 사람이 사람에게 할 수 있는 일이 아니다. 용서는 하나님의 몫이다. 누가 누구의 죄를 용서할 수 있겠는가. 네가 죄인이라면 나도 죄인인 것을… 우리가 이웃의 잘못을 용서할 수 있음은 하나님으로부터의 용서가 기본 바탕이 되기 때문이다. 하나님은 용서하시는 분이다. 시 86:5 그분의 그 용서를 우리들도 따라서 할 수 있도록 가르쳐 주신 기도가 바로 주기도문이다.

솔로몬은 평화 시대를 이루었다. 기원전 10 세기 경(971-931) 주위의 강대국들은 그리 힘을 쓰지 못하였다. 이집트의 전성기는 지나갔으며 앗시리아나 바벨론은 아직 강력한 통일제국을 이루지 못하고 있었다. 솔로몬 왕국의 경계는, 북으로는 유프라테스 강 연안에서 남으로는 아카바만과 이집트에 이르고 서로는 지중해 그리고 동으로는 아라비아 사막에 이르기까지 펼쳐졌다. 또한 주위의 여러 왕들로부터 조공을 받는 위치에 있었다. 왕상 4:21 무장한 만 이천의 기병들을 거느리는 탄탄한 권력을 기반으로 그는 그 어떤 왕도 누리지 못하는 영화를 누리게 되었다. 금과 상아로 치장한 보좌가 이를 말해 주었다. 방패와 그릇도 모두 금으로 만들었으며 은은 귀금속 축에 들지 못했다고 한다. 대하 9:20 탄탄한 권력은 부를 창출하고 부는 권력을 유지시켜준다. 그리고 이어지는 것은 화려한 문화적 업적이었다. 삼천의 잠언과 천 다섯의 노래와 초목과 짐승과 물고기에 관한 연구는 당시 근동 지방에서 최고의 수준이었다. 곧 인문학과 자연과학에 대한 놀랄만한 업적에 대해 성경은 이를 압축하여 '솔로몬의 지혜'라고 표현한다. 열왕상 4:32-34

　　그러나 이렇게 솔로몬과 상위 층 고관들이 누린 부귀영화의 뒤편에는 어두운 그림자가 짙게 드리워져 있었다. 20여 년 동안의 성전과 왕궁의 건축은 주로 강제 노역으로 이루어진 것이었다. 7만의 짐꾼과 8만의 석공, 3만의 외국 노동자들에게 하루하루는 무거운 멍에의 나날이었다. 왕위 계승 문제로 갈등을 빚고 있던 아들 르호보암이 백성들에게 너그러운 정치를 펼쳐달라는 원로들의 요청을 뿌리치며 백성들에게 한 말이다. "내 아버지가 너희에게 무거운 멍에를 메우셨으니 나는 이제 그것보다 더 무거운 멍에를 메우겠다. 내 아버지께서는 너희를 가죽 채찍으로 매질 하셨으나 나는 너희를 쇠 채찍으로 치겠다." 대하 10:14 역대기 사가는 빠뜨렸으나 신명기 사가는 솔로몬의 과오를 숨기지 않고 기록에 그대로 남겼다. 그것은 왕이 백성들의 노역을 기반으로 하여 쌓은 권력과 부를 이용하여 많은 외국 여인을 후궁으로 들이고 그녀들에게 마음을 뺏겨 다른 신들을 섬기게 되었다는 것이다. 아버지 다윗과는 달리 "하나님 앞에서 악행을 하였다."고 말한다. 왕상 11:6 하나님께서 두 번씩이나 다른 신들을 따라가지 말라고 당부하셨지만 듣지 않았다고 말한다. "솔로몬의 마음이 하나님을 떠났다" 왕상 11:9는 것이다.

　　하나님께서 솔로몬에게 부귀영화의 복 내릴 것을 약속하면서 함께 강조한 말씀이 있다. 곧 "네 아버지 다윗이 한 것과 같이 네가 나의 길을 걸으며 내 법도와 명령을 지키면 네가 오래 살도록 해주겠다." 왕상 3:14는 조건이다. 여기에서 우리가 주목해야 할 점은 '나의 길을 걸으라'는 말씀이다. 솔로몬은 주어진 왕권을 누리면 되는 사람만은 아니었다. 그에게 주어진 사명은 '주님의 길'을 걷는 것이었다. '주님의 길' 곧 '영성의 길'이었다. 정치가였으며 지혜자였으나 궁극적으로 솔로몬에게 주어진 것은 영성가의 길이었던 것이다. 그를 향한 하나님의 뜻이 있었음에도 그는 끝내 자기의 길을 걸었다. 자신이 가고 싶은 길을 갔을 뿐이었다. 그렇게도 하나님과 가깝게 지내며 깊은 기도의 본을 보여주었던 솔로몬이 아니었는가? 그러나 그는 그저 권력과 부귀영화를 한껏 누린 왕으로 끝났다. 축복의 대표적인 상징 인물이었으나 그가 누린 복은 오히려 '주의 길'을 가는데 걸림 돌이 되고 말았다.

한동안 '야베스의 기도'가 한국 교회 강단에 적지 않은 영향을 미쳤다. 번역서만도 여러 개가 나올 정도였다. 그 기도의 내용은 이렇다. "복을 더하여 주시고, 영토를 넓혀주시고, 불행을 막아 주시고, 고통을 받지 않게 하여 주십시오..." 대상 4:10 요즘 개신교에서도 쉽게 대할 수 있는 영성 수련을 기도학교라는 이름으로 하기도 한다. 영성은 기도를 배우는 것으로 시작할 수 있기 때문이다. 그런데 이때의 기도는 기도의 본질에 이르도록 하는 것이다. 곧 하나님의 현존을 의식하면서 나를 향한 그의 뜻을 묻고 그 뜻에 응답하고 그렇게 살 수 있도록 도움을 간구하는 것이다. 때로 기도하면서 내가 원하는 것을 바랄 수 있고, 때때로 내 소원을 강청할 수도 있으나 이것이 기도의 핵심은 아니다. 기도가 무엇인가에 대한 정답은 다름 아닌 '주의 기도'이다. 주님이 가르쳐 주신 기도에서 자신을 위한 바람은 그저 일용할 양식을 위한 것 뿐이다. 얼마 전 목회자 한 분이 교우들에게 기도를 가르치고자 하는 뜻에서 그 이름을 '야베스 기도학교'라고 하려 한다는 말을 듣고 왜 '주의 기도 학교'를 하지 않는지에 대해 의아스럽게 생각했다. 기도에도 본本 이 있고 말末 이 있다. 뒤바뀌면 안 되는 것이다.

솔로몬이 받아 누린 권력과 재력과 학력과 실력과 능력은 영적으로 승화되기에는 이미 너무 무거워져버렸다. 중력으로 내리누르는 무게를 들어 올려 하늘을 나를 만큼 큰 날개는 사실상 불가능했다. 그에게 달린 두 날개는 독수리나 도요새나 높이 나는 기러기의 날개가 아니라 꿩의 날개 아니 타조의 날개를 보는 것 같다. 이 땅에서는 권력이나 재물이나 학식이 큰 힘이 되는 것이 사실이지만 하늘을 소망하며 하늘의 왕국을 꿈꾸며 하늘을 품고자 하는 이들에게는 이런 것들이 오히려 거추장스럽고 부담 되는 것이다. 그렇지 않다면 왜 예수님이 머리 둘 곳 없이 그렇게 사셨을까? 그를 따르는 제자들이 왜 그물도 집도 버리고 그렇게 살았을까? 주님을 따르고자 사막으로 동굴로 들어간 수도사들이 왜 그렇게 살았을까? 무엇 때문에 프란체스코는 재산을 다 팔아 가난한 자들에게 주어버렸을까? 무엇 때문에 푸코 Charles De Foucauld 1858-1916는 모든 것을 다 던지고 사막으로 들어가서 평생을 살았을까?

솔로몬의 모습 좀 더 구체적으로 솔로몬이 지은 성전과 그의 왕궁과 그의 화려한 삶은 기독교 번창 시기의 유럽과 미국과 오늘의 한국 교회를 보게 한다. 정치적 힘과 돈의 힘을 기반으로 쌓아올린 웅장함과 사치스러움은 엄밀하게 말해서 영성과는 거리가 멀다. 권력과 부는 영성에 도움이 되기보다는 오히려 방해가 되고 거추장스러운 것이 되기 때문이다. 영성이란 복음의 그 순수성, 교회의 그 본성, 선교의 그 진정성을 추구하는 것이기에 더욱 그렇다. 복음이 영성이 되는 것은 어떤 사람을 만남으로 되는 것이다. 그들은 다른 이가 아닌 자발적 가난을 택한 사람들, 중앙 무대를 떠나 변방으로 간 사람들, 가난한 이들의 이웃이 된 사람들이다. 안타깝지만 솔로몬과는 거리가 먼 이야기이다. 이것이 그가 아버지 다윗과 다른 점이다. 다윗이 왕으로서 그의 권한을 마음껏 휘두르는 위치이었음에도 어린 시절 목동의 삶을 늘 간직하였다고 한다면 아들은 그렇지 못했다. 그럴만한 경험을 갖지 못했다. 왕궁이 그의 고향이었고 왕궁이 그의 집이었고 왕궁이 그의 무대였다. 왕궁 밖은 그저 남의 땅일 뿐이었다.

안타깝게도 샬롬은 한갓 그의 이름 뿐, 솔로몬이 떠난 뒤로 이스라엘 나라는 두 쪽으로 갈려나간다. 아들 르호보암도 아버지의 장점 보다는 단점을 이어받았다. 아들이 백성들의 신망을 받지 못하는 틈을 노려 아버지의 신복 장군이었던 여로보암이 반역을 저질렀고 다수의 백성들은 그를 따랐다. 여로보암은 12지파 가운데 10지파를 차지하게 되었다. 솔로몬의 인생 여정에서 다음 몇 가지 영적 교훈을 얻으며 이를 영성적 삶에 대한 반면교사로 삼고자 한다.

첫째로, 영으로 시작해서 육으로 끝나는 삶이 있다.

둘째로, 시작은 좋았으나 나중이 잘못된 경우도 많다.

셋째로, 복이 오히려 화근이 될 수 있다.

넷째로, 영성은 권력이나 물질의 부요 그 가치를 넘어설 때만 가능
하다.

엘리야,
광야를 뿌리로 하는 영성

　　구약 성경에서 사사를 대표하는 사람이 사무엘이고 왕을 대표하는
사람이 다윗이라면 예언자를 대표하는 사람은 엘리야라고 말할 수
있다. 그는 주전 9세기 그 악명 높은 아합 왕(B.C.876-854)시대에
북 왕국을 중심으로 예언활동을 한 사람이었다. 그의 출생이나 성장
과정에 대한 기록은 잘 알려져 있지 않다. 길르앗에 우거하는 디셉
사람 왕상 17:1으로서 요단강 동편에 머물고 있었던 것으로 그의 모습
은 왕하 1장 8절에 나오는대로 "그는 털이 많은 사람인데 허리에 가
죽 띠를 띠었다" 그를 광야의 예언자로 이름 짓는 까닭은 요단강 동
편이나 말라버린 그릿 시냇가의 배경 그리고 옷차림 등에서 비롯되
었다고 할 수 있다. 그에 대한 이런 모습이 900년이 지난 세례 요한
에 까지 이어져 내려 온 것을 보면, 이는 엘리야의 독특한 야성野性

이미지 때문이 아닌가 싶다.

　예수님 당시에 제사장들과 레위인들이 요한을 보고 "네가 엘리야
냐?"라고 물었을 때에, 요한의 대답 "나는 주의 길을 곧게 하라고 광
야에서 외치는 자의 소리" 요한 1:19–23 라고 할 때의 상황은 광야의
예언자로서의 강한 인상으로서, 엘리야와 세례 요한을 중첩하여 연
결시키는 것이었다. 구약 성경의 마지막 예언자 말라기Malachias는
'여호와의 크고 두려운 날'이 이르기 전에 엘리야가 나타날 것을 말
하기도 했다. 베드로와 안드레와 요한은 변화산에서 예수님이 모세
와 엘리야와 더불어 말하는 것을 보기도 하였다. 또한 우리 주님이
십자가에서 '엘리 엘리 라마 사박다니'라고 말하실 때 사람들은 이
말을 들으면서 엘리야를 부른다고 생각할 정도였다. 엘리야와 세례
요한의 야성적 성향은 이렇게 예수에게로 이어져 내려왔다.

　광야는 히브리어로 '미드바르'midbar 이며 그리스어로 '에레모
스'eremos 를 말한다. 우리나라의 마을이나 도시가 산으로 둘러 싸여
져 있다면 이스라엘은 광야에 에둘려져 있다고 말할 수 있다. 우리
가 산의 정기를 받고 살아간다면 유대인은 광야의 정기를 받고 산다.
우리 민족이 백두산에서 한라까지 뻗어가는 백두대간의 맥이라면,
유대 민족은 바란에서 신 그리고 유대로 이어지는 광야의 맥이다. 그
광야를 거치며 야곱이 이스라엘이 되고, 모세가 야훼 하나님을 만났
으며 이스라엘 민족도 선민으로서 마땅한 훈련을 받았다. 그 한 가
운데 엘리야라는 출중한 예언자가 있다. 그런 예언자의 맥을 예수께

서 이어 받았다. 그분 역시 메시아 곧 그리스도의 자격을 얻는 과정에서 광야의 시험을 거쳐야 했다. 에레모스로서의 광야는 영적 싸움이 치열한 곳이며 미드바르로서의 광야는 하나님의 말씀 곧 '다바르'dabar가 들려지는 곳이다.(midbar와 dabar는 어원이 같다.) 치열하게 영적 싸움을 하면서 하나님의 말씀을 계시로 받는 곳이 바로 광야인 것이다. 예수께서 성령의 인도로 광야에 가서 마귀에게 시험을 받았다는 사실은 위의 역사적 맥락에서 보면 당연하고 자연스러운 일이리라. 그러나 이보다 중요한 점은 시험 문제와 이에 대한 대처 방법이리라.

이스라엘 민족이 수 백 년 동안 기다려 온 메시아가 되기 위한 과제를 사탄은 세 가지로 간추린다. 첫째는 배고픔의 문제이고 둘째는 기적의 문제이고 셋째는 권력의 문제이다. 메시아로서 배고픔을 어떻게 해결 하겠는가, 그런 기적을 행할 수 있는 능력을 보여주어야 하지 않겠는가, 만일 천하의 권력을 얻게 되면 이를 해낼 수 있을 텐데 내게 절하면 이 모든 것을 넘겨주겠다. 이것이 사탄이 예수에게 내 놓은 시험 문제였다. 이에 대한 예수의 답은 이러했다. 즉 육을 위한 빵 보다는 영의 양식이 더 근본적인 것이고, 그 어떤 상황 가운데서도 하나님을 시험하면 안 된다는 것 그리고 우리의 경배 대상은 오직 하나님뿐이라는 것이었다. 그리고 사탄을 향해 "물러가라!"고 말했다. 사탄의 질문과 이에 대한 예수의 답변은 누가 봐도 동일한 선상에 놓여 있지 않다. 질문과 답이 일정한 논리의 형식 구조 안에 있지 않다는 말이다. 여기에서 간과해서는 안 되는 중요한 사실은 질문과 답변의 내용보다 질문자와 답변자 이 양자의 팽팽한 대결 구도이다. 오고 가는 대화의 말이나 말씀도 중요하지만 그 보다 근원적인 것은 누가 그 말을 하느냐 하는 것이다. 대화하는 양자는 예수와 사탄이다. 하나님의 아들과 시험하는 자이다. 곧 존재와 비존재, 실체와 비 실체, 실상과 허상의 관계이다.

이러한 견지에서 볼 때, 사탄이 예수를 유혹하기 위해 한 말이나 사탄을 물리치려는 예수의 말에만 치중한다면 더 중요한 점을 놓칠 수 있다. 다시 말해서 "이 돌들로 빵이 되라고 해보라"는 말과 이에 대해 "사람이 빵으로만 살 것이 아니라, 하나님의 입에서 나오는 모든 말씀으로 살 것이다." 라는, 대치되고 또한 배치되는 이 두 말을 두고 마치 자웅雌雄을 겨루는 모양새로 보려는 것은 자칫 마치 법정에서 누구 말이 더 법리에 타당한가를 따지는 그런 투에 해당된다는 말이다. 이것은 말이나 논리나 법리의 차원이 아니기 때문이다. 사탄이 던진 말은 세 가지이지만 그 본질은 하나다. 곧 예수를 유혹하고 시험하려는 말에 불과하다. 그가 가려는 메시아의 길을 흔들려는 데 그 본 뜻이 있다. 따라서 예수의 세 가지 답변도 사실 그 본질은 하나인데 곧 유혹을 유혹으로 알고 시험을 시험으로 간주하면서 이를 물리치고 뿌리치려는 시도인 것이다. 그래서 "사탄아, 물러가거라!"고 말씀하신 것이다. 사탄을 사탄으로 알고 그 말을 물리치도록 하는 일, 이것이 광야에서 우리가 체험하는 영성의 과정이다.

몇 년 전, 이탈리아의 제노바 A10 고속도로의 다리가 무너져 십 여대의 차량이 떨어지고 수 십 명이 목숨을 잃는 사고가 일어났다. 그런데 무너진 교량 그 앞에 녹색의 트럭 한 대가 사진에 찍혀 보도가 되었다. 기사의 내용은 뒤에서 추월하려는 승용차에 길을 비키며 속도를 줄이면서 갑작스런 상황에 멈출 수 있었다는 것이다. '멈추어 섬'으로 생명을 지킬 수 있었다.

내가 섬기고 있는 가락재 영성원에 음각으로 '쉼'이라고 새겨놓은 돌비가 느티나무 그늘에 서 있다. 이 말은 섬-쉼-숨을 합성하여 만든 말인데 '영성靈性'을 우리말로 표현해 본 것이다. 영성원이란 영어로 리트릿 센터 retreat center 곧 피정의 집을 뜻한다. 영성 수련은 세 단계 또는 네 단계를 필요로 하는데, 첫째 '물러섬'의 단계이며 둘째 '쉼'의 단계이고 셋째는 '숨'의 단계이다. 영성의 시간을 가지기 위해서는 하던 일이나 가던 길을 멈추고 서야 한다. 물러 설 때를 아는 지혜와 결단이 필요하다. 그리고 쉼의 시간을 가진다. 쉼은 창조주 하나님이 하늘과 땅을 지으시고 일곱 째 되는 날에 쉬심으로 그 날을 거룩하게 하셨다는 의미에서의 안식을 말한다. 창 2:3 진정한 쉼을 통해 하나님의 거룩에 참여하는 것이다. "내가 거룩하니 너희도 거룩하라" (레위 19:2) 우리가 하나님의 거룩에 이르는 길은 노력이나 행동의 결과가 아니라 한 존재로부터 또 한 존재에게 부어지는 거룩한 숨결이다. 그분으로부터 불어 넣어지는 태초의 그 숨인 하나님의 영 곧 '루아흐'의 숨결을 들숨과 날숨으로 따라 숨 쉬는 것이다. 태초의 그 숨이 진흙덩이에 불어넣어져서 '네페쉬 하야' 곧 생명체 living being 가 되었다. 곧 사람은 하나님이 불어넣어준 그 숨으로 살아가는 존재인 것이다.

이 하나님의 숨을 신약 성경은 '프뉴마'로 표현한다. 성령으로 번역된 프뉴마는 본래 바람이나 숨을 가리키는 말이었다. 이는 부활하신 예수께서 무서워 떨고 있는 제자들에게 다가오셔서 '샬롬'을 전하면서 "성령을 받으라!"고 말씀하실 때 내 뿜으신 그 숨이며, 사도행전에 기록된 대로 오순절에 한 곳에 모인 120명의 신도들에게 부어진 세찬 바람이었다. 삼년동안 스승을 따라다니며 하나님의 나라를 꿈꾸었던 제자들은 절망과 낙심으로 나날을 보내고 있었다. 십자가로 끝장을 맛본 것이다. 그러나 죽음이 다시 죽어, 거듭나는 놀라운 사건이 발생했다. 그것은 부활의 숨이요 부활의 바람 때문이었다. 그 숨과 그 바람이 그들 삶을 다시 살아나게 하였고 한 곳에 모이게 하였고 교회라는 새로운 공동체를 이루게 하였다. 그리고 예루살렘과 온 유다와 사마리아와 땅 끝으로 확장 시켜나갔다. 그들이 이룬 공동체는 대조적이며 대안적이었다. 지금까지 어느 누구도 경험하지 못했던 사건이 일어난 것이다. 지난 날 예수께서 말씀하시고 보여주셨던 중요한 사실들이 기억으로 되살아났으며 복음서라는 기록으로 남겨졌다. 그들은 복음 공동체를 통하여 '그리스도라는 예수'를 재현해 낼 수 있었다.

그 핵심은 미드바르 곧 광야였다. 영성 그 뿌리는 에레모스 곧 한적하고 외진 곳이어야 한다. 사람도 물도 먹을 것도 없어 주리고 목마름으로 견뎌야 하는 광야, 그 깊은 곳에 뿌리를 내림으로 시작된다. 엘리야는 그런 바짝 마른 시냇가에서 까마귀가 날라다 주는 떡과 고기를 먹으며 견디었다. 이를 물러섬과 나섬의 영적 순환 과정이라고 하겠다. 광야는 물러섬의 차원이며 아합 왕이나 갈멜산은 나섬의 차원인 것이다. 갈멜산의 사건, 바알 편의 450명과 아세라 편의 400명을 합친 850명의 예언자들과 홀로 맞서서 영적 싸움을 벌여 그들을 처단한 일을 우리는 잘 알고 있다. 또한 포도원을 빼앗고 그 주인 나봇을 돌로 쳐 죽인 살인자로 아합 왕과 이세벨 왕비의 범죄를 담대하게 지적할 수 있음 열왕상 21:1-19도 그것이다. 이는 들숨이 있어 내쉼이 가능하고 내쉬고 나니 또 숨을 들이킬 수 있는 들숨과 내쉼의 순환 이치와도 같다.

숨이 막힌 사람에게 숨통이 트여지고 한 숨으로 지새는 사람이 제 숨을 잘 쉬도록 하는 일이 영성 수련이다. 이렇게 숨을 잘 쉬도록 도우면 다시 일어선다. 일어섬의 섬이며 다시 이 세상으로 나섬의 섬이고 궁극적으로 가야할 하나님의 나라로서의 '그 섬'이다. 이렇게 섬-쉼-숨-섬을 이어나가도록 함이 개신교 영성원에서 이루어지는 영성 수련의 과정이 되어야 할 것이다. 그리스와 러시아 정교의 영성이 수도원 영성이고 이를 보다 심화한 것이 폐쇄 수도원이라면, 가톨릭 영성은 이러한 동방의 영성을 받아들여서 그 나름의 치우침을 해결하고자 하였다면, 개신교는 어떤 쪽으로 우리다움의 영성을 정립할 수 있을까? 정교의 폐쇄성이나 가톨릭의 이원성을 넘어 보다 개방적이며 보다 일원적 형태의 영성으로 향방을 모색해야 할 것이다. 16세기 이래 개혁주의자들의 외침은 수도원 안의 영성이 어떻게 수도원 밖으로까지 확장될 수 있겠는가 또 현실 교회와 수도원의 이원화 문제를 어떻게 극복할 수 있겠는가 하는 점일 것이다.

나름의 결론은 이렇다. '숨'과 '쉼'의 영적 의미를 되살리며 '물러섬'과 '나섬'을 들숨과 내쉼의 형태로 이루어낼 수 있다면 우리 나름의 어떤 영성이 이루어질 것이다. 이것은 동방교회의 영성과 서방교회의 영성이라는 이른바 기독교 영성사靈性史 의 두 영적 맥을 잇되 이를 단순하게 반복하거나, 이 양 전통에서 정리된 영성 수련을 무비판적으로 전수하는 방법이 아닌, 새로운 형태로서의 제 3의 길이 되어야 할 것이다. 우리는 고대나 중세가 아닌 현대, 또는 현대 그 이후를 살아가고 있기 때문이다. 즉 탈현대 시대의 영성, 세속화 시대의 영성을 말해야 하기 때문이다. 광야를 뿌리로 하되 이 세상으로 나가야 하기 때문이다. 이런 영성의 흐름, 그 한 가운데 엘리야가 우뚝 서 있다.

느헤미야,
사회 변화를 일으키는 영성

이집트, 앗시리아, 바벨로니아에 이어 한 나라가 이스라엘 주변의 새로운 강국으로 떠오르기 시작하였다. 주전 6세기 초 메소포타미아 동쪽에서 시작된 페르시아는 거대한 제국 바벨로니아를 누르고 근동지방의 강대국으로 그 위세를 떨쳤다. 이른바 고레스 칙령으로 피지배 민족들이 자율권을 통해 그들의 고유한 문화와 종교생활을 할 수 있게 되었다. 예루살렘이 바벨로니아에 의해 파괴된 지 70년이 지나서 귀환한 유대인들은 예루살렘 성전을 재건할 수 있게 되었다. 느헤미야는 아닥사스다 왕 옆에서 술을 따르는 관원으로 왕의 신임을 받고 있던 사람이었다. 비교적 높은 자리에서 윤택하고 안락한 삶을 누리고 있었음에도 그의 관심은 오직 고국 예루살렘과 유대 백성의 살림살이에 있었다.

주전 538년 다리우스 1세 때 1차 귀환이 시작되어 515년 예루살렘 성전이 완공되고 그 뒤로 많은 유대 사람들은 고국 귀환 길에 올랐다. 그로부터 한 세기가 지나면서 유대 나라는 점차 옛 모습을 회복하게 되었다. 그러한 상황을 좀 더 자세히 알고 싶었던 느헤미야는 그의 동생 '하나니'를 비롯한 몇 사람의 수행원을 예루살렘으로 파송하였다. 다녀온 이들의 보고는 이러했다. "사로잡혀 오지 않고 그 지방에 남은 사람들은 거기에서 고생이 심합니다. 업신여김을 받습니다. 예루살렘 성벽은 허물어지고 성문은 다 불탔습니다." 느 1:3 총독 스룹바벨의 주도아래 성전이 재건되고, 제사장이며 율법학자인 에스라에 의해 율법이 재정리되고, 다시 유대 민족은 그 율례를 따라 살 수 있게 되었으나 실제 유대인들의 삶은 별로 나아진 것이 없었다. 느헤미야는 동족이 처한 현실을 구체적으로 알게 되었다. 이미 조국은 멸망당한지 오래 되었고 이방의 땅이었으나 그만하면 성공한 인생이었다. 궁궐에서 왕의 신임을 받고 있던 터에 굳이 나설 일도 아니었다. 그냥 그렇게 현실에 만족하면서 살아도 되었으련만 그에게는 남다른 애국 애민 의식이 있었다.

느헤미야의 기록이다. "이 말을 듣고서 나는 주저앉아 울었다. 나는 슬픔에 잠긴 채로 며칠 동안 금식하면서 하늘의 하나님께 기도하며 아뢰었다." 느 1:4 그는 이렇게 기도를 드렸다. "이스라엘 자손이 주를 거역하는 죄를 지은 것을 자복합니다. 저와 저의 집안까지도 죄를 지었습니다. 우리가 주께 큰 잘못을 저질렀습니다." 느 1:6-7 여기에서 느헤미야의 기도를 좀 더 연장해 보기로 하자. 느헤미야의 기도는 9장에서 더욱 분명해진다. 물론 이 기도는 예루살렘에서 유다 백성들과 함께 드린 기도이다. 그 내용은 이렇다. 금식을 하고, 베옷을 입고, 먼지를 뒤집어쓰고, 이방 사람과의 관계를 끊고, 자신들의 허물과 조상의 죄를 자복했다는 것이다. 그들은 여러 날에 걸쳐서 낮의 사분의 일은 율법 책을 읽고, 또 사분의 일은 죄를 자백하는 시간을 가졌다. 그들이 한 곳에 모여 반복하여 자백한 것은 다름이 아닌 '조상들의 뻣뻣하여 고집 센 목'에 대한 것이었다. 고난당하는 이집트의 하루살이 인생들을 해방시켜 자유인으로 살게 하신 야훼 하나님을 좀 살만하기만 하면 여지없이 배반하였다는 것이다. (*히브리 민족의 어원인 하비루Habiru 는 성곽 밖의 사람들을 뜻한다.)

예레미야와 그의 민족들이 함께 드린 기도는 조상들을 탓하는 것은 아니었다. 그렇다고 조상들의 죄과를 덮는 것만도 아니었다. 조상들의 잘못을 정직하게 고발하면서 그들의 죄를 자신들이 뒤집어쓰면서 이 죄를 용서해 달라는 것이었다. 왕들과 대신들과 제사장들과 일반 조상들이 주의 계명에 귀를 기울이지도 않고 타이르시는 말씀을 들으려고도 하지 않았다는 것이다. 그런데 중요한 점은 지금 우리들도 그와 다르지 않다는 것이다. 그 조상의 그 DNA 가 어디로 간단 말인가. 우리가 그것들을 그대로 물려받았다는 것이다. 즉 '그 뻣뻣한 목' 말이다. 기도는 기도로 끝나지 않는다. 기도는 기도 그 자체를 위한 것이 아니다. 기도를 위한 기도가 아니란 뜻이다. 참 기도는 바른 삶으로 이어진다. 이른바 회개는 참회와 개선을 뜻한다. 참회가 진정과 진실의 마음에서 나오는 것이라면 개선은 개혁의 실천이다. 그런데 그 개혁은 나 하나의 올바른 마음가짐에 머무르지 않는다. 공동체와 사회로의 전개며 확장이다. 따라서 하나님이 기뻐하시는 기도는 '금식 기도'라는 한 형태를 말하려는 것이 아니라, 기도 그 다음에 이어지는 삶을 강조하기 위한 것이다. 이사야의 기도에 대한 일갈은 이렇다. "내가 기뻐하는 금식은 부당한 결박을 풀어 주는 것, 멍에의 줄을 끌러 주는 것, 압제받는 사람들을 놓아 주는 것, 바로 이런 것들이 아니냐?" 사 58:6 이어서 나오는 말씀이다. 굶주린 사람에게 너의 양식을 나누어 주고 떠도는 불쌍한 사람을 집에 맞아들이고, 헐벗은 사람을 보았을 때에 그에게 옷을 입혀주고, 우리 자신의 골육을 피하여 숨지 않는 일, 이것이 올바른 금식기도이다.

이런 기도의 본보기를 느헤미야의 영성에서 찾을 수 있다. 그의 영성은 개인 영성에서 시작하여 공동체 영성으로 그리고 사회적 영성으로 전개되는 그런 영성이다. 본래 영성이라 함은 일차적으로 개인적인 것이라 할 수 있다. 하나님 앞에 자기 모습을 드러내며 자신의 죄를 직면하면서 깊은 성찰의 시간을 가지는 것이다. 이 때의 기도란 나와 하나님과의 관계에서 문제 되는 것을 한 가지 한 가지 살펴 나가는 것이다. 내가 어떤 사람인지, 나는 무엇을 추구하며 사는지, 나의 잘못은 어떤 것인지…이 때의 기준은 예수 그리스도이다. 예수 그리스도의 그 비움과 그 낮아짐을 떠 올리면서 그분의 마음을 내 안의 중심에 옮겨 그분의 성품을 닮아간다. 곧 빌립보서 2장에 나오는 대로 케노시스kenosis 의 영성이다. 이것이 개인 영성의 완성 단계이다. 그러나 이런 홀로의 마음은 그것으로 그치지 않는다. 아름다운 꽃은 열매를 맺고 땅에 떨어져 다시 새로운 싹을 내며, 연못의 물이 채워지면 흘러 넘쳐 주위를 적시고 흐르면서 땅을 비옥하게 하듯이 다음 과정을 밟게 된다. 이런 영성의 다음 단계가 공동체 영성이다.

공동체 영성이란 홀로의 단계에서 '서로'와 '함께'의 단계로 나아감이다. 홀로 있을 수 있는 사람은 함께 잘 지내기도 한다. 홀로의 자족은 더불어라는 이타성利他性으로 이어진다. 참으로 하나님을 사랑하는 사람은 참으로 이웃을 사랑하는 사람으로 살아가게 된다. 공동체 안에서 하나님 사랑이라는 수직적 영성과 이웃 사랑이라는 수평적 영성이 하나를 이룬다. 이런 사랑의 공동체를 우리는 교회라고 불러 마땅하다. 사도 바울이 말한 대로 우리 교회는 '예수 그리스도의 몸' 고전 12:27이다. 머리이신 그리스도를 중심으로 각 지체가 연결되고 결합되어 하나의 유기적 공동체를 이룬다. 엡 4:16 구약 성경의 천지 창조 사건과 신약 성경의 오순절 교회 발생의 사건에서 찾을 수 있듯이, 영이신 하나님은 홀로 계시는데 만족하지 않으시고 무언가를 이루신다. 이를 영靈의 체화體化 과정이라고 말 할 수 있다. 이를 단순히 순수 정신이 물질이 되는 것으로 보려는 것은 아니다. 저절로 그렇게 되어 간다고 말하기 보다는 그 과정에 하나님의 역사적 개입이 일어나는 것을 말하려는 것이다.

기독교 영성이 동방 교회의 영성과 서방 교회의 영성과 개신교의 영성으로 구별 된다고 할 때, 개신교 영성의 특성은 성과 속, 육체와 정신이라는 이분법적 구도를 넘어서고자 한다. 즉 세속 도시를 떠나 사막에서 은둔 생활을 하며 거룩함을 영위하려는 수도원적 영성은 예수 시대의 에세네파, 쿰란 공동체의 모습일 것이다. 그런 에세네파 공동체 출신으로 여겨지는 세례 요한은 구별된 공간의 닫힌 문을 세상 한 복판을 흐르는 요단강으로 활짝 열었다. 그리고 특별하게 정화 예식을 거친 정화수가 아니라 일반 골짜기를 흐르는 보통 강물로 침례를 베풀었다. 그런 세례를 받은 사람들도 특별히 구별된 사람들이 아닌 일반 대중이었다. 예수님도 그 요단강물로 그들과 함께 침례를 받으셨다. 창기와 세리의 친구로서 안식일에 병을 고치면서 자유롭게 먹고 마시는 탈 금욕주의자의 모습이, 구별된 생활을 강조하는 바리새인들과 그 보다 더욱 거룩한 삶을 영위하는 에세네파 사람들에게 어떻게 비추어졌을까?

바벨로니아 강변 곳곳에 앉아서 조국 예루살렘의 하늘을 바라보며 동족 유다 백성과 함께 울며 수금을 타고 비가悲歌를 불렀던 눈물의 개혁자 느헤미야는 눈물로 세월을 한탄할 수만은 없었다. 급기야 그는 자신의 자리를 박차고 일어났다. 그는 화려한 페르시아의 왕궁을 떠났다. 그는 고통의 땅 예루살렘으로 달려갔으며, 무너진 성곽을 일일이 돌아보았으며, 예루살렘 시민의 구차한 삶을 돌아보기 시작했다. 그의 눈에 보인 것은 황폐한 성곽만은 아니었다. 성곽 안에서 더욱 더 황폐한 삶을 살아가는 인생들이었다. 왜 그렇게 살아가는가? 뇌물, 비리, 부정, 부패의 온상 바로 그것 때문이었다. 느헤미야는 크게 분노하였다. 일종의 의분이었다. 그는 개인 비리의 주범인 '토비야'가 함부로 쓰던 방의 물건을 바깥으로 내던지고 깨끗하게 치웠다. 그 방은 원래 십일조로 거두어들인 곡식과 새 포도주와 기름을 보관하는 장소였기 때문이었다. 또한 레위 사람들이 당연히 받을 몫인 십일조를 제대로 받지 못하고 있음을 알고 이를 과감하게 시정하였다. 안식일에 대한 기본 개념 없이 함부로 살아가는 사람들을 꾸짖었으며, 유다 남자들이 아스돗과 암몬의 이방 여자들을 아내로 삼은 일을 보고 그냥 지나칠 수 없었다. 솔로몬 왕의 죄를 언급하면서 이들을 매로 다스렸다. 그런 다음 이런 일이 다시는 벌어지지 않도록 정직한 사람들을 택하여 책임자로 맡겼다. 느헤미야 13장 참고

개인 영성이 어떻게 공동체 영성을 이루며 그 공동체 영성이 사회 개혁으로까지 확산 되어 갈 수 있을까? 여기에 선구자 느헤미야가 있다. 선견자로, 선지자로 만족하지 않는 선구자의 모습이 있다. 여기에 예수 그리스도의 영상이 드리워져 어른거린다. 예수의 손에 들린 거룩한 채찍이 엿보인다. 예루살렘 성전의 장사치들을 나무라는 거룩한 분노가 중첩되어 다가온다. 언제까지나 우리 한국 교회는 장사치들의 소굴로서의 그 진면목을 감출 수 있을 것인가. 예수를 왜곡하고, 복음을 팔고, 교회를 바벨탑처럼 쌓아 올리고, 기독교를 정치 세력화 하는 일말이다.

느헤미야의 영성이 절실하게 요구된다. 느헤미야의 관심, 관심에 따른 안타까움, 이에 따른 당연한 분노 그리고 행동으로 나타나는 실천력. 곧 실천하는 영성이다. 변화를 일으키는 영성이다. 자신의 변화는 공동체의 변화를 낳고 공동체의 변화는 사회의 변화를 낳는다.

그래서 영성의 실천, 실천하는 영성이란 말이 가능하다면 그 실천의 장은 다름 아닌 우리가 하루하루를 살아가고 있는 이 사회일 것이다. 이곳에서 이렇게 변화를 일으키는 사람이 있다. 느헤미야의 영성 그 바톤을 이어받는 사람이 있다. 나는 이 사람을 예수 그리스도를 닮은 영성가로 부르려 한다. 곧 사회 변화를 일으키는 영성가이다.

에스더,
민족의 운명을 짊어지는 영성

"죽으면 죽으리이다!" 에 4:16

에스더의 이 결단이 큰 사건을 일으켰고 역사가 되고 온 민족의 기념 곧 '부림'이 되었다. (*제비뽑기나 주사위를 뜻하는 아람어 '푸르'pur 에 서 나온 말로서 하만이 제비뽑기로 유대인을 학살할 날짜를 제비뽑기로 정했다는 데서 유래되는 이스라엘의 축제 부림절로 지켜지고 있음) 주전 539년 당시, 페르시아 왕국은 바벨로니아 제국을 무너뜨리고 서쪽으로는 아프리카의 에티오피아로부터 동쪽으로는 인도에 이르기까지 무려 127도를 지배하고 있었다. 제국을 다스리는 수도 가운데 하나인 '수산 궁'에서 일어난 일로부터 에스더서는 시작된다. 속국의 보잘 것 없는 고아 출신으로 황제 아하수에로의 황후가 된 에스더는 그가 머리에 쓴 관의 무게에 못지않은 엄청난 짐을 한 몸에 떠맡아야 했다. 개인의 안일과 평안을 위해서라면 얼마든지 피할 수도 있었으련만 에스더는 그의 여린 등에 이스라엘 민족을 짊어졌다. 우리 모두가 잘 알고 있는 대로 한 민족 전체가 멸족의 위기 속에서 살아났다. 그래서 "죽으면 살리라!" 내가 살아났다는 말이 아니다. 우리 가족이 잘 먹고 잘 살게 되었다는 말도 아니다. 우리 민족이 한 여인의 죽음을 불사하는 결단으로 살아났다는 말이다. 노블레스 오블리즈 Noblesse Oblige 의 전형이 아닐 수 없다.

국가나 민족의 위기 가운데 '구국의 결단'이란 말을 쉽게 듣는다. 머리를 깎기도 하고 단식으로 투쟁하기도 하고 혈서를 쓰기도 한다. 우리민족도 이런 자세로 세계의 문명사를 이끌어갔던 제국의 틈바구니에서 그 나름대로 어떤 자리를 지켜왔다는 점에서 비슷하다. 그런데 그 자리는 어느 누구도 대신 할 수 없는 고유의 민족적 특성과 가치가 있다. 이스라엘이 언제 세계의 역사를 주도 할 만큼 큰 힘을 떨친 때가 있었는가? 다윗 왕국 시대, 솔로몬 왕국 시대가 있었다고 하지만 그 역시 근동 지방에서 위세를 떨쳤던 이집트, 앗시리아, 바벨로니아, 페르시아, 알렉산더의 그리스, 로마에 이르기까지 그런 나라에는 비견될 수 없을 정도이다. 그럼에도 불구하고 오늘날 이스라엘 민족을 빼고는 세계의 역사를 말할 수 없다. 이점이 특이하다. 한반도의 한민족이 그와 비슷하다. 오랜 세월 운명적으로 중국 대륙과 근접해 있으면서도 그에 편입되지 않고 독자적 왕국을 지켜냈으며, 제정 러시아와 소련, 소위 대일본제국의 침략도 견뎌내지 않았는가? 근대의 세계 4대 강국의 세력 다툼 그 한가운데 존재하는 나라는 '대한민국'이다. 나라 이름에 '대大' 자를 대놓고 쓰는 유일한 나라 민족이 한 민족이다. (중국이나 일본은 그냥 한국이라고 부르고 있기는 하지만) 영국이 그레이트 브리튼 Great Britain 으로 불리기는 해도 이는 한정적 의미로 쓸 뿐이다. 우리는 무엇으로 큰 나라임을 자처하는가?

고구려의 광개토대왕, 고려 청자, 조선의 인쇄술 그리고 훈민정음의 세종대왕, 거북선의 이순신...이런 자랑스러움이 있기는 하지만 이런 것들이 세계의 역사를 움직이는 어떤 동인이나 동력이 된 것은 아니었다. 그보다 중요한 점은 부끄럽기는 하지만 한국전쟁 때 유엔 16개국의 참여했으며 남한 북한 중국 소련까지 합치면 총 20 개국이 혈전을 벌인 사실이다. 남북분단은 우리 민족의 단편적 이해를 넘어서는 세계사적 차원으로 해석 되어져야 할 사건이다. 그것이 아니라면 이 시대의 대륙 세력인 중국 러시아와 해양 세력인 미국과 일본의 힘 겨누기는 무엇이란 말인가? 지금 '핵무기'를 앞 세워서 온 세계를 힘겹게 하고 있는 나라도 한반도에 북쪽에 자리하고 있다. 6자 회담이나 4자 회담이니 아무리 대화의 탁상에 끌어내려 해도 막무가내로 버티고 있는 모습이 어찌 보면 역설적 표현으로 갸륵하지 않은가!

위의 이야기는 어디까지나 일반 세속사의 차원이고 기독교 구원사의 관점에서 본다면 이스라엘과 한국은 그 의미가 또 다른 점에서 새롭게 다가온다. 이스라엘의 사가들이 그들의 역사를 기술할 때 중요하게 생각했던 관점은 역사의 주체를 하나님으로 두었다는 것이다. 하나님이 천지를 창조했으며 그 하나님이 사람을 자기 형상 Imago Dei 대로 지으셨고 그들이 에덴에서 주어진 삶을 누리도록 하였다는 것이다. 사탄의 유혹으로 약속을 어기고 쫓겨났음에도 불구하고 여전히 그들을 사랑하여 큰 자비를 베푸셨다는 기록이다. 하나님을 등지고 달아나는 백성들에게 끊임없이 강한 손과 편 팔로 구원의 손길을 뻗치신다는 이 기본 구도가 다름 아닌 구약 성서의 기록이다. 그런데 하나님의 구원 손길은 사람을 도구로 삼아 행해지는데 이 도구의 역할을 하는 이가 바로 이스라엘의 영적 지도자들이다. 아브라함, 이삭, 야곱, 요셉, 모세, 여호수아, 다윗, 이사야, 예레미아, 아모스, 호세아 등으로 이어지다가 에스더에 이른다. 남성 위주의 문화권이었음에도 성경에는 군데군데 여성의 자취를 뚜렷하게 남긴다. 미리암, 훌다, 드보라, 룻에 이어 에스더의 자취는 확실하다.

이러한 하나님의 구원 역사를 한반도로 옮겨보자. 삼국 시대를 지나 고려의 왕성기를 거치면서 몽고의 침입으로 말미암아 원나라의 공주를 정비正妃로 맞아 그 사이에서 태어난 아들만이 왕위에 오를 수 있게 되는 소위 사위의 나라를 뜻하는 부마국駙馬國 신세로 전락하게 된다. 중국의 중원이 원에서 명으로 명에서 청으로 이어지면서 이웃의 큰 나라를 섬기는 사대주의는 이 나라의 생존을 가능케 하는 유일무이의 외교 전략으로 자리 잡는다. 최근에 영화로도 주목 받는 '남한산성'에서 주화론(최명길)은 말할 것도 없고 척화론(김상헌)도 알고 보면 순수한 의미의 민족 주체성의 입장이 아니라 그동안 명明

을 섬겨왔는데 어찌 오랑캐로 치부하던 나라를 떠받들겠느냐는 것이었다. 왜가 처 들어 오면 명에 기대고 북으로부터의 공산화 물결은 미국에 기대면서 겨우 겨우 나라를 유지해 왔다. 한때 박정희 정권에서 내걸은 '자주 국방'의 뜻도 언제부터인가 사그라들었다. 이렇게 전전긍긍하며 버텨온 민족이다. 그럼에도 우리는 이 나라를 '대한민국'이라고 크게 외치며 온 세계를 당당하게 누빈다. 그도 그럴 것이 이제는 세계 10대 무역교역국이며 OECD(34개국)의 회원국이며, 올림픽과 월드컵과 동계 올림픽을 주최한 나라이니 말이다.

그러나 이 보다 놀라운 점은 세계 선교를 이끌어가고 있다는 사실이다. 2만 7205명의 선교사를 170 여개의 나라에 파송하고 있다. 미국 다음으로 많은 나라에 파송하고 있으며 실제로 현지에서 선교를 담당하는 선교사의 수는 미국을 상회한다고 한다. 서양의 2천년 기독교 역사에 비해 130년도 채 되지 않는 짧은 기간을 감안한다면 놀라운 일이 아닐 수 없다. 말도 많고 탈도 많은 선교 현장의 이야기는 국내의 교회에 대한 일반적 인식 그 수준을 넘지 못한다. 그럼에도 불구하고 하나님의 선교 Missio Dei 는 한국이란 나라를 도구로 하여 뻗어가고 있다. "하나님이 보우하사~"로 이어지는 애국은 애족을 넘어 이제 인류애로 넘어가고 있다. 바로 이 점이 유대 민족의 사명을 이어 받은 우리 민족의 사명이다. 어쩌면 유대의 디아스포라적 선교를 그대로 빼어 닮을 뿐 아니라 보다 큰 차원 민족을 뛰어 넘어 온 나라로 향하는 선교 열정이다. 이 세상에 이런 민족이 또 어디 있는가?

국수주의적 자화자찬을 너절하게 늘어놓자는 것은 아니다. 한 때 이 세상에서 군대를 앞 세워 주위의 부족이나 민족을 통합하며 제국을 이룬 나라들의 흥망성쇠를 잘 알고 있다. 몽골이나 만주족의 부침 浮沈 이 그렇고 마케도니아와 이란, 이라크가 그렇고 터키가 또한 그러하다. 화려했던 과거의 영광에 비해 현재는 암울하고 미래는 답답하다. 그들이 지금 세계사에 어떤 기여를 하고 있는지 아쉽게 느낄 뿐이다. 우리도 한때 '고조선'이란 이름으로 아시아 대륙의 동북쪽 절반을 차지했었고 한자의 전신인 갑골문자도 이 동이족東夷族에서 시작되었다는 다소 과장된 자기중심적 역사관을 새삼 내세우려는 것이 아니다. 그동안 강대국의 틈바구니에서 지정학적으로 살아남기 어려운 여건의 한 민족이 지금까지 견뎌온 것이 대견스럽다는 것으로 만족하는 것도 아니다. 이 지구상에 진즉 사라져버릴 수도 있었을 한 작은 나라가 지금까지 생존하고 있다는 것. 이제 그 존재감이 점차 확장되어 가지 않느냐는 것이다. 한 두 사람의 영웅이 총과 칼을 앞세워 주변의 세력을 끌어들여 확장해가는 방법이 아니라 문화의 힘을 통해서 이루어간다. 이른바 한류韓流 다. 케이 팝과 더불어 세계 여러 나라에서 한글을 배우고자 하는 미증유의 일이 일어나고 있다. 아시아권은 물론 유럽에서도 한글을 제 2외국어의 자리로 올린 나라가 생겨나고 있다. 한반도, 한민족, 한문화(한글, 한복, 한식, 한옥 등), 한류, '한'의 시대를 알리는 팡파르 fanfare 가 울려 퍼진다. 이제 '한'은 더 이상 가슴 깊은 곳에 맺힌 응어리가 아니다. 아니 그런 응어리라 하더라도 좋을 것이다. 이를 에너지 자원으로 하여 승화 시켜 한 멋진 삶을 이룰 수 있도록 하고 있지 않느냐! 광화문 광장의 촛불이 횃불 되어 나라다운 나라를 만들어가고 있지 않느냐! 광화문 광장은 천안문 광장과는 아주 다르다. 파리의 콩코르드 광장이나 뉴욕 타임스 스퀘어 광장과도 분명 다르다. 천안문이 탱크의 광장이고 콩코르드가 피의 광장이고 뉴욕이 상업의 광장이라면 광화문은 천년의 민족혼이 솟구쳐 흐르는 민본–민주–민중의 광장이다. 이 '민'은 땅에 떨어져 죽음으로 많은 열매를 맺는 생명의 씨알이다. 죽은 껍질이 아니라 살림의 알갱이다. 하늘의 알을 듬뿍 담은 이 땅의 알이다.

복음에 대한 새로운 이해가 필요하다. 좁은 의미에서의 복음은 예수를 그리스도로 믿고 나의 주님으로 고백하며 영원한 생명을 얻게 되는 것을 말한다. 그래서 기쁜 소식이다. 죽음에서 생명으로, 절망에서 희망으로, 죄에서 구원으로, 속박에서 해방으로~ 이것이 복음이다. 그런데 이를 잘못 해석하면 복음이 마치 이 세상에서 저 세상으로, 물질에서 영혼으로, 이 땅에서 저 하늘로의 도피가 될 수 있다. 진정한 복음은 예수의 가르침과 그 삶이 내게 또 너에게 사건이 되고 의미가 되고 가치가 되고 목적이 됨을 말한다. 예수의 가르침은 이러했다. "뜻이 하늘에서 이루어진 것 같이 땅에서도 이루어지기를..." "영적 양식 뿐 아니라 일용할 양식의 필요성을..." "내게 잘못한 사람을 용서하면서 자신의 잘못 또한 용서 받기를..." 이렇게 서로가 만나 공동체를 이루고 교회를 이루고 하나님의 나라를 이루어 끝내 우주적 샬롬을 이루는 것이 복음이다. 하나의 택함 받은 민족의 의미가 여기에 있다. 유대인들이 못된 녀석 하만의 농간으로 전

멸당할 위기에서, 하나님이 모르드개를 통해 에스더로 하여금 놀라운 역사를 이루게 하신 그 뜻은 단순한 민족 우월주의로 받아들여져서는 안 된다. 민족을 강줄기로 삼아서 끝내 온 인류라는 구원 바다로의 역사이어야 한다. 에스더서가 다시 읽혀지고 재해석 되어야 하는 까닭이 있다면 바로 여기에 있다.

한 개인의 영성이 어떻게 공동체적 영성으로 열매 맺어야 하는가를 에스더는 잘 보여준다. 내가 죽어 네가 살고, 우리가 죽어 교회가 살고, 교회가 죽어 나라가 사는 그런 영성 말이다.

15

욥,
어둠과 죽음의
그늘에서 깨닫는 영성

"내가 난 날이 멸망하였더라면, 사내아이를 배었던 그 밤도 그
러하였더라면, 그 날이 캄캄하였더라면, 하나님이 위에서 돌
아보지 않으셨더라면, 빛도 그 날을 비추지 않았더라면, 어둠
과 죽음의 그늘이 그 날을 자기의 것이라 주장하였더라면...
어찌하여 내가 태어나 죽어 나오지 아니 하였던가 어찌하여
내 어머니가 해산할 때에 내가 숨지지 아니 하였던가..."

욥 3:3-11 중략

우리가 일반적으로 좋아하는 말이 있다. 행복이라든가 기쁨이라
든가 즐거움 또는 사랑, 평화 등이다. 새날이나 새달 또는 새해를 맞

으면서 나누는 덕담으로는 어울리지 않는 말도 있다. 불행, 실패, 아픔, 질병, 죽음 등일 것이다. 전자의 긍정적 낱말을 밝음으로 본다면 후자의 부정적 낱말은 어두움에 속할 것이다. 사실 우리가 살고 있는 이 세상은 그리 밝기만 하지는 않다. 오히려 어두움이 더 큰 폭을 차지한다고 보아야 할 것이다. 우리의 삶도 그렇다. 그래서 장조보다는 단조에서, 희극보다는 비극에서 더 많은 이들이 공감을 얻게 되는 것이리라.

구약 성경에 〈욥기〉가 들어 있다는 것이 좀 특이하다. 욥은 이스라엘 사람도 아니었으며 욥기 전체 42장 가운데 첫 장과 끝 장을 뺀 나머지 40장은 사실상 긍정이 아닌 부정적 언어로 가득 차 있기 때문이다. 첫 장에서 욥은 이렇게 소개된다. 온전하고 정직하여 하나님을 경외하며 악에서 떠난 사람, 아들이 일곱이고 딸이 셋, 그의 소유물은 양이 칠천, 낙타 삼천, 소가 오백 겨리, 암나귀 오백에 수많은 종을 두었다. 동방에서 가장 존경 받는 사람이며 게다가 갑부였다. 끝 장에는 욥의 말년 이야기가 나오는데 처음 보다 더 복을 많이 받아서 양 만 사천, 낙타 육천, 소 천 겨리, 암나귀 천에 아들 일곱 딸 셋을 두었다. 만일 욥기를 통해서 욥의 일생을 이야기 하려 한다면 첫 장과 끝 장의 상황을 얼마든지 늘여도 될 수 있을 텐데 그렇게 하지 않았다. 왜냐하면 욥기의 주된 목적은 거기에 있지 않았기 때문이다.

욥에게 있어서 중요한 점, 욥의 영성에 있어서의 핵심은 다른데 있었다. 성경을 제대로 읽는 독자라면 욥이 평생 살아가면서 누린 물질적 재산에 큰 관심을 두지는 않을 것이다. 그가 소유했던 가축의 종류와 그 수를 기억하려 하지도 않을 것이다. 오히려 그가 받은 고난에 주목하게 된다. 야고보서의 기록대로 우리의 관심은 어느 날 갑자기 닥친 고난에 대한 '욥의 인내' 5:11였다. 하루아침에 재산을 잃고, 자녀들은 졸지에 다 죽어버리고, 자신은 온 몸에 종기가 돋은 채 잿더미에 앉아서 옹기 조각으로 긁고 있는 모습이 성경이 그가 겪고 있는 실상이다. 오죽하면 그의 아내가 이렇게 말했겠는가. "아직도 당신의 완전을 고집할겁니까? 어서 하나님을 저주하고 죽으시오!" 이어서 그를 찾아온 친구들이 퍼붓는 질문 공세는 그의 영혼마저 '스올'로 내려가게 할 만큼 잔혹했다. 그러나 욥과 친구들이 일대 삼 또 일대 일로 벌인 논쟁은 성경의 그 어떤 곳에서도 찾아볼 수 없는 탁월한 문학적 가치를 지닌다. 희곡 중의 희곡이라는 평가도 내려진다. 논쟁의 전개 과정도 그렇고 그 내용에 있어서도 그러하다.

이제 욥이 친구들과 벌인 논쟁 그리고 하나님을 향한 토로와 이에 대한 하나님의 답변을 들어보자. 욥에게 던져진 질문은 이런 것이었다. 어찌 무죄한 사람이 그런 벌을 받을 수 있겠는가?(엘리바스) 어찌 전능하신 이가 공의를 굽게 하겠는가?(빌닷) 어찌 아직도 죄를 고백하지 않고 그대로 버티려느냐?(소발) 욥이 자신의 결백을 주장하자 친구들은 하나같이 하나님의 이름을 들먹이며 자기주장을 관철시키려 한다. 그들은 인과응보라는 형식 논리를 잣대로 욥을 공격한다. 지금 이 고난은 당연히 죄의 값을 치루는 것인데도 만일 욥이 이를 받아들이지 않고 거부 한다면 이는 오히려 하나님의 공의를 뒤집는 셈이 된다. 따라서 이를 솔직하게 인정하고 어서 자백하라는 것이다. 욥의 처지가 딱하다며 위로 겸 찾아 온 친구들은 어느 새 법정의 고소인으로 변했다. 중죄인을 심문하고 있는 것이다. 피고인을 향한 고소인은 강자이다. 강자의 논리는 힘의 논리다. 그런 힘을 위하여 인과율因果律 에 근거한 합리성을 도구로 사용하고 있는 것이다.

더 이상 욥에게는 버틸 힘이 남아 있지 않았다. 가진 모든 것을 다 잃고 이 세상에 홀로 남았다. 그 어떤 질타에도 버텨냈던 한 가닥 신앙심마저 흔들리기 시작했다. 이제 마지막으로 남은 일은 평생을 믿고 의지해 온 하나님을 향한 탄식뿐이었다. 절대 절명의 절박한 상황에서 무엇을 붙들겠는가? 하늘을 향해 고민과 불평과 원망을 쏟아 붓는 것이다. 어둠과 죽음의 그늘에서 오직 한분, 그분께 모든 것을 거는 것이다. 어쩌면 영성은 이런데서 영글어지고 구체화 되는 것이리라. 왜 빛과 함께 어둠을 말하는가? 생명을 나타내기 위해 왜 죽음을 바탕으로 하는가? 그것은 평화를 이야기하기 위해 먼저 전쟁을 묘사하는 것과 같은 이치이다. 그래서 네덜란드 출신의 렘브란트 Rembrand Van Rijn 1606-1669는 '빛의 작가'로 알려져 있지만 사실은 어둠을 더 많이 그렸다. 그가 사용한 키아로스쿠로 기법은 빛과 어둠을 극적으로 배합하는 것으로, 밝은 부분은 오히려 적고 그 주위의 넓은 부분은 모두 어둡게 그리는 것이다. 영성을 말 할 때 크기나 너비로 가늠하지 않고 깊이로 한다면 그 깊이는 어둠과 그 맥을 같이 한다. 광맥이든 수맥이든 사람의 동맥이든 모든 맥은 그 깊이를 전제로 한다. 깊이 없이는 맥도 없다고 말 할 수 있다. 색깔도 마찬가지이다. 색감의 깊이는 어두운 색으로 나타내기 마련이다. 깊은 바다와 깊은 숲이 그렇다. 깊은 맛도 어두운 장독에서 발효된 맛이다. 간장 맛이 그렇고 된장 맛이 그렇다.

욥과 세 친구 그리고 또 한 젊은이 엘리후, 이렇게 다섯 사람 사이에서의 격론이 끝날 무렵 야훼 하나님이 폭풍우 가운데 나타나셨다. 그리고 묻는다. 너는 대장부처럼 허리를 묶고 대답하라는 명령과 함께 온갖 질문을 쏟아놓으신다. "내가 땅의 기초를 놓을 때에 너는 어디 있었느냐? 바다의 샘에 들어갔었느냐, 깊은 물밑으로 걸어 다녀 보았느냐? 네가 하늘의 궤도를 아느냐? 무수한 별자리들을 움직일 수 있느냐? 하늘의 일은 고사하고 이 땅에서 살아가는 산 염소, 암사슴, 들 나귀, 들소, 타조의 움직임을 알기나 한 것이냐?"(38-39장 중략) 절대자 하나님 앞에 욥이 섰다. 그야말로 벌거숭이의 모습으로 섰다. 질문을 하는 이가 아니라 대답을 해야 하는 이로서 섰다. 지위나 소유가 아니라 존재로 섰다. 그가 선 곳은 봉우리가 아니라 골짜기였다. 푸른 초장이 아니라 사망의 음침한 골짜기였다. 그리고 그 자리는 더 이상 그 어떤 질문도 용납 될 수 없는, 그저 묻는 말에 대답이나 해야 하는 그런 자리였다. 하나님이 욥의 대답을 듣고 싶어 그런 것은 아니었다. 욥의 입을 막기 위함이었다. 욥의 생각, 욥의 이성, 욥의 가면 노릇을 정지시키기 위함이었다. 지성이라는 단단한 알갱이가 터지는 그 자리에서 영성의 뿌리가 내려지기 때문이리라.

지금까지 여러 화가들이 욥을 그렸다. 알브레히트 뒤러 A. Duerer 1471-1528의 '욥과 그의 아내'(1504년경) 조르주 드 라 투르 Georges de La tour 의 '아내의 조롱을 받는 욥'(1630년경) 헤라르트 제헤르스 Gerad Seghers 1593-1652의 '참을성 많은 욥' 등. 그러나 이 보다 훨씬 앞선 11세기 우즈베키스탄 출신의 이븐 시나 Ibn Sina 980-1037가 그린 그림만큼 우리를 압도하지는 못한다. 백발의 긴 수염을 늘어뜨린 노인이 땅에 무릎을 꿇은 채로 그리고 힘없이 내려진 두 손을 벌린 채로 벌거숭이가 되어 하늘을 향하고 있는 그림이다. 그가 태어난 곳은 이슬람 문화권으로서 욥의 일화가 실재했던 지역이었다. 당대 탁월한 철학자이며 신학자이자 의학자로서 〈치유〉와 〈의학정전〉이라는 책을 남기기도 한 화가는 하나님 앞에선 단독자로서의 인물 욥 한 사람만을 그렸다. 그러나 그 안에는 비록 보이지는 않지만 네 사람이 함께 그려져 있으며 마지막으로 대화를 나눈 하나님도 보이지 않는 분으로 존재한다. 만일 이 그림을 희곡으로 하여 연극 무대 올리자면 굳이 여러 사람의 배우가 필요치 않을 것이다. 한 사람의 모노드라마로서 충분한 것이다. 이븐 시나는 1인 5역 아니 1인 6역을 해낼 수 있는 바로 그런 배우를 찾아 그렸을 것이다. 그림 속의 주인공은 그 역할을 제대로 다하고 있다는 느낌이다.

이제 욥은 머리와 입이 아니라 온 몸으로 나선다. 머리 돌림이나 입놀림이 아니라 몸부림이다. 처절하리만치 아프고 또 슬픈 곡소리에 맞추어 피맺힌 한을 창으로 토해내는 것이다. 그가 온 몸으로 토설吐說 하는 창은 노래 아닌 노래이며 그 시어詩語 는 글 아닌 글이며 그의 발길은 길 아닌 길이며 그가 바라는 뜻은 뜻 아닌 뜻이다. 내 뜻이 땅에 묻혀야 하늘의 뜻이 열린다. 뜻밖의 일이 일어난다. 내 뜻의 밖이 하나님의 뜻 안이다. 욥도 그리 되었다. 카라마조프네 형제들의 둘째인 이반이 '대심문관'에서 말했듯이 그런 어투로 신 없음을, 아니면 니체와 함께 신 죽음을 펼칠 수 있었음에도 욥은 끝내 창조주 앞에서 피조물로 섰다. 절대자 앞에 선 상대자로, 전능자 앞에 선 인간으로...그리고 그가 서 있는 자리는 지금까지 벌였던 논쟁의 탁상이 아니었다. 천지를 지으신 야훼 하나님, 지극히 높은 곳에 계신 그 하나님, 예수 그리스도가 아빠라고 부른 그분을 찬양하는 성가의 단상壇上 이 되었다.

이러한 삶과 신앙에 있어서의 대반전이 일어나게 되는 까닭은 무엇이었을까? 고난, 고난, 바로 고난이다. 고난을 통한 깨달음, 그것 말고 어떤 다른 이유가 없다! 고난의 자리에서 비로소 그는 자기 자신을 본다. 그리고 그 자리는 고백의 자리가 된다. 곧 티끌과 재 가운데서 회개하는 자리가 된다. 그 회개는 자신을 티끌로 재로 고백하는 그런 자리이다. 하나님이 욥에게 하는 질문이 그냥 하는 질문이 아니듯이 욥의 대답도 그냥 하는 답이 아니다. 문제에 대해 정답을 맞추는 그런 질문이 아니기에 이렇게 답 아닌 답을 할 수밖에 없는 것이다. 곧 나는 그 문제를 풀기에 감당하지 못하겠다는 죄인으로서의 고백이다. 어둠과 그늘이 깨달음의 자리가 되었다. 이것은 '고난의 이유'를 묻기보다 '고난의 의미'를 찾는 이에게 주어지는 복이다.

"아, 제 입이 너무 가벼웠습니다. 말씀드린 것도 무엄한데 또 무슨 대답을 하겠습니까? 부질없는 말로 당신의 뜻을 가리운 자, 그것은 바로 저였습니다... 이 머리로는 헤아릴 수 없는 신비한 일들을 영문도 모르면서 지껄였습니다. 당신께서 어떤 분이시라는 것을 소문으로 겨우 들었었는데 이제 저는 이 눈으로 당신을 뵈었습니다. 그리하여 제 말이 잘못되었음을 깨닫고 티끌과 잿더미에 앉아 뉘우칩니다." 41-42장 중략

그동안 귀로 들었다는 것과 이제 눈으로 뵈었다는 것은 무엇인가? 귀는 무엇이고 눈은 무엇인가? 귀는 남의 이야기를 그저 듣는 단계이며 눈은 주체적 입장에서 당당하게 바라보는 것이다. 이것은 하나님에 대해서 듣는 단계를 넘어 하나님을 직접 대하는 단계로의 전환이다. 사람으로서 가능한 가장 가까운 곳에서 하나님을 대면하는 것이다. 그분의 위엄을, 그분의 신비로움을, 그분의 영광을 말이다. 어찌 다 알고 말하겠는가? 어찌 다 이해하고 수긍하겠는가? 오직 고난이 있을 뿐이다. 오직 어둠의 그늘이 있을 뿐이다. 그 다음 몫은 내게 달렸다!

이사야,
평화의 왕
메시아를 기다리는 영성

"…그들이 칼을 써서 보습을 만들고 창을 써서 낫을 만들 것
이며, 다시는 칼을 들고 서로를 치지 않을 것이며, 다시는 군
사훈련도 하지 않을 것이다." 사 2: 4

"평화를 위하여 일하는 자는 복이 있나니 그들이 하나님의 아
들이라 일컬음을 받을 것이다." 마 5:9

꿈같은 이야기다. 언제 이런 때가 있었는가? 인류의 역사를 전쟁
사로 볼 수 있을 만큼 사람은 싸움질 하는 존재가 아닌가 말이다. 그
렇지 않은 때가 없었으나, 기원전 8세기 이사야 시대의 유다 땅은 더

욱 그러했다. 나라 전체가 언제라도 전쟁터로 바뀔 수 있는 상황이
었다. 하나로 뭉쳐도 나라를 지켜내기 어려울 판에 민족 사이의 반
목으로 나라는 두 쪽이 났다. 북 이스라엘은 북쪽 강대국 아시리아
에게 넘겨지고, 남 유다 마저 남쪽 강대국 바벨로니아의 먹이감으로
전락되어가고 있었다. 우리가 다 아는 대로 이스라엘이란 나라는 싸
움을 통해 이루어진 나라였다. 팔레스틴 지역을 차지하기 위해서는
에돔, 모압, 아모리 족들과 싸워야 했다. 가나안 땅의 원주민 블레셋
과는 그런 싸움이 더욱 치열했다. 그러나 세월이 흘러감에 따라 더
큰 싸움이 기다리고 있었으니 그것은 앗시리아와 바벨로니아와의
대결이었다. 그들은 이스라엘로서는 결코 상대할 수 없는 강대국이
었다. 오죽하면 그의 조상들을 노예로 부려먹던 강포强暴의 나라 이
집트의 힘을 빌려야 한다는 이야기가 나왔겠는가?

  그도 그럴 것이 조상들이 목숨 걸고 빼앗사 이루고 지켜 온 성읍들
이 황폐화 되고 주민들이 사라지고 집마다 빈집이 되고 밭이 황무지
가 되어 온 땅이 온통 버려지는 최악의 상황이 이어졌다. 겨우 남은
십분의 일의 주민들도 다 불에 타 죽는 비참한 지경이었다. 그래서
이사야는 이 때를 '밤나무 상수리나무가 잘릴 때' 사 6:13 라고 말하는
것이다. '그루터기'는 큰 나무가 잘려 나간 뒤의 남은 흔적이다. 어쩌
면 큰 산불이 휩쓸고 간 잿더미와 같은 것이며, 홍수가 삼키고 지나
간 개천의 잔재와 같은 것이다. 그루터기는 잿더미이며 잔재에 불과
하다. 그런데 그 절망의 바닥에서 희망의 싹을 찾은 것이다.

이 땅의 절망이 하늘 소망의 시작이며, 오늘의 좌절이 내일 희망의 출발이다. 그래서 땅 끝은 하늘로 가는 다리가 된다. 평화의 절실함은 전쟁의 포화 속에 있는 것이며, 하늘나라의 기대감은 이 세상 나라에 대한 회의감에서 출발한다. 왜 이스라엘이고 왜 야곱인가? 왜 히브리인인이고 왜 모세인가? 왜 이집트가 아니고 왜 파라오가 아닌가? 왜 아시리아 니느웨에 아밋대의 아들 요나를 가게 하시는가? 왜 하나님은 세상에서 비천한 것과 멸시받는 것을 택하는가, 왜 아무것도 아닌 것들을 택하여 곧 잘 났다고 하는 자들을 없애려 하시는가? 고전 1:27 사도 바울은 그리스도를 위하여 병약함과 모욕과 궁핍과 박해와 곤란을 겪는 것을 기뻐하면서, 약할 그때에 오히려 내가 강하다는 역설을 내 놓는다. 고후 12:10

보잘 것 없는 출신의 작고 힘없는 민족이었기에 오히려 크고 강한 존재로서의 메시아관이 주를 이루었으나, 이러한 전통과는 달리 이사야는 이와는 전혀 다른 메시아 이미지를 소개한다. 그 유명한 53장의 기록이 그것이다. "메시아는 마른 땅에서 나온 싹과 같이 자라서 고운 모양이나 풍채도 없어 흠모할만한 아름다운 모습이 없다." 는 것이다. "그래서 사람들에게 멸시를 받고 버림을 받고 고통을 겪으며 늘 병을 앓고 있었다."는 것이다. 일반 사람들이 그에게서 고개를 돌린 것은 당연하였고 심지어 이스라엘 사람들도 그를 귀하게 여기지 않았다는 것이다. 낮고 천한 고난의 민족이기에 높고 귀한 이미지로서의 메시아 관을 가질 수 있었으나, 오히려 고난의 민족을 구하는 이야말로 고난 그 한가운데서 나와야 한다는 역설이 이사야의 예언이었다. 이스라엘에게 있어서 메시아에 대한 민족적 기대는 참으로 큰 것이었다. 나라의 멸망과 함께 정치적 지도자인 왕을 잃은 지 오래고 정신적 영적 지도자인 예언자도 나타나지 않았다. 마지막 예언자 말라기(주전 432–425)가 끝이었다. 하나님의 절대 침묵은 오랜 세월 세대를 거듭하며 계속되었다. 곧 페르시아의 고레스–그리스의 알렉산더–로마의 폼페이우스로 지배권이 넘어가는 400 여 년 동안의 길고 긴 기간이었다. 그 고난의 기간 동안 이스라엘 민족의 메시아에 기대감도 가을 나뭇잎처럼 점차 시들어가고 있었다. 그러나 놀랍게도 이사야가 말한 '고난의 종'으로서의 메시아 이미지는 깊은 땅 속의 수맥처럼 그 명맥을 유지하고 있었다.

성공과 실패, 풍요와 빈곤, 건강과 질병, 강대와 약소, 이러한 양자의 가치 가운데 어떤 관점에서 메시아를 바라볼 것인가? 이사야는 대중들의 일반적 기대와는 달리 '전쟁의 영웅'이 아닌 '고난의 종'으로서의 메시아를 그린다. 사람들은 왜 경쟁을 하고, 돈을 왜 벌려고 하며, 무기는 왜 만들고, 전쟁은 왜 하는가? 아군이든 적군이든, 대국이든 소국이든, 침략자든 피지배 민족이든 궁극적 바람은 평화로운 삶이 아니던가? 곧 '샬롬'말이다. 그런데 그 평화를 위한다고 하면서 어찌 전쟁은 그치지를 않는가? 이사야는 이러한 전쟁하는 존재로서의 인간상, 전쟁하는 인류의 역사에 종지부를 찍고자 한다. 언젠가는 '평화의 왕'이 오실 것이다. 그는 나라를 정의롭게 통치하고 이 사회를 공평으로 다스릴 것이다. 그러나 그 방법은 권력이나 군대의 힘이 아닐 것이다. 군마와 창칼이 아니라 그 스스로가 고난을 겪는 방법으로 이 일을 이룰 것이다.

　이사야가 꾸는 꿈은 결코 헛된 망상이 아니다. 그것은 인류의 소망이다. 이유야 어찌되었건 전쟁터에서 목숨을 잃어가는 전우를 지켜보며, 또 언제 그 대상이 내가 될지 알 수 없는 상황에서, 전쟁이 끝나고 휴전을 맺고 평화 협정에 서명하는 일은 결코 막연한 꿈이 아니다. 전쟁이 무서운 현실이라면 평화 또한 구체적 현실이다. 누구를 위한 전쟁이며 누구를 위한 승리인가? 이 일을 이루고자 야훼 하나님은 계획을 가지신다. 그리고 이를 어느 한 아기를 통해 이루려고 하신다. 이 엄청난 하나님의 세계적 평화 계획을 이사야는 깨닫는다. '남은 자' '그루터기' '이새의 줄기' '거룩한 씨' '한 아기' '임마누엘' '평화의 왕' 이렇게 이사야서를 해석하는 열쇠 말이 된다. 그리고 그분이 오실 '그날'을 기다린다. 이사야는 웃시야 왕이 죽던 해에 하나님의 현존을 체험했다. 그의 손자 아하스가 왕위를 계승하였으나 그를 다윗 왕실의 법통으로 생각하지 않았다. 하나님은 전혀 다른 방법으로 왕위를 잇도록 계획하신다는 사실을 알렸다.

> "보라 처녀가 잉태하여 아들을 낳을 것이요, 그의 이름을 임마누엘이라 하리라." 사 7:14 "한 아기가 우리에게서 태어났다. 우리가 한 아들을 얻었다. 그는 우리의 통치자가 될 것이다. 그의 이름은 '기묘자, 모사, 전능하신 하나님, 영존하시는 아버지, 평화의 왕'이라고 불릴 것이다." 사 7:6

놀라운 예언이다. 무서운 예언이다. 이 말이 새어나기라도 한다면 어떻게 될 것인가? 만일 이런 일을 실제로 도모하는 일이 일어난다면 이건 틀림없는 역모 죄로 걸려 들어갈 것이다. 이 계획이 한 나라를 상대로 한 일이라면 국가적 역모일 것이고, 세계를 상대로 하는 일이라면 세계적 역모 죄에 해당될 것이다. 이사야의 예언은 한 나라에 국한 되지 않는다. 이스라엘과 유다, 아라비아 에디오피아 셉나 베니게는 말할 것도 없고, 당시 근동 지방의 강대국들 모두가 그 대상이었다. 야훼 하나님은 바벨론을 멸하실 것이다. 그분은 아시리아를 치실 것이다. 또한 이집트마저도 그냥 두지 않고 벌하실 것이다. 한 나라가 멸망하는데 그 나라의 왕은 어찌 되겠는가? 결국 이 세상의 왕과 제왕들을 왕으로 인정하지 않겠다는 선언이 아닌가! 그런 날이 올 것이다. 그날이 온다. 그런데 그것으로 모든 것이 끝나는 게 아니고 하나님은 새 왕을 우리에게 허락하겠다고 약속하신다. 백말 타고 수 천 수 만 군대를 이끌고 오는 것이 아니라 한 아기로 오신다. 처녀가 낳은 아기로 오신다. 이것이 임마누엘의 선언이다. 그는 왕으로 오셔서 온 나라와 온 세상을 미쉬팟(정의)으로 통치하고 츠다카(공평)으로 다스릴 것이다. 사 32:1

아기 예수의 탄생을 알린 복음서 기자는 예외 없이 이사야의 예언에 귀를 기울인 사람들이었다. 그리고 이사야의 예언대로 모든 일이 이루어졌음을 알렸다. 예수님 또한 자신의 사역 근거를 이사야 61장에서 찾았다. 그분은 안식일에 나사렛의 한 회당에서 성경을 펼쳐들고 자신의 메시야 사역이 어떤 것인지를 구체적으로 알리셨는데 곧

"주의 성령이 내게 임하셨으니 이는 가난한 자에게 복음을 전하게 하시려고 내게 기름을 부으시고 나를 보내사 포로된 자에게 자유를, 눈 먼 자에게 다시 보게 함을 전파하며 눌린 자를 자유롭게 하고 주의 은혜의 해를 전파하게 하려 하심이라."는 말씀이었다. 이 말씀은 한 단체의 설립 정신이며, 한 나라의 건국을 위한 헌법 전문과도 같은 것이었다.

　"...그들이 칼을 써서 보습을 만들고 창을 써서 낫을 만들 것이며..." They will beat their swords into plowshares and their spears into pruning hook 뉴욕의 유엔 건물 앞 돌비에 새겨져 있는 이 글귀는 돈키호테 같은 잠꼬대가 아니다. 193개의 유엔 가입 국가의 대표들은 예외 없이 이런 전쟁 없는 세계를 꿈꾸면서 회의에 참석하고 있을 것이다. 북한의 인민이라고 전쟁을 하고 싶겠는가? 미국의 젊은이라고 전쟁을 하고 싶겠는가? 1,2차 세계대전 그리고 한국전쟁이나 월남 전쟁을 통해 엄청난 대가를 치룬 경험을 전 세계인은 기억할 것이다. 여기저기 세워진 '전쟁 기념관'은 피비린내 나는 전쟁을 잊지 않고 기억토록 하여 다시는 이런 일이 일어나지 않기를 바라는 염원이 담겨져 있다. 그 어떤 나라의 육군, 해군, 공군도 침략을 전제로 하지는 않는다. 그래서 '국방國防'이라고 한다. 내 나라를 적군으로부터 방어하겠다는 뜻이다. 과거에 일어난 그 어떠한 크고 작은 전쟁이라 할지라도 전쟁 발생의 근거를 살펴보면 다수의 의견이 민주적 절차를 거쳐 결정되지는 않았다. 권력구조의 최상층 핵심 몇 사람이 자신들의 이기적 욕망으로 저지른 것이었다. 그리고 그런 야욕은 사실 그 뜻대로 실현되지도 못했다. 그래서 전쟁은 망상의 산물이라 말할 수 있는 것이다. 과연 헛된 망상이 평화론자들의 생각인가 아니면 전쟁론자들의 판단인가?

기원전 수세기 동안 근동지역에서 발생했던 나라들의 전쟁 그 한복판에서 이사야가 꾸었던 '평화의 왕'에 대한 꿈은 그 한 시대의 일로 그치지 않고 꿈의 맥을 이어왔다. 예수, 평화의 왕 예수 그리스도, 예수를 메시아로, 메시아를 평화의 왕으로 인식할 수 있는 토대는 역시 이사야의 공헌이다. 그래서 예수를 메시아로 고백하는 제자라면 전쟁 연습이 아니라 평화 연습을 할 것이고, 전쟁 무기가 아니라 평화 무기를 손에 들 것이다. 예수는 전쟁의 영웅이 아니고 '고난의 종'이니 말이다.

〈꿈을 비는 마음〉
문익환

개똥같은 내일이야
꿈 아닌들 안 오리오마는
조개 속 보드라운 살 바늘에 찔린 듯한
상처에도 저도 몰래 남도 몰래 자라는
진주 같은 꿈으로 잉태된 내일이야
꿈 아니곤 오는 법이 없다네
....〈중략〉

벗들이여!

이런 꿈은 어떻겠소?

155마일 휴전선을

해 뜨는 동해바다 쪽으로 거슬러 오르다가 오르다가

푸른 바다가 굽어보이는 산정에 다달아

국군의 피로 뒤범벅이 되었던 북녘 땅 한 삽

공산군의 살이 썩은 남녘 땅 한 삽씩 떠서

합장을 지내는 꿈,

그 무덤은 우리 5천만 겨레의 순례지가 되겠지

그 앞에서 눈물을 글썽이다 보면

사팔뜨기가 된 우리의 눈이 제대로 돌아

산이 산으로, 내가 내로, 하늘이 하늘로,

나무가 나무로, 새가 새로, 짐승이 짐승으로,

사람이 사람으로 제대로 보이는

어처구니없는 꿈 말이외다

...〈중략〉

예레미야,
따뜻한 눈물의 영성

"아, 슬프다!"

예레미야 애가는 이렇게 시작한다.

"나의 눈에서 눈물이 냇물처럼 흐릅니다." 애 3:48

이어지는 말들은 슬픔, 눈물, 통곡, 탄식, 괴로움, 고통, 고난, 괴로움, 한숨, 비참, 재앙, 애간장, 신음, 애통, 파멸 등이다. 한 사람이 최악의 시대를 살면서 경험하는 온갖 아픔과 슬픔을 예레미야는 이렇게 신음하며 읊고 있다. 그도 그럴 것이 하나님의 성 예루살렘이 적군에 함락되고 성전이 파괴되고 시드기아 왕은 두 눈이 뽑히고 쇠사슬에 묶여 4천6백 명의 동족과 함께 바벨로니아로 끌려가는 사태. 주의 성전에서 제사장과 예언자가 맞아죽으며, 젊은이들이 칼에 맞아 쓰러지고, 아이들과 젖먹이들이 길거리에 나뒹굴고, 어머니들이 제 자식을 삶아서 먹는다는 소문까지 들으면서 예레미야의 눈은 끊임없이 흐르는 샘물이 되었다.

"심장이 터질 것 같이 아픕니다." 애 1:20
"간이 땅에 쏟아집니다." 애 2:11
"내 몸이 찢겨나갑니다." 애 3:11
"주께서 나를 과녁으로 삼아서 활을 당깁니다." 애 3:12

남북으로 갈려진 이스라엘과 유다. 그 주위를 둘러싸고 있는 강대국들의 각축전. 이집트는 늘 그러하듯이 그 위세를 적정선에서 유지하고 있었고, 북녘의 앗시리아는 북쪽 땅 이스라엘을 이미 삼켜버렸으며 이제 남쪽 땅 유다를 향해 혓바닥을 날름대는 판세. 그러나 남녘의 바벨로니아는 신흥제국으로 중동 역사의 한 복판에 등장하기 시작했다. 주전 627년 때의 일이다. 북 이스라엘을 멸망시킨 앗시리아를 쳐부순 초강대국 바벨로니아 제국의 힘은 남 유다로 뻗쳤다. 예루살렘을 공격의 표적으로 삼았다. 한 생명체의 윗동이 처참하게 잘려나가고 남은 아랫동이로 겨우 버텨 갈 무렵, 조정朝廷 은 몇 갈래로 나뉘어 저마다 살 길을 찾으려 몸부림 치고 있었다. 친 앗시리아 파, 친 바벨로니아 파, 친 이집트 파로 나누인 세력 아닌 세력은 어느 편에 붙어 힘을 얻어 또 다른 힘과 겨눌 것이냐는 문제로 골머리를 앓았다. 이때의 유다왕국은 요시야, 여호아하스(요시야의 둘째 아들), 여호야김(요시야의 맏아들), 시드기야(여호와긴의 숙부)로 이어진다. 이집트는 실질적으로 유다를 지배하고 있었다. 유다 백성들의 지지를 받고 있던 여호아하스를 석 달 만에 폐위 시키고 이집트로 끌고 간 뒤에 요시야의 맏아들 엘리야김을 여호야김으로 개명시켜서 왕위를 맡긴이가 이집트 왕 느고였다. 유다를 속국으로 다스리던 이집트였으나 신흥 세력 바벨로니아의 군대를 당해내기는 역부족이었다. 주전 605년 바벨로니아 왕 느부갓네살은 유브라데 강 가인 '갈그미스' 예레미야 46:2 에서 이집트와 앗시리아 연합 군대를 쳐부수고 끝내는 앗시리아까지 장악하였다.

유다의 18대 왕 여호야김은 이집트 왕 느고와 바벨로니아 왕 느부갓네살 사이에서 줄타기 외교를 벌이다가 바벨로니아에 반역을 일으켜서 포로가 되어 잡혀갔으며, 시드기야 또한 친 이집트 정책으로 바벨로니아에 반기를 들다가 결국 예루살렘 성전과 왕궁을 비롯한 모든 도시가 파괴되고 불태워졌다. 주전 587년의 일이다. 예루살렘 정치세력의 도모는 허세로 돌아갔다. 예레미야를 비롯한 남은 자들 일부가 이집트로 피신하였을 뿐이다. 예레미야는 남 유다의 멸망을 직접 지켜본 유일한 예언자였다. 이토록 처참해진 나라꼴을 목도하면서 이집트에 포로로 남은 자들과 함께 예레미야는 눈물의 애가를 목 놓아 부르는 것이다. 마치 예수님이 이렇게 예루살렘을 품에 안고 슬피 우시듯 말이다.

"예루살렘아, 예루살렘아, 예언자들을 죽이고 네게 파송된 사람들을 돌로 치는구나! 암탉이 제 새끼를 날개 아래에 품듯이, 내가 몇 번이나 네 자녀를 모아 품으려 하였더냐? 그러나 너희는 그것을 원치 않았다. 보아라, 너희의 집은 버림을 받을 것이다. 내가 너희에게 말한다. 너희가 말하기를 '주의 이름으로 오시는 분은 복되시다'라고 말 할 그때가 오기까지 너희는 나를 다시는 못 볼 것이다." 눅 13:34-35

예레미야의 눈물은 우리로 하여금 예수님의 눈물을 떠오르게 한다. 이름 그대로 평화의 터전, 평화의 도시가 되어야 할 예루살렘은 그럴만한 역할을 하지 못했다. 거짓 예언자들의 말에 귀를 기울이면서 참된 예언자들을 향해 돌을 던지고 죽이는 일을 자행하면서도 부끄러운 줄 몰랐다. 그들의 죄를 지적하는 하나님의 사람들을 그냥 놔두지 않았다. 사실 암탉이 병아리를 품듯하는 마음은 모든 이스라엘 예언자들의 한결 같은 태도였으며 예수님도 바로 그런 마음이었다. 주님은 자신의 그런 마음을 과거 예언자들의 마음을 빗대어 토로하고 있는 것이다. 이렇게 예루살렘을 향하여 안타까운 마음으로 눈물을 흘리던 예언자들 그 가운데 예레미야가 으뜸이리라.

"이 도성이 여인처럼 밤새도록 서러워 통곡하니 뺨에 눈물이 마를 날 없네..." 애 1:2
"제사장들은 탄식하고 처녀들은 슬픔에 잠겼구나..." 애 1:4
"눈물이 걷잡을 수 없이 쉬지 않고 쏟아집니다." 애 3:49
"우리의 마음에서 즐거움이 사라지고 춤이 통곡으로 바뀌었습니다." 애 5:15

그런데 이런 엄청난 사태가 닥치게 된 근본 원인을 예레미야는 누구 탓으로 돌리려 하지 않는다. 힘없는 왕, 못난 벼슬아치, 거짓 예언자, 엉터리 제사장들에게로 책임 지우지 않는다는 말이다. 다름 아닌 우리 모두가 죄를 지었기 때문이라는 것이다. 심지어 지금은 가고 없는 조상들의 죄마저 자신들의 어깨에 짊어져야 한다는 것이다. 백척간두百尺竿頭의 국가의 위기 속에서도 제사장들은 여전히 성전에서 악한 일을 저지르고 권력자들은 성 안에서 의인들을 죽이고 있다. 인권이 유린되고 힘없는 이들이 억울하게 판결 받고 있다. 이 모든 일에 대하여 야훼 하나님이 노하셨다는 것이다. 그리고 심판의 방망이를 주위 강대국의 손에 맡겼다는 것이다. 그러니 "지나온 길을 돌이켜 살펴보고 우리 모두 주께로 돌아가자는 것이다. 하늘에 계신 하나님께 우리의 마음을 열고 손을 들어서 기도하자는 것이다."
애 3:40-41

예레미야의 예언은 이스라엘이나 유다에 국한 되지 않는다. 남 유다에 도움을 적잖이 제공하였던 이집트를 비롯하여 블레셋과 모압, 암몬과 에돔, 다메섹과 게달과 하솔 그리고 엘람이 그 대상이었다. 급기야 멸망으로 끝나는 심판은 바벨로니아에게로 이어진다.

"이것은 바빌로니아 사람의 땅 곧 바빌론 도성을 두고 주께서 예언자 예레미야를 시켜서 선포하신 말씀이다. 너희는 세계 만민에게 이 소식을 선포하고 이 소식을 전하여라. 봉화의 불을 올려서 이 소식을 전하여라. 바빌론이 함락되었다. 벨 신이 수치를 당하였다. 마르독 신이 공포에 떤다. 바빌론의 신상들이 수치를 당하고 우상들이 공포에 떤다. 북녘에서 한 민족이 침략하여 왔으니 바빌로니아를 쳐서 그 땅을 황무지로 만들 것이니 거기에는 사는 사람이 아무도 없을 것이다. 사람과 짐 승이 사라질 것이다." 렘 50:2-3

주전 7세기 경, 예레미야가 살던 당시의 사건들은 근동 지방에 국한된 역사였으나 열강 제국들 사이의 격렬한 전쟁은 실제로 세계사적 일이었다. 유다는 세계사 그 한 가운데서 약소국으로 온갖 치욕을 당하는 그야말로 꺼져 가는 등불이었다. 우리는 그 상황을 누구보다도 잘 이해 할 수 있다. 주후 19세기 말, 우리 조선국이 당시 초강대국의 힘 대결 속에서 당해야 했던 경험을 역사적 기억으로 간직하고 있기 때문이다. 대원군과 민비와 고종 사이의 반목, 당파싸움의 주동자들, 주위 강대국의 앞잡이들, 어리석은 민중들...그럼에도 불구하고 진정으로 나라를 사랑하고 걱정하는 애국지사, 우국지사들이 있었다. 나라 잃은 백성들이 북간도로 이주하여 군사학교를 세우고 항일전투를 벌이고 세계 여러 나라를 향해 대한의 독립을 외치던 일이다. 그 당시 그리스도인에게 유일한 소망은 하나님이었을 것이다. 사방이 질흙 같은 어둠과 두터운 담벼락으로 둘러싸여 있었기에, 그러기에 더더욱 하늘만을 향할 수 있었던 그야말로 하나님의 백성들이었다. 그들에게 하나님은 새로운 날, 새 세상, 새로운 삶, 다시 시작할 수 있음에 대한 미래적 희망을 안겨주셨다. 그것이 예레미야에게 주신 소망이었다.

밤낮으로 흐르는 예레미야의 눈물 속에 하나님은 '그의 나라'에 대한 환상을 보여주셨다. 그 옛날 노아 할아버지에게 약속 하신 무지개가 눈물방울 하나하나에 오색이 영롱하게 어른거렸으며, 다윗 왕과 함께 한 물맷돌의 추억이 뜨겁게 뺨을 타고 흘러내렸다. 그 눈물은 어느 새 시내가 되어 마른 벌판을 적셨고 새 하늘 새 땅으로 빨려들어갔다.

> "주의 한결같은 사랑이 다함이 없고 그 긍휼이 끝이 없기 때문이다. '주의 사랑과 긍휼이 아침마다 새롭고 주위 신실하심이 큽니다.' 나는 늘 말하였다. 그러하기에 주께 내 희망을 건다."
> 애 3:22-24

> "겸손하게 사는 것이 좋다. 때리려는 사람에게 뺨을 대주고 욕을 하거든 기꺼이 들어라." 애 3:30

눈물은 모든 살아 있는 생명체의 원초적 감정의 표현이다. 사람도 태어나자마자 이 감정을 가장 먼저 표출한다. 이 눈물을 통해 어린 아기는 자신이 살아 있음을 아니 죽을 수도 있었으나 다시 살아났음을 입증해 보인다. 아이의 눈물 신호로 엄마는 젖을 먹이고 기저귀를 갈고 그 품에 안는다. 눈물은 슬픔이고 기쁨이다. 눈물은 원망이고 희망이다. 눈물은 아픔이고 공감이다. 눈물은 희생이고 보람이다. 눈물은 실패와 성공의 진액이다. 우리의 모든 작고 큰 사건과 함께 한다. 생사화복과 같이 있다. 우리 인간의 희로애락과 같이 간다.

눈물은 생명의 물이다. 사랑의 물이고 자비의 물이고 은혜의 물이다. 마리아도 울고 마르다도 울었다. 죽은 나사로 앞에서 예수님도 우셨다. 요한 11:33-35 지금으로부터 2천 7 백 년 전, 야훼 하나님과 자기 민족을 애타게 사랑하던 한 예언자가 흘린 이 눈물이 예수님을 거쳐 오늘 우리에게로 흘러내려온다. 따뜻한 눈물의 영성으로~

"그들이 예수를 끌고 갈 때에 시몬이라는 구레네 사람이 시골에서 오는 것을 붙들어 그에게 십자가를 지워 예수를 따르게 하더라. 또 백성과 및 그를 위하여 가슴을 치며 슬피 우는 여자의 큰 무리가 따라오는지라. 예수께서 돌이켜 그들을 향하여 이르시되 예루살렘의 딸들아 나를 위하여 울지 말고 너희와 너희 자녀를 위하여 울라." 눅 23:27-28

에스겔,
열린 하늘을 보고 듣는 영성

주전 598년 당시 고대 문명의 발상지로 꼽히는 그 유명한 메소포타미아 지역은 수메르인과 아카드인들로 구성된 제국 곧 바빌로니아가 버티고 있었다. 메소포타미아라는 말이 그렇듯이 이 지역은 두 개의 강 곧 티그리스와 유프라테스 사이의 땅이었다. 그 하나인 유브라데스 강에서 끌어들인 관개용 운하 한편 '그발' 지역에 포로로 잡혀 온 유다 민족이 있었다. 여호야긴 왕과 함께 사로잡힌 지 5년째 되던 그달 초닷새에 제사장 에스겔은 그발 강변에 머물고 있었는데 그에게 하늘이 열리며 하나님의 모습이 보였다고 성경은 기록하고 있다.

에스겔은 놀라운 환상을 보게 되었다. 그것은 폭풍과 구름과 광채 가운데 보인 네 생물체의 형상인데 앞쪽은 사람 오른쪽은 사자 왼쪽은 황소 뒤쪽은 독수리의 모습으로 된 얼굴이었다. 그리고 각각 네 날개가 있어 두 날개는 위로 펼쳐져 있었고 두 날개는 그들의 몸을 가리고 있었다. 또한 그 생물체들의 곁에는 땅을 구르는 바퀴가 있어서 어느 곳으로나 가고자 하는데로 갈 수가 있었다. 그 생물들은 수정과 같은 빛을 내고 있었으며, 그들이 움직일 때 그 날개치는 소리는 힘찬 물소리와도 같고 천둥소리와도 같으며 군대의 큰 함성과도 같았다. 이 생명체들 머리 위에는 무지개 같은 모양으로 둘러싼 광채와 함께 하나님의 영광이 나타나 보였으며 그분이 하시는 말씀은 이러했다. "인자(벤 아담)야 네 발로 일어서라 내가 네게 말하리라" 에스겔 2:1

하나님은 에스겔에게 끊임없이 보여주시고 들려주셨다. 그분은 탄식과 재앙과 죽음의 노래가 가득히 실린 두루마리 책을 보여주시고 그런 다음에는 그 말씀을 실제로 먹게 하셨다. 입을 벌려 그 말씀의 두루마리를 먹고 배에 가득 채웠는데 그것이 입에서 꿀같이 달았다고 에스겔은 고백한다. 하나님은 에스겔로 하여금 들로 나가게 하여 산언덕과 골짜기를 보게 하고 북쪽 제단의 담벼락에 나있는 구멍하나를 보게 함과 동시에 이스라엘 땅과 함께 하나님의 영광을 보게 한다. 성전의 그룹들을 보게 하며 주님의 말씀을 듣게 한다. 나라 잃은 백성, 포로로 끌려간 노예의 처지, 그것도 5년이란 길고 긴 세월 동안 그 어떤 상황의 변화도 일어나지 않았다. 절망의 밑바닥 아니 절망의 늪 그 속에서 허덕거리고 있는 민족의 지도자 에스겔에게 하나님은 비로소 자신을 들어내며 계시하신다. 그리고 말씀하시는 것이다. 보여줄 터이니 그것을 보라는 것이다. 말을 할 터이니 이를 들으라는 것이다.

에스겔은 성전의 그룹들과 함께 주님의 말씀을 듣는다. 그리고 들을 귀가 있어도 듣지 않고 반항을 일삼는 백성들을 보면서, 이들을 대하는 그분의 마음의 소리를 듣는다. 이른바 영안靈眼 이 열린다는 것은 무엇인가? 눈에 보이는 가시적 세계를 전부로 알고 살아가는 사람이 어느 날 눈이 멀게 되면서 오히려 새로운 세계에 대하여 눈이 뜨는 경험을 할 수 있다면 그에게 열리는 세계란 어떤 것일까? 만일 3차원의 세계를 넘어 4차원, 또 이를 넘어 영적 차원의 세계가 존재한다면 이 세계는 어떤 눈으로 볼 수 있는 것인가. 예수님이 말씀하신 '하나님의 나라'가 사실로 존재하며 또한 우리에게 다가오고 있다면 이 나라는 어떤 눈으로 바라볼 수 있을까?

예수님은 하나님의 나라를 전하면서 비유로 말씀하셨다. 예수께서는 비유가 아니면 아무것도 말씀하지 않으셨다고 복음서는 전한다. 막 13:34 비유에 해당되는 그리스어 '파라볼래 $\pi\alpha\rho\alpha\beta o\lambda\eta$' 는 옆에 던져놓는다는 말이다. 참의 세계를 깨닫도록 하기 위해서 듣는 사람 옆에 일상에서 쉽게 찾을 수 있는 어떤 것을 던져놓는다는 뜻이다. 마태복음은 13장에 예수께서 말씀하신 하나님 나라에 대한 비유를 묶어놓았다. 씨 뿌리는 비유, 겨자씨 비유, 누룩 비유, 가라지 비유, 밭에 감추인 보화 비유, 진주 장사 비유 등이 그것이다. 이 비유를 마치고 "이 모든 것을 깨달았느냐" 마태 13:51 고 물으신다. 이 모든 것은 깨닫도록 하기 위해서 하는 일이다. 깨달은 이들에게는 무언가 소리가 들리고 무언가 형상이 보인다. 이 들음이 심리적 상태에서의 환청일 수 있고 그의 봄이 그 시대 상황이 빚어낸 환상일 수도 있을 것이다. 그러나 에스겔을 비롯한 성경의 예언자들의 들음과 봄은 그런 환청이나 그런 환상이 아니었다. 그것은 "하나님과의 만남"을 통하여 얻은 참의 세계에 대한 '깨달음'이었다.

이러한 깨달음의 눈 즉 진정으로 보는 눈을 가지도록 하기 위하여 예수님은 제자들에게 보는 연습을 시키시기도 하셨다. "공중의 새를 보라"는 것이다. 또 "들의 백합화를 보라"는 것이다. 하늘 나는 새를 보며 하나님의 돌보시는 손길을 보고, 들꽃들을 보면서 솔로몬이 화려하게 차려 입은 왕복 그 이상의 아름다움을 보라는 것이다. '보라'는 말은 자세히 살펴보라는 말이고 보면서 깊이 생각해보라는 말이기도 하다. 지속적으로 자세히 살펴보면 제대로 보이기 때문이다. 그래서 시인은 이렇게 노래할 수 있었다.

자세히 보아야 예쁘다
오래 보아야 사랑스럽다
너도 그렇다
　　　나태주 〈풀꽃〉

내려갈 때

보았네

올라갈 때

보지 못한

그 꽃

　　고은 〈그 꽃〉

　에스겔은 전쟁의 포화 속에서 예루살렘 성벽이 무너지고 하나님의
백성들이 거기에 깔려 죽고 적군의 칼과 창으로 피투성이가 되고 온
땅과 강물이 피로 물들여지고 겨우 살아남은 이들은 포승줄에 묶여
바벨로니아로 끌려가는 그 참혹한 현장에 있었던 사람이었다. 그럼
에도 불구하고 그에게는 듣는 귀와 보는 눈이 있었다. 그런 그에게
하나님은 무언가를 말씀하시고 무언가를 보여주신 것이다. 그것은
하나님의 심판에 대한 것이었다.

　"주 여호와의 말씀이니라. 너는 화 있을진저 화 있을진저 네가
　모든 악을 행한 후에 너를 위하여 누각을 건축하며 모든 거리
　에 높은 대를 쌓았도다. 네가 높은 대를 모든 길 어귀에 쌓고
　네 아름다움을 가증하게 하여 모든 지나가는 자에게 다리를
　벌려 심히 음행하고 하체가 큰 네 이웃 나라 애굽 사람과도 음
　행하되 심히 음란히 하여 내 진노를 샀도다. 그러므로 내가 내
　손을 네 위에 펴서 네 일용할 양식을 감하고 너를 미워하는 블
　레셋 여자 곧 네 더러운 행실을 부끄러워하는 자에게 너를 넘

겨 임의로 하였거늘 네가 음욕이 차지 아니하여 또 앗수르 사
람과 행음하고 그들과 행음 하고도 아직도 부족하게 여겨 장
사하는 땅 갈대아에까지 심히 행음하되 아직도 부족한 줄을
알지 못하였느니라." 겔 16:23-29

이어지는 말씀이다. "그러므로 너 음녀야 여호와의 말씀을 들을지
어다."

지금 눈앞에서 벌어지는 참혹함이 옆에 던져놓아지는 일종의 비유
라면 이 가시적 현상은 결국 무엇을 말함인가. 왜 이런 일이 벌어지
는가. 이런 일의 원인은 무엇이고 이 일의 궁극적 결말은 어떻게 되
는 것인가? 예언자는 그의 나라가 딱 잘라 말해서 음녀요 창기라는
것이다. 더 이상 다른 변명이 필요하랴. 자기 자신에 대한 분명하고
정직한 고백만이 있을 뿐이다.

"네가 누구냐?"
"예, 저는 음녀이며 창기입니다!"
"네가 무슨 짓을 하였느냐?"
"예 저는 벗은 몸을 들어내면서 가증한 우상에게 예물을 바쳤나이다!"

비유는 그런 것이다. 감추고 싶은 것, 감추어 놓은 것 그래서 감추
인 것을 보도록 하는 것이다. 사실을 직시하는 것이다. 진실을 깨닫
게 하는 것이다. 그런 사실과 그런 진실의 출발점이 바로 나 자신임

을 인정하는 것이다. 정직하게 고백하는 것이다. 내 안의 깊은 죄성과 내 밖의 넓은 범죄를 직면하는 것이다. 이것이 새로움을 향한 출발선이기 때문이다. 에스겔의 예언은 다음으로 이어진다.

> "주 여호와께서 이같이 말씀하시되 내가 백향목 꼭대기에서 높은 가지를 꺾어다가 심으리라. 내가 그 높은 새 가지 끝에서 연한 가지를 꺾어 높고 우뚝 솟은 산에 심되 이스라엘 높은 산에 심으리니 그 가지가 무성하고 열매를 맺어서 아름다운 백향목이 될 것이요, 각종 새가 그 아래 깃들이며 그 가지 그늘에 살리라. 들의 모든 나무가 나 여호와는 높은 나무를 높이며 푸른 나무를 말리고 마른 나무를 무성하게 하는 줄 알리라. 나 여호와는 말하고 이루느니라." 겔 17:22-24

음녀와 창기의 나라가 앞으로 높고 무성한 백향목 같은 나라가 될 것이라는 예언의 말씀이다. 다만 거쳐야 할 과정이 있다. "돌이켜 회개하고 모든 죄에서 떠나야 할 것" 18:30이며 "모든 죄악을 버리고 마음과 영을 새롭게 할 것" 18:31이다. 에스겔은 이스라엘 민족의 양심에 대고 호소한다. "이스라엘 족속아 너희가 어찌하여 죽고자 하느냐, 주 여호와의 말씀이니라. 죽을 자가 죽는 것도 내가 기뻐하지 아니하노니 너희는 스스로 돌이키고 살지니라." 18:32

에스겔은 제사장이었으나, 그동안 예언자의 질책을 받곤 하였던 그런 부류의 3류 제사장이 아니었다. 그는 양이나 소를 잡으며 제사

만 잘 드리면서 먹고 사는 그런 제사장이 아니었다. 그는 스스로 제
물이 되고자 하는 제사장이었다. 곧 예언자의 사명을 다하는 제사장
이었다. 제대로 보는 제사장이며 제대로 듣는 예언자였다. 그에게는
마땅히 보아야 할 것이 보이고 들어야 할 것이 들리는 그런 영적 눈
과 영적 귀가 있었다. 이제는 개신교 안에서도 어느 정도 알려진 '관
상기도'contemplative prayer와 '향심기도'centering prayer는 바로 이러한 눈
과 귀를 얻도록 훈련하는 것이다.

다니엘,
수직적 파격의 영성

"내가 바라보니

옥좌들이 놓이고

한 옥좌에 옛적부터 계신 분이 앉으셨는데

옷은 눈과 같이 희고

머리카락은 양털과 같이 깨끗하였다.

옥좌에는 불꽃이 일고

옥좌의 바퀴에서는 불길이 치솟았으며

불길이 강물처럼 그에게서 흘러나왔다.

　....〈중략〉

내가 밤에 이러한 환상을 보고 있을 때에

인자(사람의 아들)같은 이가

하얀 구름을 타고 와서
옛적부터 계신 분에게로 나아가
그 앞에 섰다.
옛적부터 계신 분이
그에게 권세와 영광과 나라를 주셔서
민족과 언어가 다른 뭇 백성이
그를 경배하게 하였다.
그 권세는 영원한 권세여서
옮겨 가지 않을 것이며
그 나라가 멸망하지 않을 것이다."

단 7:9-14

주전 6세기 이후 주위의 강대국이 일어날 때마다 굴욕을 겪었으나, 주전 2세기 시리아의 셀레우코스 왕조를 이끈 안티오쿠스 에피파네스 시대에 비하면 그것들은 오히려 가벼운 것이었다. 이른바 전대미문, 미증유의 대 박해 시대에 접어든 것이다. 성경이 불태워지고 할례는 금지되었다. 이를 어긴 어머니와 아이는 함께 처형되었다. 또한 돼지가 예루살렘 성전 제단에 올려지고 제우스 형상을 신상으로 제사를 드리도록 강요되었다. 급기야 유다 마카비Maccabee 형제를 중심으로 하는 유대 민족적 저항운동이 마카비 전쟁(BC. 168-BC.141)으로 치닫게 되었다. 그 싸움은 유일신을 믿는 야훼 신앙과 다신교적 혼합 신앙의 투쟁이었고, 유대사상과 헬라사상의 충돌이었으며 헬라적 세계화Hellenize에 대한 민족적 자결 선언과 같은 것이었다. 천년을 이어 온 야훼 신앙 그 마지막 불꽃마저 사라져가는 질흙 같은 암흑의 시대. 한 줄기 희망의 빛은 더 이상 수평적 미래로부터 현재로 다가올 수 없었다. 그것이 수직적 차원의 '인자'였다.

인자人子 곧 '사람의 아들'은 하늘로부터 수직적으로 내려오는 메시아였다. 다니엘은 그 메시아를 꿈꾸며 그 꿈을 해몽하고 그 꿈의 내용을 알려준 예언자였다. 민족의 영웅, 신앙의 영웅 다니엘! 그가 지닌 영력, 그가 살아낸 삶, 그가 이겨낸 고난과 역경은 절망에 빠진 유대 민족에게 희망의 불빛이며 구원의 메시지였다. 풀무 불 가운데 던져지고 사자 굴에 집어넣어져도 끝내 죽지 않고 살아나서 야훼 하나님을 찬양하는 백절불굴의 용기가 어찌 그 시대 그 민족에게 귀감이 되지 않았겠는가?

> "왕이여 우리가 섬기는 하나님이 계시다면 우리를 맹렬히 타는 풀무 불 가운데에서 능히 건져내시겠고 왕의 손에서도 건져 내시리이다. 그렇게 하지 아니하실지라도 왕이여 우리가 왕의 신들을 섬기지도 아니하고 왕이 세우신 금 신상에게 절하지도 아니할 줄을 아옵소서." 단 3:17-18

> "이에 왕이 명령하매 다니엘을 끌어다가 사자 굴에 던져 넣는지라...6:16
> 나의 하나님이 이미 그의 천사를 보내어 사자들의 입을 봉하였으므로 사자들이 나를 상해하지 못하 였사오니...6:22

...그들이 다니엘을 굴에서 올린즉 그의 몸이 조금도 상하지
아니하였으니 그가 자기의 하나님을 믿음이었더라. 6:23

바벨로니아에서 아시리아, 페르시아, 그리스로 이어지는 수평적 역사에서 하나님의 선택 받은 백성들이 목이 졸리고 숨을 헐떡이면서 연명해야 한다면, 그래서 하나님의 살아계심이 확인 될 수 없는 세상이라면, 이제 하나님의 개입은 더 이상 수평 구조가 아니라 수직 구조로 넘어가야 한다. 그렇게 되기 위해서는 기존의 구조가 정지되어야 한다. 마치 흐르는 강물의 물줄기에서 정의와 희망과 새로움을 찾을 수 없을 때, 더 이상 그 물은 흘러야 할 당위성을 상실하게 되는 경우이다. 그리하여 그 물은 얼어붙는 것이다. 아니 얼어붙어야만 한다. 엄동설한의 추위이니까 강물은 얼어붙는 것이고, 얼어붙은 그 강 한 가운데가 쩍 갈라지고, 그 틈 사이로 새로운 하늘의 빛이 쐐기처럼 박혀드는 것이다. 묵시와 계시는 그런 것이다. 여호수아의 시대에 그러했듯이 태양이 멈추어 서는 것이다. 시계 바늘이 일제히 멈추고, 함께 이 세상의 역사가 정지되는 것이다. 그리고 '사람의 아들' 같은 이가 하늘 구름을 타고 이 땅, 이 역사 안으로 들어오는 것이다. 그는 태고부터 계신 하나님으로부터 왔으며 그에게 이 세상의 모든 통치권과 영광과 왕권이 주어진다. 그의 통치는 영원하며 그의 왕권은 결코 사라지지 않을 것이다. 다니엘의 영성은 이 땅의 수평 구조의 흐름이 얼어붙고 갈라지고 그리고 나서 드러나는 수직적 묵시와 계시의 영성이다. 초월적 역사 개입은 그렇게 이루어지는 것이다. 놀랍게도 이러한 다니엘의 영성은 〈인자〉라는 평범하지

만 특이하고, 일반적이지만 독특하고, 서술적이지만 상징적이고, 가시적이지만 영적인 묵시문학의 언어를 대표한다. 그리고 이 인자라는 용어를 예수께서 자기 자신을 호칭하는 말로 가장 즐겨 사용하셨는데 모두 59번 사용하였으며, 공관복음은 69회 요한복음은 13회 기록하였다.

"그러나 '인자'가 세상에서 죄를 사하는 권능이 있는 줄을 너희로 알게 하려 하노라..." 마 9:6

"진실로 너희에게 이르노니 여기 서 있는 사람 중에 죽기 전에 '인자'가 그 왕권을 가지고 오는 것을 볼 자들도 있느니라." 마 16:28
"이러므로 '인자'는 안식일에도 주인이니라." 막 2:28

"그 때에 '인자'가 구름을 타고 큰 권능과 영광으로 오는 것을 보리라." 막 13:26

"번개가 하늘 아래 이쪽에서 번쩍이어 하늘 아래 저쪽까지 비침같이 '인자'도 자기 날에 그러하리라." 눅 17:24

"또 이르시되 진실로진실로 너희에게 이르노니 하늘이 열리고 하나님의 사자들이 '인자' 위에 오르락내리락 하는 것을 보리라 하시니라." 요 1:51

신약 성경은 예수 그리스도께서 오시는 길을 예비한 이로 세례 요한을 언급하고 있으나 이 보다 2 세기 앞서서 다니엘은 〈인자〉라는 말로 메시아의 도래와 메시아의 정체성을 말한다. 나사렛 예수는 공생애를 시작하면서 무엇보다 다니엘의 예언 즉 '인자 이미지'로 자신을 드러낸 것이다. 자신이 메시아임을 분명하게 밝히지는 않으면서 기회가 있을 때마다 자주 〈인자〉라는 용어로 자신을 호칭한 것을 보면 메시아의 비밀을 푸는 열쇠가 다름 아닌 〈인자〉 곧 〈사람의 아들〉일 수 있음을 간파할 수 있다. 히브리어(아람어)인 '바르 에나쉬'bar enash를 복음서 기자는 '휘오스 투 안트로푸'fios tu anthropu로 기록하였고 이를 직역하면 '사람의 아들'이며 한자어로 '人子'가 된다. 예수께서 3년 동안 외친 말씀의 핵심 주제가 '하나님의 나라'와 그의 '도래'라고 할 때, 바로 그 사역의 주체를 '사람의 아들'이라는 용어를 사용하며 전한 것이다. '나'라는 1인칭 대신에 '사람의 아들'이라는 3인칭을 주어로 삼아 자신을 암시하는 그 까닭이 무엇일까? 따라서 이때의 '사람의 아들'은 보통명사가 아니라 고유명사로서, 다니엘이 구체적으로 언급한 바로 '그 인자' '그 사람의 아들'이 되는 것이다.

다니엘의 이름은 '하나님은 나의 재판관이시다'는 뜻이다. 하나님의 나라는 하나님의 통치를 뜻하며 하나님의 통치는 하나님을 심판관으로 하여 옳고 그름을 바로 잡는 일을 말한다. 그리고 이 일을 하기 위해서 '사람의 아들'이 하늘로부터 이 땅에 내려오는 것이다. 다니엘이 본 환상은 바로 그 것이었으며 이 일을 이루기 위한 분이 예수 그리스도이다. 그렇다면 다니엘의 영성이야말로 예수 그리스도의 영성을 잘 이해할 수 있는 준거의 틀이 될 수 있다. 예수 그리스도의 영성으로 가는 길잡이로서 다니엘의 영성을 생각하고자 하는 것이다. 그 영성은 저 앞에서 다가오는 것이 아니라 저 위에서 내려오는 것이다. 그 영성은 수평적 잣대가 아니라 다림줄처럼 하늘에서 내려오는 수직적 잣대이다. 따라서 그 잣대는 수평의 구도를 깨뜨리는 파격의 잣대이다. 그것은 사마리아와 아합 궁과 예루살렘을 심판하는 파격이며 왕하 21:13, 거짓말로 위기를 모면한 사람들을 우박이 휩쓸 듯이 또 속임수로 몸을 감춘 사람들을 홍수로 떠내려가도록 하는 파격이며 사 28:17 예언자 아모스가 이스라엘 한 가운데 줄 하나를 내려 이삭의 산당들을 황폐하게 하고, 이스라엘의 성소들을 파괴 시키고 여로보암의 나라를 칼로 치는 그런 파격의 다림줄이다. 그런데 이전의 파격이 주로 이스라엘과 유다에 대한 것이었다고 한다면, 다니엘의 파격 그 대상은 더 이상 이스라엘과 유대가 아니라 바벨로니아와 아시리아와 페르시아와 그리스가 된 것이다. 곧 전 세계적 파격이라 하겠다.

다니엘이 밤에 바라 본대로의 그 '사람의 아들'에게 주어진 환상 곧 '권세와 영광과 나라'는 초대 교회 신앙의 공동체가 '주기도문' 말미에 붙여서 드려진 찬양의 내용과 정확하게 일치한다. 곧 "나라와 권세와 영광이 영원히 아버지의 것입니다"이다. 하나님 아버지에게만 돌아가야 할 나라와 권세와 영광을 가로채는 이들에게는 여지없이 가해진다는 파격의 선언 같은 것이다. 다니엘은 바로 이 파격적 영

성을 구약에서 신약으로 잇도록 해 준 영성가 곧 예수 그리스도의 영
성으로 다리 놓아준 영성가였다.

호세아,
정의의 씨를 뿌려 사랑의
열매를 맺는 영성

 호세아는 남북으로 갈려진 다음 북 이스라엘에서 예언자의 역할을 한 사람이다. 그는 13대 왕인 여로보암 2세 때의 사람으로 그 왕국이 몰락할 무렵(주전 721년)까지 예언 활동을 하였다. 당시 북쪽나라의 정치적 상황은 이러했다. 이스라엘은 근동 지방의 최강국 앗시리아와 동맹을 맺고 거기에 의존하여 국권을 지탱하고 있었다. 또한 이집트와의 무역을 통해 경제적 이익을 도모하였다. 이러한 정치적 경제적 상황에서의 이스라엘의 정책은 바벨로니아 시대와 페르시아 시대를 거치면서 크게 달라진 것이 없었다. 약소국 이스라엘이나 유다는 늘 그래왔듯이 강대국에 의존하면서 그 명맥을 유지할 수밖에 없는 처지였다. 그러나 더욱 중요한 것은 그 때문에 야기되는 영적 문제였다. 곧 하나님과의 관계를 통하여 '나라다움'을 이루어야 할 국가임에도 이에 대한 우선순위를 망각하는 어리석음이었다..

호세아는 이러한 이스라엘 민족의 영적 상태를 부부 사이에 마땅히 지켜야 할 순결을 져버리고 간음하는 여인의 모습으로 간주하였다. 그리고 '그 간음하는 여인'을 실제 자기 아내로 데리고 살아야하는 수치를 감내해야 했다. 이렇게 한 나라의 민족사를 한 가족사로 그야말로 통째로 끌어안고 예언자의 삶을 산 이는 일찍이 없었다. 호세아에게 있어서 그의 모국은 창기와도 같은 못된 여인이었던 것이다. 그런 여인을 쫓아내지 못하고 평생을 한 집에서 살아야 하는 숙명이었다. 호세야가 다른 예언자와 구별되는 까닭은 여기에 있었다. 이것은 이사야 53장에 기록된 그대로의 모습이 아닐 수 없다. 누군가 받아야 할 고통을 대신 받고, 누군가 겪어야 할 슬픔을 대신 겪고, 누군가 맞아야 할 매를 대신 맞고, 누군가 받아야 할 징벌을 대신 받는 그런 모습 말이다.

"그는 메마른 땅에 뿌리를 박고 가까스로 돋아난 햇순이라고 나 할까? 늠름한 풍채도, 멋진 모습도 그에게는 없었다. 눈길을 끌 만한 볼품도 없었다. 사람들에게 멸시를 당하고 퇴박을 맞았다. 그는 고통을 겪고 병고를 아는 사람, 사람들이 얼굴을 가리우고 피해 갈 만큼 멸시만 당하였음으로 우리도 덩달아 그를 업신여겼다." 사 53:2–3

이 장면이 나타내 보여주는 인물상은 어쩌면 그에 앞서 야훼께서 선택하신 이른바 하나님의 나라라고 자부해왔던 어느 한 나라의 비참하고 처절한 모습 바로 그것이다. 일반적으로 호세아는 동 시대의 남쪽 나라 예언자인 아모스와 비견되곤 한다. 또한 아모스가 정의의 예언자로 불리어지는데 반해 호세아는 사랑의 예언자로 불려진다. 물론 타당한 해석이다. 그러나 호세아서를 깊이 읽어가노라면 사랑을 말하는 그 바탕으로 정의가 전제 되어 있음을 알 수 있다. 이를 장별로 살펴보자.

1장 2절부터 '음란'이란 단어가 나온다.

2장에 '색욕' '음행'이란 단어들이 거듭 나온다. 그리고 '정의'와 '공평'이란 단어(19절)가 '사랑'과 '긍휼' 바로 앞에 나온다.

3장에 창녀라는 단어가 나오고

4장에 사기, 살인, 도둑질, 간음, 죄, 음행, 음심, 술잔치, 수치스러운 일

5장에 심판, 반역자, 징벌, 몸을 팔고, 몸을 더럽히고, 온갖 음란한 생각과 행실, 정조를 지키지 못함, 중병

6장으로 넘어가면서 강조되는 용어가 달라진다. 곧 변함없는 사랑, 싸매어주고, 아물게 하고, 다시 일으켜 세우고

7장에 치료

8장에 용서

9장에 사랑

그리고

10장에 '정의를 뿌리고 사랑의 열매를 거두어라'(12절)는 말은 호

세아 예언의 핵심 메시지이다. 정의와 사랑을 이렇게 멋지게 연결한 구절이 또 어디 있을까!

　지금까지 인류가 붙들고 씨름해 온 것 중에서 정의와 사랑만큼 크고 중요한 주제는 없을 것이다. 실제의 상황이야 어찌되었건 국가는 정의를 바탕으로 세워지고, 종교는 사랑을 바탕으로　이루어진다. 한 나라의 정치나 법이나 경제는 이 정의라는 가치 위에 세워졌으며, 세상의 모든 종교도 예외 없이, 불교는 자비로 유교는 인仁으로, 사랑을 펼치고자 한다. 나라의 나라다움이 정의에 있다면 종교의 종교다움 그 근거는 사랑이다. 정치와 종교가 때로 잘 공존하기도 하며 때로 반목하기도 하는 것은 알고 보면 정의와 사랑의 관계에서 비롯되는 것이다. 정치는 정의를 실현하기 위해서 권력을 부여받았으며 종교는 사랑을 실천하기 위해서 지위가 주어졌다. 그런데 권력이 정의 편에 서지 않고 부정과 부패를 위한 수단이 된다거나, 지위를 사랑이 아닌 자기 유익을 위해 남용하게 될 때 문제가 일어나는 것이다. 그리고 이러한 문제의 발생 과정에서 정치와 종교는 야합하기도 하며 분리되기도 하며 갈등을 겪기도 한다.

　이스라엘의 예언자는 사랑을 바탕으로 정의를 외친 사람들이며 정의를 잣대로 하여 사랑을 베푼 사람들이다. 그들에게 있어서 정치와 종교는 하나님의 나라를 이루기 위한 수단이며 도구였다. 수단과 도구가 본래 목적의 자리를 대신하게 될 때, 예언자들은 야훼 하나님의 이름으로 가차 없이 직언을 퍼붓곤 하였다. 그 대상은 때로 왕이었고 때로는 민중이었다. 사사 시대를 거쳐 왕정 시대로 넘어오면서 왕의 권력은 커지게 되었고 대부분의 왕은 그 권력을 남용하였다. 남용은 다른 것이 아니라 하나님의 자리를 도용하는 것이다. 왕 본래의 사명이나 역할을 망각하고 권좌 그 자체를 지키려는데 급급한 경우가 많았다. 이러한 상황에서 거짓 예언자와 참 예언자가 구별될 수밖에 없었다. 하나님의 말씀을 대언해야할 예언자들이 왕의 대변인으로 전락하는 경우가 비일비재하였다. 이른바 거짓 예언자와 참 예언자는 뚜렷하게 나뉠 수밖에 없었다. 이스라엘의 예언자들이 정의를 외치게 되는 까닭이 여기에 있었다. 그들은 하나님을 사랑하고 민족을 사랑한 사람들이었다. 사랑하기에 정의를 말하는 것이다. 또한 정의를 부르짖는 근본 이유가 사랑에 있었다고 말할 수 있는 것이다.

정의와 사랑의 관계를 안티노미 antinomy 즉 이율배반으로 보며 때로 이 양자가 서로 충돌한다고 말하지만, 그것은 이론의 차원이며 본질에 있어서는 정의와 사랑 이 양자는 상호 모순의 관계에 있지 않다. 이것이 구약 성경의 예언자들이 갖고 있는 기본적 생각이었다. 사랑하기에 정의를 말하고 정의를 말한다는 것은 곧 사랑한다는 것이다. 이 말이 잘 적용되는 사람이 참 예언자이며 이 말이 전혀 어울리지 않는 사람이 거짓 예언자이다. 사랑을 말하는데 그에게서 정의가 느껴지고 정의를 말하는데 그에게서 사랑이 느껴질 수 있는 사람이 바른 예언자라면, 그 가운데 대표적이 사람이 바로 '야훼가 구원하신다'는 뜻을 지닌 호세아였다. 그 예언자만큼 이 둘을 하나로 아름답게 조화 이룬 사람이 또 없다. 이런 높은 수준의 경지는 그의 남

다른 결혼과 무관하지 않았다.

호세야의 아내 고멜은 '이스르엘'이란 아들을 낳고, '로루하마'라는 딸을 낳고 또 '로암미'라는 아들을 차례로 낳았다. 그런 다음 자기 백성들에게 형제에게는 '암미'라고 하고 자매에게는 '루하마'라고 하도록 말한다. 여기에서 로루하마는 '긍휼이 없다'는 뜻이고 로암미는 '내 백성이 아니라'는 뜻이다. 암미는 '내 백성이라'는 뜻이고 루하마는 '긍휼이 있다'는 뜻이다. 자신의 자식 이름에는 부정의 뜻을 담고, 자기 백성들에게는 긍정의 뜻을 담았다. 특이하지 않은가? 제 자식과 제 민족에게 이름 짓는 일을 통하여 그는 철저히 자기 자신을 부정하는 삶을 나타내 보여준 것이다. 이를 실행에 옮기도록 한 것은 하나님의 뜻이었다. 예언자는 누구인가? 예언자란 하나님의 말씀을 맡은 자이다. 그리고 자기에게 위탁된 말씀을 전하는 자들이다. 그러나 더욱 중요한 것이 있다. 다름 아닌 그 말씀을 실천하는 사람이 진정한 예언자이다. 이런 점에서 호세아가 자기에게 주어진 말씀대로 사는 일은 남달랐다. 그것은 간음하는 아내와 계속 아이를 낳으며 살아야 하는 일이었다. 전에도 이미 그런 여인이었는데 결혼을 하고난 뒤에도 계속 음행을 저지르는 아내 고멜, 그 고멜을 보면서 호세아는 제 민족의 적나라한 모습을 목도하는 것이다.

자기 부정은 때로 단순한 나 하나의 부정만은 아니다. 때로 내 가정의 부정을 전제로 한다. 자기 부정은 때로 내가 그 안에 몸담아 살고 있는 환경이나 시대정신을 부정하는 일이 되기도 한다. 내가 나를 부정하는 것이 얼마나 어려운 일인가. 그러나 그보다 더 어려운 일은 내 핏줄을 부정하는 것이다. 그래서 자식이 살인을 저지르거나 간첩인 아버지를 고발하지 않고 숨겨주었다고 해서 범법 행위로 벌을 가하지는 않는다고 한다. 정상 참작에 해당되는 것이다. 이런 점에서 제 아내의 불륜을 고발하고 제 민족의 부정과 비리를 고발해야 하는 호세아의 심정은 과연 어떠했겠는가? 그러나 이것이야말로 예언자가 걸어 가야하는 마땅한 길이었다.

영성의 길은 자기 부정의 길Via Negativa이며, 부정에 부정을 더해 얻어지는 자기 긍정Via Positiva의 길이며 그 다음 단계에서 주어지는 창조의 길Via Creativa이며 궁극적으로의 사랑의 길Via Amatoria이다. 이러한 길을 극명하게 보여주는 본보기가 우리 주님이 걸어가신 십자가의 길Via Dolorosa이다.

> "너희 안에 이 마음을 품으라 곧 그리스도의 마음이니 그는 하나님의 본체시나 하나님과 동등 됨을 취할 것으로 여기지 아니하시고 오히려 자기를 비워 종의 형체를 가지사 사람들과 같이 되셨고 사람의 모양으로 나타나사 자기를 낮추시고 죽기까지 복종하셨으니 곧 십자가에 죽으심이라. 이러므로 하나님이 그를 지극히 높여 모든 이름 위에 뛰어난 이름을 주사 하늘에 있는 자들과 땅에 있는 자들과 땅 아래에 있는 자들로 모든 무릎을 예수의 이름에 꿇게 하시고 모든 입으로 예수 그리스도를 주라 시인하여 하나님 아버지께 영광을 돌리게 하셨느니

라." 빌 2:1-11

  그 '십자가의 길'에 대한 예시와 예표를 호세야는 온 몸과 온 삶과
온 가정을 던져 보여준 것이다. 그렇지 않았다면 정의와 사랑, 사랑
과 정의, 이 둘의 창조적 연관성을 깨달을 수는 없었을 것이다.

아모스,
공평과 정의의 영성

"너희는 다만 공평이 물처럼 흐르게 하고 정의가 마르지 않는
강처럼 흐르게 하여라." 아모스 5:24

성경은 하나님의 말씀이며 약속의 계명이다. 말씀과 계명이 형태
라고 한다면 그 안의 내용은 정의와 사랑일 것이다. 이 점에는 구약
과 신약이 다르지 않다. 구약이 율법이고 신약이 계명이며, 구약이
공의로운 하나님을 말하며 신약이 사랑의 하나님을 말한다고 하더
라도, 이 양자는 분리된 무엇이 아니라 언제나 함께 존재해야 할 상
대적 그 무엇이다. 그것은 마치 하나님의 양 손과 같다. 오른 손이
공의라면 왼 손은 사랑이다. 하나님이 오른 손을 펼치면서 공의를 행
하더라도 그분의 왼 손은 사랑으로 감싸고 계신다는 말이다. 마찬가

169

지로 하나님이 왼 손을 펼치시면서 사랑을 베푼다 하더라도 그분의 오른 손은 공의를 가리키고 계신다는 말이다. 이런 점에서 이 둘은 상대적 개념이다. 엄밀하게 말해서 공의와 사랑은 나침판의 남과 북과 같다. 나침판은 지남철指南鐵이지만 북北을 가리키는 지북철指北鐵이기도 하다. 남극과 북극이라는 이 양극성이 함께 공존함으로서 나침판은 그 '다움'을 유지할 수 있는 것이다.

야훼 하나님이 이스라엘이라는 나라를 택하셨다는 사실이 우리에게 주는 교훈은 그 나라의 군사적 강대함이나 그 나라의 경제적 부강함이나 그 나라의 문명적 위대함이 아니다. 이스라엘은 그런 나라가 결코 아니었다. 그 나라의 특성은 '예언자 정신'이다. 그리고 그 정신은 몇몇 예언자들을 통하여 맥을 이어나갔다. 특이한 점은 예언자들이 이스라엘 민족이 뽑은 다시 말해서 이스라엘 민족을 대변하는 그런 대표자가 아니었다는 점이다. 오히려 그들은 이스라엘 민족으로부터 무시되고 외면당하고 때로는 죽임을 당하기도 하였다. 예수께서 말씀하신대로 예루살렘은 그들을 돌로 치고 마 23:37, 히브리서의 말씀대로 돌로 맞기도 하고 톱으로 켜이기고 하고 칼에 맞아 죽기도 하였다. 그리고 끝내는 나사렛 예수를 십자가에 못 박도록 하고, 스데반을 돌로 쳐서 죽였다. 왜냐하면 예언자들의 그 예언 預言의 내용은 온갖 부정과 불의에 대한 경고였으며 정의롭지 못한 이들을 나무라고 야단치는 것이었는데, 그 대상은 이웃하는 다른 나라 사람들이 아닌 바로 이스라엘 백성들이었기 때문이었다. 이것이 중요하다. 거짓 예언자들이 '샬롬'을 말할 때 참 예언자들은 '멸망'을 말했으며, 거짓 예언자들이 왕권에 편승하여 부와 명예를 누릴 때 참 예언자들은 왕의 창을 피하여 도망 다녀야 했다. 그럼에도 불구하고 또 놀라운 사실은 그런 예언자들의 쓴 소리를 기록하고 보존하고 후 대에 이르기까지 남겨 놓았다는 것이다. 달콤한 소리로 민중을 유혹 하던 말을 하나님의 말씀이라고 믿고 전하지는 않았다는 것이다.

이러한 예언과 예언자의 특성을 고려할 때, 예언 중의 예언, 예언 자 중의 예언자를 꼽으라면 과연 누구를 말할 수 있을까? 보통 예언 자는 둘로 나누는데 하나는 대 예언자와 다른 하나는 소 예언자이다. 이사야, 예레미야, 에스겔, 다니엘 등이 전자의 경우라면, 호세야, 요엘, 아모스, 오바댜, 요나, 미가 등이 후자에 속한다. 여기에서 크 고 작음은 사람의 인물됨을 근거로 하여 부른 칭호가 아니다. 단지 구약 성경에 기록되어 있는 예언의 분량의 많고 적음에 기인 될 뿐 이다. 하나님의 말씀을 위탁 받은 예언자들의 근본은 위로부터의 다 림줄을 선포하는 것이다. 하늘의 다림줄을 기준으로 옳고 그름을 보 여주려는 것이다. 이른바 율법(토라)이 그것이다. 토라는 원래 던지 다, 인도하다, 가르치다는 동사 '야라'에서 유래된 말인데 하나님의 법을 가르치고 지키도록 함을 뜻한다. 법이란 서구적 전통에서 '옳 음' right을 말하는데, 토라는 하나님의 옳음이다. 예언자들은 이 하나 님의 옳음을 전하기에 듣는 이들은 자신의 잘못을 지적 받게 되고 이 를 시인하며 잘못을 뉘우치거나 아니면 이를 부인하며 오히려 역정 을 내기도 한다. 이 토라의 근본정신이나 기본 가치는 무엇일까? 그 것은 다름 아닌 공평으로 번역 되는 미쉬팟와 정의로 번역 되는 츠다카 일 것이다. 이 두 단어는 이사야서(1:21)와 예레미야서(4:2)와 미가서(6:8) 그리고 시편(33:5)에 함께 나오며 아모스서에서도 중요한 개념으로 등장한다. 미쉬팟은 동사 '샤팟'shapat 과 어원을 같이 하며, 억울하게 빼앗기는 일이 없도록 올바르게 판가름함을 뜻한다. 따라서 미쉬팟과 츠다카를 연결해 본다면 '하나님의 본성인 정의를 다림줄로 하여 이 땅의 사람들에게 공평하게 판단해야 한다.'는 것이다. 이것을 위해 '토라'가 존재하며 이를 실행토록 하는 것이 교육이며 이것이 잘 이루어지도록 하는 것이 정치이며 이 모든 것을 아우르는 것이 이스라엘 종교이다. 만일 이것이 제대로 실현 되지 않을 때는 하나님이 가만히 있지 않을 것이다. 예언자는 이 말을 하는 것이다. 곧 '코 아마르 야훼' '야훼께서 이렇게 말씀 하신다.'라고 외친 것이다. 예언자는 히브리어 '나비'를 번역한 말로 하나님께서 당신의 영을 넣어 주심으로 그 영에 사로잡혀 그 말씀을 외치는 이른바 하나님 말씀 대언자代言者를 의미한다.

'나비' 곧 하나님의 대언자는 거칠 것이 없는 사람들이다. 그들은 제도권이 아닌 광야의 사람이며, 오랜 세월 교육에 의해 다듬어진 세련된 사람이 아니라 투박하고 거친 사람이며, 사람의 평판을 의식하지 않은 오직 하나님만을 두려워하는 사람들이었다. 그들은 어느 날 누구도 예기치 못한 때에 번개처럼 나타났으며, 바람처럼 왔다가 바람처럼 사라지는 신성적神性的 인물로서 그들의 외침은 하늘의 천둥소리와 같았으며, 그들의 눈은 사람들의 마음을 꿰뚫어보고 있었다. 그래서 그들은 이 땅의 사람들이 아니라 하늘의 사람들이었다. 그래서 그들은 여느 사람들처럼 땅의 시선으로 하늘을 바라보는 것이 아니라 하늘의 시선으로 이 땅을 바라보았다. 이러한 예언자의 특성을 가장 진하고 드러내는 사람이 바로 아모스였다. 그는 그 자신이 고백한대로 돌무화과를 가꾸며 양떼를 몰던 사람에 불과했다.(7:14) 그러나 어느 날 하나님의 손에 붙잡혀 그야말로 피를 토하듯 하나님의 말씀을 쏟아 부었다. 그는 하나님의 심판을 말했다. 이웃 나라인 다마스쿠스의 죄를 용서하지 않겠다. 아람, 에돔, 아스돗, 아스글론, 에그론, 블레셋, 데만, 보스라, 암몬, 모압 등이 그 심판의 대상이었다. 물론 남쪽 유다와 북쪽 이스라엘은 말할 것도 없었다. "그런데도 너희는 나에게 돌아오지 않았다." "그런데도 너희는 나에게 돌아오지 않았다." "그런데도 너희는 나에게 돌아오지 않았다." 아모스 4장은 거듭 거듭 이 말을 반복한다. 그리고 말한다. "너희는 나를 찾아라. 그러면 산다." 이어서 예언의 결론이 나온다. "너희는 '미쉬팟'을 물처럼 흐르게 하고, '츠다카'를 마르지 않는 강처럼 흐르게 하여라." 5:24 곧 '공평'이 물같이 자연스럽게 흐르고, '공의'가 강처럼 도도히 흐르는 삶을 살라는 말이다. 우리는 이렇게 공평〈미쉬팟〉과 정의〈츠다카〉가 어떻게 모든 예언자들의 예언의 핵심 주제가 되는지를 알게 되며, 또한 여러 다른 예언자(대예언자를 포함하여) 가운데서 아모스가 출중한 자리를 갖게 되는지를 알게 된다.

이제 다음으로 중요한 점은 이렇게 강조되는 공평과 정의가 어떻게 '사랑'과 관계되는 지를 생각해 볼 필요가 있다. 사랑으로 번역되는 히브리어는 '헤세드'로서 은혜, 자비, 인애, 긍휼로 번역되는 말이며 * 창 20:13, 21:23, 시편 5:7, 시편 136:1 하나님의 속성을 가장 명확하게 드러내는 말이다. 하나님은 사랑이시다. 그분은 자비로우시며, 은혜로우시고, 어지시고 긍휼을 베푸시는 분이다. 이러한 하나님의 본성은 성경 전체를 흐르는 중요한 맥에 해당된다. 하나님을 그린다고 할 때 이 보다 더 분명한 이미지는 또 없을 것이다. 그런데 성경을 읽다보면 하나님은 때로 진노하시고, 벌하시고, 심판하신다. 그 이유는 한마디로 우리의 잘못과 죄 때문이며 이에 대한 대가를 치루는 것이다. 특별히 이스라엘 민족을 택하시고 아브라함에게 약속한 대로 복의 근원을 삼고 이 복을 온 세계에 전달토록 하시며 그 방법으로 모세를 통하여 율법을 보내주셨다. 이 율법의 바탕은 하나님의 속성인 사랑에 기인하고 있을 뿐 아니라, 하나님의 또 다른 속성인 정의에 기반을 두고 있다. 예수 그리스도에 와서 이스라엘의 율법을 새 계명 곧 사랑의 계명으로 개칭하기는 하였으나, 결코 정의와 공평이 실종된 것은 아니었다. 정의를 강조하되 사랑을 바탕으로 하며 사랑을 펼치되 정의라는 기준을 상실하지 않을 때 진정한 율법과 은혜는 그 의미가 바로 전달될 수 있는 것이다. 이런 점에서 사랑은 정의의 바탕이 되며, 정의는 사랑의 환경이 된다.

다시 아모스로 돌아가 보자. 그만큼 강하게 정의를 부르짖은 사람이 없다. 그는 공평의 사도이며 정의의 예언자였다. 그렇다고 해서 그의 마음에 이스라엘 나라를 걱정하고 자기 민족을 사랑하는 마음이 없었겠는가. 그가 토해내는 울분이 실은 사랑 때문은 아니었을까? 사랑이 아니라면, 스스로 고백하기를 예언자도 아니고 예언자의 제자도 아닌 한낱 목부牧夫에 지나지 않던 사람이 어느 날 예언자로 돌변할 수 있겠는가. 더구나 자신은 남쪽나라 유다 출신이면서 일부러 북쪽 이스라엘에 까지 올라가 직언을 퍼부을 수 있을까. 예루살렘과 사마리아에서 스스로 안전하다고 느끼면서 안락을 누리는 자들, 특히 나라의 귀족들과 고관들을 향하여 탄성을 발한다. 백성들은 그 높은 사람들을 바라보고 의지하고 사는데, 그 양반들은 백성을 아랑곳하지 않고 안일과 방종에 빠져있으니 말이다. 귀족들에 대한 아모스의 예언은 그야말로 폭언에 가깝다.

> "너희는 망한다. 상아 침상에 누우며 안락의자에서 기지개를 켜며 양 떼에서 골라잡은 어린 양 요리를 먹고, 우리에서 송아지를 골라 잡아먹는 자들, 거문고 소리에 맞추어서 헛된 노래를 흥얼대며 다윗이나 된 것처럼 악기들을 만들어 내는 자들, 대접으로 포도주를 퍼마시며 가장 좋은 향유를 몸에 바르면서도 요셉의 집이 망하는 것은 걱정도 하지 않는 자들, 이제는 그들이 그 맨 먼저 사로잡혀서 끌려갈 것이다. 마음껏 흥청대던 잔치는 끝장나고 말 것이다. 주 하나님이 스스로를 두고 맹세하신다. 만군의 하나님 주께서 하시는 말씀이다. '나는 야곱의 교만이 밉다. 그들이 사는 호화로운 저택이 싫다. 그들이 사는 성읍과 그 안에 있는 모든 것들을 내가 원수에게 넘겨주겠다'" 6:4-8

이렇게 퍼붓는 저주의 독설이지만 이것이 일종의 극약 처방이 되어 스스로 돌이켜 회개하고 하나님께로 나아와 통회하고 자복하고 새로운 삶으로 나아가는 사람이 있을 수 있다면? 하나님이 아모스를 통해 말하고자 하는 본 뜻은 이런 것이 아니었을까? 만일 아모스의 정의의 외침이 사랑으로 받아들여진다면, 여기에서 정의와 사랑 그리고 사랑과 정의는 분리된 둘이 아닌 하나의 나침판 역할을 하게 된다. 나침판의 지남指南 표시 바늘과 지북指北 표시 바늘처럼…

요나,
스올의 뱃속에서 니느웨
한 가운데로 가는 영성

왜 하필 요나였을까?

반쪽으로 두 동강이 났는데 이마저도 어찌 될는지 알 수 없는 벼랑 끝 처지의 나라였다. 이를 둘러싸고 있는 강대국이 호시탐탐 먹잇감을 찾아 으르렁 대는 상황 아래서, 이스라엘이나 유다나 그들이 창조신으로 고백하는 '야훼 하나님'은 아직 민족신民族神의 차원에 머물러 있을 수밖에 없었다. 어느 예언자라 하더라도 아시리아의 수도 니느웨 까지 품을 수는 없었다. 니느웨는 티그리스 강 연안의 도시로 주전 12세기경부터 발전하기 시작하여 8세기에 이르러서는 당시 중근동 지역에서 그 위세를 가장 크게 떨쳤던 도시였다. 주전 612년경 바빌로니아에 의해 멸망당하기는 했으나 200 여 년 동안 그 위세는 막강하였다. 주위의 약소국을 침략하는 힘은 바로 그곳으로부터 나왔다. 그곳은 적국의 심장부였다. 그런 시기에 야훼 하나님이 요나로 하여금 그 큰 성읍에 가서 하나님의 말씀을 선포하라는 것이었다. 이스라엘의 선지자라면 누구라도 당연한 민족주의자였다. 자기 민족을 떠나서 타민족에게, 더군다나 적대 관계에 있는 나라의 사람들을 찾아가서, 그들로 하여금 회개하고 살길을 열어준다는 것은 언감생심 가당치 않은 일이었다. 요나는 힘에 버거운 일을 짊어지게 된 것이다.

왜 하나님은 요나에게 이 일을 맡기셨을까?
하나님은 요나가 그런 힘겨운 일을 감당할 수 있다고 여기셨을까?
성경은 하나님의 말씀이 요나에게 두 번 임하였다고 기록한다. 첫 번째는 요나 1장1절 그리고 두 번째는 요나 3장1절. 처음 하나님의 말씀을 들었을 때와 두 번째로 하나님의 말씀을 들었을 때의 차이가 있다. 그것은 니느웨로 가라는 하나님의 말씀에 대한 요나의 반응이다. 야훼의 얼굴을 피하여 다시스로 가던 사람이 뒤바뀌어져서 니느웨로 가게 되었다. 요나가 변화된 것이다. 그 일은 물고기 뱃속을 통과하면서 가능했다. 밤낮 삼일을 물고기 뱃속에 있으면서 요나는 이렇게 기도했다. "…내가 '스올의 뱃속'에서 부르짖었더니 주께서 내 음성을 들으셨나이다…" 요나 2:2. 요나는 물고기 뱃속을 스올의 뱃속이라고 표현하고 있다. 그는 지금 스올이라는 음부陰部 곧 지옥을 체험하고 있는 것이다. 서기관과 바리새인들의 표적에 관한 질문을 할 때, 예수께서는 요나의 표적으로 답변하신 일이 있다. "요나가 밤낮 사흘 동안 큰 물고기 뱃속에 있었던 것 같이 인자도 밤낮 사흘 동안 땅 속에 있으리라." 마 12:40 베드로 전서는 예수께서 옥에 있는 영들에게로 가서서 선포하셨다고 기록한다. 베드로전 3:19

스올 seol 은 음부나 지옥을 일컫는 말로서 구약에서는 돌아오지 못할 땅, 어둡고 그늘진 땅, 죽음이 그늘 져 광명도 흑암 같이 여겨지는 곳 욥 10:20-22 이며, 죽은 지 오랜 자들이 머무는 곳이다. 신약성경에서 하데스 hades 를 가리키며 악인이 가서 형벌을 받는 곳이다. 요나는 자신이 바로 이런 죽음이라는 무서운 형벌이 이루어지고 있는 지옥 체험을 하고 있다고 고백하는 것이다. 그가 들어간 물고기 뱃속이 다름 아닌 지옥인 것이다. 우리를 둘러싸고 있는 세상은 이렇게 구별된다고 볼 수 있다. 곧 하늘과 땅과 물과 물속이다. 높은 하늘에서 시작되어 점차 아래로 내려오는 순서대로 하늘 아래 땅이 있고 땅 아래로 물이 있으며 물 아래로 물 속 깊은 바닥이 있다. 사람은 땅 위에서 하늘을 바라보면서 살아간다. 물은 필요할 때 들어갔다가는 다시 나오는 곳이지 거기에서 우리의 삶을 영위할 수는 없다. 물속 깊은 곳은 더욱 그렇다. 그런데 그 물 속 깊은 그 한가운데 요나가 있다. 살아 있으나 죽은 목숨으로 존재한다. 그는 당연히 이곳을 스올의 뱃속이라고 말하고 있는 것이다.

하나님의 말씀을 들을 수 있는 귀를 가지고도 그리고 그 귀에 틀림없는 하나님의 말씀이 분명하게 들렸음에도 불구하고 이를 거역하고 그분의 낯을 피하여 엉뚱한 곳으로 도망질하다가 급기야 큰 폭풍이 일어나서, 자신 뿐 아니라 배와 이 배에 함께 탄 선객들을 모두 몰사할 이 큰 죄를 어찌 감당하겠는가. 지옥에 떨어져 마땅한지고! 그 배에 탄 사람들의 기도가 간절하다. "여호와여 구하고 구하오니 이 사람의 생명 때문에 우리를 멸망시키지 마옵소서. 무죄한 피를 우리에게 돌리지 마옵소서." 1:14 결국 요나는 제물이 되어 심봉사의 딸 심청이 신세가 되어 바다에 던져졌다. 바람은 멎고 파도는 잠잠해지고 다시스로 가는 배는 목적지를 향하여 순항 하게 되었다. 그런데 제물로 던져진 요나는? 스올의 뱃속!

한 가지 특이한 점이 있다. 물고기 뱃속에서의 요나 기도이다. 깊음 속 바다 한 가운데서, 큰 물결이 넘치고 그 물이 그의 영혼까지 에두르고, 깊음이 에워싸고 머리는 해초에 휘감겨 땅 밑 멧부리로 빠져들고, 땅의 빗장들도 영영 내려 버려지는 이러한 극한 상황에서 요나가 야훼 하나님께 기도를 드렸다는 점이다. 숨 막히는 데서 하나님께 부르짖고 죽음의 뱃속에서 살려달라고 외쳤다는 것이다. 요나와 하나님과의 관계 줄은 아직 끊어지지 않고 있었던 것이다. 그분의 낯을 피하고 배 밑창에서 깊은 잠에 빠져들긴 했어도 그는 언제나 야훼 앞에 있었던 것이다. 이것이 중요하다. 하나님과의 관계의 줄을 이어가는 것 말이다. 닻줄이 끊기고 몇 가닥 남은 돛의 줄마저 끊기는 극한 상황에서도 하나님과 연결된 영적 탯줄은 끊어지지 않고 이어져 있었다는 것이다. 왜 요나인가? 하나님이 왜 요나를 부르셨을까? 누구라도 큰 부담이 되지 않을 수 없는 그런 일을 맡도록 하셨을까? 바로 이런 점 때문이리라.

요나가 달라진 점을 생각해보자. 지금의 우리 입장으로 말하자면, 그는 이슬람국가의 수도 한 복판에 혈혈단신孑孑單身 으로 들어가 목숨 걸고 복음을 전한 것 아니겠는가. 하나님을 믿고 회개하지 않으면 이 도시가 멸망할 것이라는 말을 듣는 그들이 가만히 있으리라는 보장이 없다. 그들이 회개하든지 아니면, 그들의 돌에 자신이 맞아 죽든지 절체절명의 상황으로 빨려 들어가는 것 아니겠는가. 사도행전 2장에서 베드로가 예루살렘 시민들을 향하여 회개를 촉구한 일이나, 7장에서 스데반이 민중들을 향하여 선지자와 의인을 죽이고도 목이 곧아 회개하지 않음을 나무라는 일과 별반 다르지 않았다. 베드로는 살아날 수 있었으나 스데반은 성 밖으로 내쳐 돌로 쳐 죽임을 당했다. 요나는 베드로 일 수도 있고 스데반일 수도 있었다. 그는 그런 일을 할 만한 사람이었다.

이제 이렇게 정리해 볼 수 있겠다. 요나는 선지자였다는 것. 그에게 하나님의 말씀이 임했다는 것. 그는 그 말씀을 잘 들을 수 있었다는 것. 그런데 그 말씀대로 하지 않고 다른 길로 갔다는 것. 하나님은 그를 내버려두지 않고 계속 붙들었다는 것. 그로 하여금 말씀대로 순종하고 따를만한 인물로 키우기 위하여 물고기를 준비했다는 것. 그리고 그 물고기 뱃속에서 스올을 경험하게 하셨다는 것. 요나는 그곳을 기도처 삼아 놀라운 변화를 이루어냈다는 것. 그 변화는 니느웨 성읍의 완고한 사람들을 회개 시킬 수 있었다는 것. 따라서 요나는 우리가 흔히 말하듯 그저 그런 사람이 아니다. 누구나 그렇게 말해 왔듯이 '요나'가 요~나~라고 쉽게 '나'와 일치 시킬 수 있는 사람만은 아니다. 그는 하나님의 사람이다. 그래서 하나님의 손에 붙들려 하나님의 일을 끝내 잘해낸 사람이다. 여기에 요나의 영성이 있다.

요나의 영성을 말할 때 먼저 생각할 수 있는 점은 그에게 하나님의 말씀이 임할 수 있는 접촉점이 있었다는 사실이다. "여호와의 말씀이 아밋대의 아들 요나에게 임하니라" 1:1 그는 적어도 하나님의 말씀을 제대로 들을 수 있는 경청의 귀를 간직하고 있었다. "너는 일어나 저 큰 성읍 니느웨로 가서 그것을 향하여 외치라. 그 악독이 내 앞에 상달되었음이라." 위대한 예언자 이사야나 예레미야에게 하나님의 말씀이 임하듯이 요나에게도 하나님의 말씀이 임했다는 사실이 중요하다. 하나님은 요나를 주목했고 그에게 말씀하셨고 그를 통해 당신의 뜻을 이루도록 하셨다. 요나와 비슷한 시기에 살았던 또 다른 예언자 하박국이 있었다. 하나님께서 무어라고 말씀하실지 파수하는 곳에 서며 성루에 서 있겠다고 했다. "율법이 해이해지고 정의가 시행되지 못하고 악인들이 의인을 에워싸고 있어 공의가 굽어지는 시대 상황 속에서, 하나님은 어찌하여 잠잠하고만 계시는가?" 합 1:4 이런 질문을 던지며 그 답을 들어보겠다고 귀를 기울이는 것이다. 하박국이 이렇게 깊이 질문하는 사람이라면 요나는 분명한 답을 갖고 있었다. 무엇을 어떻게 해야 되는지를 분명하게 알고 있었다. 물론 그 말씀을 들은 대로 곧바로 행동에 옮기지는 못했어도 말이다.

중요한 것은 요나의 그 다음 과정이다. 끝내는 그분의 말씀대로 니느웨로 갔으며 그들을 향하여 말씀을 외쳤다는 것이다. 참으로 놀라운 일이다. 이런 일을 해낸 사람이 또 없다. 그리고 요나는 이를 해낼만한 놀라운 인물로 거듭난 것이다. 산채로 바다에 제물 되어 던져지고 물고기 뱃속에 들어가고 그 곳에서 사흘 밤을 보내면서 하나님과의 깊은 체험 뒤에 뭍으로 토해내어졌다. 물고기 뱃속에서 니느웨 한 복판으로 던져진 것이다. 이것은 마치 물고기 뱃속이라는 자기 자신에게 갇혀 '타자'를 받아들이지 못하던 사람이 이질적 존재들에게로 다가간 것이다. 끝내 큰 성읍의 그 많은 사람들을 품에 안은 것이다. 폐쇄된 자기규정의 틀 안에 안주 하던 사람이 그 틀을 깨고 역사 한 복판에 우뚝 서게 된 것이다. 나르시시즘의 문제는 단순한 자기애 自己愛 에 머무르지 않는다. 자기의 생각과 자신의 판단에 대한 절대적 가치를 그대로 타인에게 투여하며 강요한다는 점이다. 이것이 종교적 신념으로 확대 되면 그 어떤 이데올로기보다도 막강한 아집으로 자리 잡는다. 자기 절대화는 자기 우상화이며 자신이 하나님의 자리를 차지하는 가장 반 신앙적 태도를 견지하게 된다. 이를 영적 나르시시즘 spiritual narcisism 이라고 정의 할 수 있다.

그렇게 큰일을 치루고 난 요나였으나 잔뜩 화를 내며 퉁명스럽게 기도한다. 망해야 할 타국의 못된 백성들이 나 때문에 이렇게 다시 살아나다니 될 법한 일이냐는 것이다. 차라리 내 생명을 거두어 가달라는 투정이다. 하나님은 그런 요나에게 이제는 박 넝쿨을 제시하신다. 넝쿨 하나는 귀한 줄 알면서 어찌 십이만의 니느웨 사람들과

그에 딸린 많은 가축들의 생명을 간과하느냐는 것이다. 요나의 한계
는 우리의 한계이다. 영성은 자신의 이런 한계를 깨달으면서 아직도
먼 길, 그래도 가야할 그 길을 묵묵히 걸어가는 것이다. 이런 점에서
영성 spirituality은 과정 spiritualizing이다. 물고기 뱃속에서 큰 성읍 한
복판으로 그리고 다시 박 넝쿨 아래서의 깨달음으로 이어져야 할 과
정인 것이다.

23

하박국,
하나님의 침묵을 견디는 영성

"어느 때 까지니이까?"

"언제 들어주시렵니까?"

"언제 풀어주시렵니까"

"어찌 그들을 재판관으로 세우셨습니까?"

"어찌하여 그들을 채찍으로 삼아 벌하십니까?"

"왜 잠자코 계십니까?"

".........."

"내가 던진 질문에 무슨 말로 대답하실지 내가 초소에 버티고
서서 기다려 보리라. 눈에 불을 켜고 망대에 서서 기다려 보리

라" 2:1

시편에도 탄식하는 글귀가 자주 나오지만 이렇게 첫 장부터 탄식 어린 질문으로 시작하는 경우는 또 없다. 하박국의 의문은 개인적인 것만이 아니었다. 같은 시대를 살아가는 유대 민족의 공동체적인 것이었다. 주전 609년 요시아 왕이 프사메티코스 1세의 아들 이집트 왕 느고 Necho와의 전쟁에서 죽고 나서 유대 나라는 이집트의 지배를 받게 되었다. 당시 근동지방의 세력은 앗시리아에서 점차 이집트와 바벨로니아 쪽으로 넘어가고 있을 때였다. 결국 유대 나라는 양 강대국의 다툼 그 사이에 놓여 있게 되었다. 어쩔 수 없이 친 이집트 정책에 기울어져 있었던 유대는 이집트가 바벨로니아에 패하면서 반감을 부추기며 다시 거기에 예속되었다. 주전 598년 바벨로니아가 유대를 공격하여 여호와킴 왕은 처형되고 느부갓네살 왕은 그의 아들 여호와킨과 많은 요인들을 본국으로 사로잡아 갔다. 이러한 국가적 민족적 고난의 한 가운데 예언자 하박국은 야훼 하나님께 부르짖는 것이다.

하박국은 먼저 유대 민족의 폭행과 불의를 거론한다. 공의의 하나님이 잘못에 대해 심판의 칼을 대시는 것은 당연하다. 매를 맞아 싸다. 그런데 왜 하나님은 이방인의 나라 갈대아 사람들을 일으켜 매를 대시느냐는 것이다. 우리도 잘못이 많지만 우리보다 더 못된 민족이 이렇게까지 하도록 내버려 두시냐는 것이다. 그리고 그 와중에 죄 없는 착한 사람까지 싸잡아 벌을 받으면 어떻게 하느냐고 반문한다. 나라가 망하고 민족이 고난을 당하고 억울한 사람들이 피를 흘리는 한 맺힌 역사를 온 몸으로 버티면서 울부짖는 예언자에게 들려주시는 하나님의 음성은 "그러나 의인은 믿음으로 살리라."(2:4) 는 것이었다. 지금 돌아가는 세상은 모든 게 불공정하고 불공평하여 억울하고 안타까워 하나님이 어디 계시는가, 나의 이 억울한 하소연을 듣기는 하시는가, 듣고 계시다면 무슨 말씀을 하셔야 하지 않는가? 그런데 때가 온다는 것이다. 그럼에도 불구하고 끝까지 믿음을 지키는 이는 살게 된다는 것이다.

"믿음으로 산다"는 말씀에서의 '믿음'은 히브리어 에무나 emouna이며 헬라어는 피스토스 pistos이다. 이 말은 끝까지 붙드는 충성심과 흔들리지 않고 견고하게 붙잡는 성실함이나 성실성을 뜻한다. 그 어떤 상황, 그 어떤 경우에도 끝까지 견딜 수 있도록 하는 핵심 요소가 바로 믿음이라는 것이다. 이 믿음의 개념은 로마서 1장 17절과 갈라디아서 3장 11절과 히브리서 10장 38-39절에 인용된다. 그리고 16세기에 와서 마르틴 루터는 이 말씀을 교회와 사회를 개혁하는 횃불의 기름으로 삼았다. 사도 바울이 갈라디아서에서 믿음을 말하면서 하박국서를 인용하고 히브리서 기자 역시 그의 유명한 믿음의 장 11장을 써내려가기 위한 발판으로 10장 끝 부분에서 하박국을 인용한 것을 보면 '믿음으로 산다'는 경구는 그 자체로서 큰 의미를 가진다. 하박국과 로마서와 갈라디아서와 히브리서의 내용을 종합하면 이렇게 정리된다.

1. 하나님은 의로운 분이다.
2. 사람도 그래야 마땅하다.
3. 의로운 사람이라야 살 수 있다.
4. 그런데 그 의로움은 믿음으로만 가능하다.
5. 사람은 믿음으로 얻은 의로움으로 살아 갈 수 있는 것이다.

핵심 개념인 의와 믿음과 삶을 도식화 하면 다음과 같이 될 것이다.

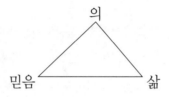

여기에서 '의'는 하나님이며 '믿음'은 그분에 대한 신뢰이며 '삶'은 그 증거이다.

이렇게 삶으로 증거되는 믿음을 가지기 위해서는 고난과 역경과 이를 참아내는 과정이 필요하다. 곧 야고보서에 말하는 믿음의 시련 과정이다. 약 1:3 야고보는 그 인내를 우리의 어설픈 믿음이 온전한 상태로 가게 하는 용광로 같은 것으로 말한다. 용광로 안에서 불을 통과하면서 잡석이 제거된다. 철이 철이 되고 금이 금이 되어간다. 연단과 인내의 과정이 필요하다는 말이다. 사실 이 과정은 하나님의 침묵을 견뎌내는 것이다. 씨를 뿌린 농부가 이른 비와 늦은 비를 기다리며 견디듯이 말이다. 그런데 그 기다림은 우리 보다 하나님께서 먼저 하신 일이다. 집 나간 둘째 아들을 기다리는 아버지로서 말이다.

가장 큰 질문은 하나님에 대한 것이다. 철학자들이 그 질문을 신의 존재로 물었다면 이스라엘의 예언자들은 의義 곧 미쉬파트 mishpat로 물었다. 그리고 가장 큰 일은 불의한 이 세상 한 가운데서 의로운 하나님을 기다리는 것이다. 그 기다림 가운데서 생겨나는 것이 '믿음'이다. 그래서 믿음으로 산다. 믿음이 없다면 살아 갈 수가 없다는 얘기다.

17세기 경 일본 나가사키 지방을 배경으로 일어난 가톨릭 신자들에 대한 박해를 모티프 motif로 삼은 앤도 슈샤꾸遠藤周作의 소설 〈침묵〉에 나오는 글이다.

"모끼찌나 이찌소오가 말뚝에 묶인 채 잠겨버린 비 내리는 바다, 배를 뒤쫓는 가르페의 까만 머리가 이윽고 힘이 다해 조그마한 나무 조각처럼 떠돌고 있던 바다, 그 뱃전에서 거적을 두른 몸뚱이가 수직으로 떨어져간 바다, 바다는 끝없이 넓게 애닲게 퍼져 있었는데, 그때도 하나님은 바다 위에서 그저 딱딱하게 침묵만 지키고 있었다." (침묵, 성 바오로 출판사. 186쪽)

작가는 끝내 배교를 거부하는 기독교인들을 이런저런 방법으로 바다에 수장 시키는 장면을 기록하면서, 예수께서 십자가 위에서 마지막으로 하늘을 향해 부르짖는 "엘리 엘리 라마 사박다니"(나의 하나님 나의 하나님, 어찌하여 나를 버리셨나이까)의 외침을 연계한다. 절대 적막의 바다 한 가운데서 그때 골고다 언덕에서 그 무서운 아버지의 침묵을 견뎌내는 아들의 모습을 상정시킨다. 침묵이 무서운 것은 소리의 문제가 아니라 존재의 문제이고 관계의 문제이다. 캄캄함 밤 자다가 깬 아이는 엄마의 존재를 확인하면 아무 소리가 들리지 않더라도 안심하고 계속 잠을 잔다. 아예 귀가 들리지 않는 아이라 하더라도 엄마는 다른 방법으로 그의 존재를 알려줄 것이다. 아이의 손을 만지거나 아이를 한번 안아줌으로서 말이다. 하나님은 하나님의 방법으로 그의 존재를 알려 오셨다. 때로는 말씀을 들려줌으로, 때로는 손을 만져줌으로, 때로는 품에 안아줌으로. 십자가는 당신의 존재를 알려주는 하나님의 방법(어느 누구도 생각할 수 없었던)이 아니었던가?

길고 긴 어둠의 침묵을 견뎌내면서 아들 예수는 아버지 하나님의 뜻을 끝내 이룰 수 있었다. 그의 길을 따라서 무섭도록 잔인한 침묵을 견뎌 낸 사람들이 있다. 이 침묵 가운데 끝내 믿음 곧 하나님에 대한 신실함을 지켜낸 사람들이 있다. 이런 사람들을 히브리서 11장은 믿음의 위대한 영웅으로 묘사한다. "이런 사람은 세상이 감당하지 못하느니라"(38절)고 말한다. 세상이 감당하지 못하는 그런 인생을 산 사람이 있다. 그들이야말로 믿음으로 산 사람들이다. 돈으로가 아니다. 힘으로가 아니다. 지위나 학식이 아니다. 건강해서도 아니다. 자신감이나 자존감도 또한 아니다. 오직 믿음이었다! 기독교는 이렇게 산 사람들의 의해 전해진 영적 맥脈이다. 아벨, 에녹, 노아, 아브라함, 이삭, 야곱, 요셉, 모세, 라합, 기드온, 바락, 삼손, 입다, 다윗, 사무엘....위클리프, 얀 후스, 루터, 쯔빙글리, 깔뱅, 존 낙스....본 회퍼.... 주기철, 손양원, 이성봉, 문준경....

하나님의 침묵을 통과함으로 신앙의 본질에 다 닿는다. 본질은 근본이고 뿌리이며 원천이다. 껍질이 아니라 알맹이며 본체 곧 그 자체이다. 하나님 그 자체를 붙드는 것이다. 그런 신앙은 '그러므로' 또는 '그렇기 때문에'를 넘어서 '그리 아니하실지라도' 또는 '그럼에도 불구하고'에 이르는 경지를 말한다. 하박국 예언자는 바로 이 경지에 이를 수 있었다. 하나님의 침묵을 통과함으로서 말이다. 그냥 침묵이 아니라 하나님의 침묵이다. 곧 위대한 침묵이다. 그냥 믿음이 아니라 위대한 믿음이다. 그냥 신자가 아니라 위대한 믿음의 사람이다. 그들은 하박국의 어깨를 얼싸안고 함께 노래한다. 눈을 들어 하늘을 우러르며 두 손은 수금을 안아들고 입을 크게 열고 야훼 하나님을 찬양하는 것이다. 이렇게 말이다.

> "비록 무화과나무가 무성하지 못하며 포도나무에 열매가 없으며 감람나무에 소출이 없으며 밭에 먹을 것이 없으며 우리에 양이 없으며 외양간에 소가 없을지라도 나는 여호와로 말미암아 즐거워하며 나의 구원의 하나님으로 말미암아 기뻐하리로다. 주 여호와는 나의 힘이시라..." (3:17-19 중략)

마리아,
메시아를 품고 낳는 영성

　누가복음은 예수 탄생에 대해 어느 복음서보다 자세한 기록을 남긴다. 무엇보다 마리아가 아기 예수를 잉태하는 과정에 주목한다. 또한 누가의 특이한 점은 예수 탄생에 앞서 세례 요한의 출생 과정도 중요하게 다루고 있다는 점이다. 그의 가문으로, 부계는 아비야 반열에 속한 사가랴라는 제사장이고 모계는 아론의 후손으로 엘리사벳이었다. 부부가 둘 다 나이가 많도록 자식을 두지 못하였는데, 어느 날 사가랴가 성전에서 예배를 드릴 때 주의 천사로부터 아들을 낳을 것이라는 예고를 받게 된다. 그 아들은 주 앞에 큰 자로서 모태로부터 성령 충만하여 많은 사람을 하나님께로 돌아오도록 할 것이란 말씀도 듣는다. 중요한 점은 엘리야의 영과 권능을 가진다는 이야기다.

이스라엘 사람들에게 있어서 엘리야는 모든 예언자를 대표하는 예언자이다. 두 동강이 난 북 이스라엘도 남 유다도 모두 멸망당한 뒤로, 정치적 종교적 지도자 없이 400 여 년을 지내오면서도 그들은 메시아에 대한 기대감마저 잃지는 않았다. 다윗과 엘리야는 이 메시아에 대한 구체적 기억의 표상이었다. 왕 다윗의 도래, 예언자 엘리야 도래에 대한 기대감은 유대 민족의 의식 속에 깊이 뿌리 내려진 집단 원형이었다고 볼 수 있다. 침략국 지배자의 치하에서 모세의 율법을 드러나게 지킨다는 것은 불가능 했다. 그럼에도 깊이 간직할 수 있는 것은 '메시아의 도래'에 대한 간절한 마음이었다. 드러나는 삶의 태도는 지배층에 발각되어 어찌할 수가 없었으나, 속으로 무엇을 품고 사는지는 자유였다. 메시아는 그 자유의 이유이며 희망의 근거이며 삶을 지탱케 하는 모든 것이었다.

세례 요한은 누가 보더라도 엘리야를 연상케 하는 인물이었다. 그런 세례 요한의 출생 과정은 예수에 대한 전 이해를 돕도록 해준다. 무엇보다 두 어머니 엘리사벳과 마리아는 친척으로 비슷한 점이 많다. 두 경우 다 가브리엘 천사로부터 잉태에 대한 소식을 전해 들었으며, 이 일은 본인에게는 전혀 기대치 않았던 뜻밖의 일이었다. 임신 시기도 6개월의 차이다. 엘리사벳은 아주 늦은 나이에 아기 요한을 가졌고 마리아는 처녀의 몸으로 아기 예수를 가졌다. 누가는 이러한 뜻밖의 임신 과정에 주목한다. 아기를 가질 수 없는 여자라고 소문이 났음에도 엘리사벳이 임신하듯이, 사람으로는 뜻밖의 일로 보이지만 그 안에서 하나님의 뜻이 이루어진다는 사실을 강조하려는 것이다. 천사는 이렇게 전한다. "성령이 네게 임하시고 가장 높으신 분의 능력이 너를 감싸 줄 것이다. 그러므로 태어날 아기는 거룩한 분이요 하나님의 아들이라고 불릴 것이다."라고. 눅 1:35

마리아는 이렇게 찬양의 화답을 올린다.
"내 마음이 주님을 찬양하며
내 영혼이 내 구주 하나님을 높임은
주께서 이 여종의 비천함을
돌보셨기 때문입니다.
이제부터는
모든 세대가 나를 행복하다 할 것입니다.
......〈중략〉
주께서는 그 팔로 권능을 행하시고
마음이 교만한 사람들을 흩으셨으니
제왕들을 왕좌에서 끌어 내리시고
비천한 사람들을 높이셨습니다.
주린 사람들을 좋은 것으로 배부르게 하시고
부한 사람들을 빈손으로 떠나보내셨습니다.
......〈중략〉"   눅 1:46-53

이것이 혼전 임신의 처녀 마리아의 입에서 나온 말이던가? 놀랍다! 마리아는 어린 소녀 아닌가? 무슨 특별한 배움이나 지도를 받은 것도 아니지 않는가? 제왕들을 왕좌에서 끌어 내리다니, 비천한 사람을 높이며 주린 사람들을 배부르게 하고 부한 사람들을 빈손으로 떠나보내도록 한다니... 이일을 직접 마리아가 한다는 것은 아니다. 그러나 자신이 낳아 기를 아들이 그런 일을 한다는 것 아닌가. 한 아이가 자라나 장차 그런 엄청난 일을 벌이려는데 과연 뭇 제왕들은 가만히 있겠는가. 가진 것이 많은 부자들이 그대로 보고만 있겠는가. 그런 큰일을 저지를 아이를 내 뱃속에 품고 키워야 하는 불안과 겁남의 상태에서, 그런데도 주님을 찬양하다니...

　마리아는 우리가 아기 예수를 품에 안고 있는 성화를 보면서 생각하는 것처럼 그렇게 하얀 피부에 곱상하고 착한 여인만은 아니다. 어쩌면 아들과 함께 큰일을 저지를 사람이다. 예수는 아버지 요셉이 아닌 모계 혈통임이 분명하다. 어머니 마리아의 DNA를 물려받았음이 당연하다. 예수의 이야기가 전해질 때 요셉의 이름은 사라져도 마리아는 계속 이어진다. 특히 요한복음 2장에 나오는 가나의 혼인 잔치에서 마리아는 주인공의 역할을 한다. 마리아는 잔치를 베푸는 주체이며 예수는 손님 가운데 한 사람이다. 포도주가 떨어지는 뜻밖의 상황에서 마리아는 아들 예수를 무대 한 복판에 끌어들인다. 예수의 주저함에도 아랑곳 하지 않고 그의 뜻을 관철 시키고자 한다. 어떤 신학자는 이때의 일을 두고 마리아에 의해 예수가 두 번째로 데뷔되었다고 해석한다. 곧 사적 영역에서 공적 영역으로의 데뷔이다. 메시아적 사명은 일종의 탈개인화며, 탈가족화며, 탈집단화로만 가능하다. 하나님의 나라는 이 세상 나라에 대한 탈출이기 때문이다. 탈출 그 자체에 목적이 있는 것이 아니라, 이 나라에서 저 나라로 가기 위한 탈출이다. 그렇기 때문에 예수는 이렇게 말할 수 있었던 것이다.

> "예수가 부모에게 말하기를 어찌하여 나를 찾으셨습니까? 내
> 가 내 아버지의 집에 있어야 할 줄을 알지 못하셨습니까?"
> 눅 2:49

> "예수께서 그 말을 전해준 사람에게 '누가 나의 어머니며 누
> 가 나의 형제들이냐? 하고 말씀하셨다. 그리고 제자들을 손으
> 로 가리키며 '보아라 내 어머니와 내 형제들이다. 하늘에 계신
> 내 아버지의 뜻을 행하는 사람이 곧 내 형제요 자매요 어머니
> 다'하고 말씀하셨다." 마 12:48-50

마리아는 이런 가슴을 찢는 칼 같은 말을 받아들이고 소화할 만한
그릇으로 일찍부터 만들어지고 단련되어 있었다. 메시아의 사역을
충분히 감당할만한 인물이었던 것이다. '칼이 찌른다'는 말은 그냥
나온 말이 아니다. 아기 예수가 모세의 법을 따라 정결 예식을 따를
때, 의롭고 경건한 사람인 시므온이 성령의 감동을 받아서 예언을 하
였다. 장차 이 아기는 세상의 평화와 백성의 구원을 이룰 것이라는
말이다. 눅 2:22-32 이 말을 이상하게 듣고 있는 마리아에게도 이같이
전한다.

> "...보라 이는 이스라엘 중 많은 사람을 패하거나 흥하게 하며
> 비방을 받는 표적이 되기 위하여 세움을 받았고 또 '칼이 네

마음을 찌르듯 하리니' 이는 여러 사람의 마음의 생각을 드러
내려 함이니라." 눅 2:34-35

러시아를 비롯한 동구권의 동방정교에서는 '검은 마리아'의 성화
를 중시하는 경향이 있다. 특히 성탄 미사를 드릴 때는 검은 색깔의
얼굴을 한 마리아의 그림을 전 회중이 볼 수 있도록 앞에 세워둔다.
미사가 다 끝나면 교회당 밖으로 행진을 하는데 이 마리아 성화를 앞
으로 높이 세우고 마을을 한 바퀴 돈다. 그런데 특이한 점은 마리아
의 얼굴 한 쪽이 칼로 베어져 있는 모습이다. 시므온의 예언, 마음을
찌르는 아픔을 이렇게 보이는 얼굴로 형상화 한 것이다.

메시아를 품는다는 것은 이런 것이다. "너희 안에 이 마음을 품으
라 곧 그리스도 예수의 마음이니..." 빌 2:5 예수 그리스도를 마음에
품는다는 것은 이런 것이다. 땅이 하늘을 받아들인다. 몸이 성령을
받아들인다. 그 땅이 그대로 있겠는가? 그 몸이 그냥 남아 나겠는
가? 갈라지고 찢어지고 쪼개지고 으스러지고...화산, 지진, 해일, 핵
폭탄이 터지는 것에 비유할 수 있을까? 땅에 호박씨를 심어 이 씨들
이 발아되어 싹을 돋을 때 여기저기 갈라지는 땅의 모습을 눈 여겨
본다. 그 호박씨가 우리가 살고 있는 이 지구를 살릴 만큼 큰 호박이
열릴 씨앗이라면 과연 어떻겠는가?

"말씀대로 이루어지이다." 눅 1:38

"무엇이든지 그가 시키는 대로 하라." 요 2:5

마리아의 이 말은 결코 쉽게 나오는 것이 아니다. 그 말씀 안에는 한 여인의 깊게 영글은 영성이 담겨 있다. 이렇게 예수를 품고 그 예수와 하나 된 사람! 마리아 말고 또 누가 있겠는가? 기독교 영성이 예수에 대한 믿음의 영, 신뢰의 영, 순종의 영, 일치의 영이라고 한다면 마리아를 뒤로하고 또 누구를 거론할 수 있단 말인가? 메시아는 어느 날 하늘에서 뚝 떨어지는 것이 아니다. 하늘에서 떨어진 알이 깨져서 나오는 것도 아니다. 메시아는 한 어린 아기로 태어난다. 그 아기를 위해서는 그에 걸 맞는 자궁이 필요하다. 생명의 씨앗이 잉태되고 자라기 위해서는 생명 양수와 생명 탯줄이 있어야한다. 모든 생명체가 태어나기 위한 것과 마찬가지로.

메시아란 씨앗이 품어지고 낳아지는 엄청난 일이 이루어지려면 누군가의 몸이 필요했다. 마리아는 2천 년 전 유대 땅에 살았던 요셉의 약혼녀이지만, 그와 같은 여인의 자궁, 그와 같은 메시아를 품고 낳을 수 있는 영성은 지금도 필요하다. 곧 하나님이 이루시는 구원의 역사 속에서 기름이 부어지고 보내심을 받는 메시아, 그 메시아의 위대한 탄생을 위해서...

25

세례자 요한,
빈들에서 외치는 소리의 영성

　프랑스 서부 알자스의 꼴마Colmar에 있는 운터린덴unterlinden 미술관은 '이젠하임 제단화'Isenheim Altarpiece로 더 알려져 있다. 독일 아샤펜부르크 출신으로서 '기도하는 손'으로 알려진 뒤러A. Duer 1471-1528와 함께, 16세기 유럽의 교회 개혁 시대 대표적 화가로 꼽히는 마티아스 그뤼네발트M. Gruenewald 1472-1528의 작품으로, 예수 그리스도의 십자가 처형 장면을 사실적으로 묘사한 그림이다. 화폭 중앙은 십자가에 달린 예수의 처절한 모습이 그려져 있고 오른쪽에는 요한과 마리아 그리고 왼쪽에는 세례자 요한이 있다. 그의 왼손에는 두터운 성경책이 들려져 있고 오른 손은 주님을 가리킨다. 성경에서 오실 것으로 예언한 분이 바로 이 사람이라는 뜻이다. 이 장면은 언뜻 요한복음 19장에 나오는 그 유명한 경구警句 "에케 호모!"(Ecce homo 이 사람을 보라)를 떠오르게 한다. 실은 그보다 앞서, 예수께서 자기에게 다가오는 것을 보고 외친 말 "보시오, 세상 죄를 지고 가는 하나님의 어린 양입니다." 요 1:29, 36를 뜻한다. 화폭 아래쪽에는 작고 어린 양 한 마리가 보인다. 예배실 제단 뒤에 설치된 이젠하임 제단화의 주인공은 가운데 자리한 주님이지만 그분을 가리키는 손가락에도 시선이 모아진다. 또한 그 손가락의 주인공은 그 어떤 세례자 요한의 인물상 보다 진하게 느껴진다. 그동안 많은 화가들이 세례요한을 그렸지만 이 세례자의 전인격적 사람됨의 모습을 이렇게 잘 표현한 작품은 아직까지 보지 못했다.

그는 맨발에 긴 머리를 늘어뜨리고 붉은 옷감의 남루한 망토를 걸치고 있다. 십자가에 달린 예수의 모습이 형벌의 과정에서 강제로 집행된 것이었다면, 그의 모습은 평소의 삶을 있는 그대로 보여주는 것이리라. 그는 그렇게 살고자 하여 그렇게 옷차림을 하고 있는 것이다. 그래서 로마나 예루살렘의 궁전에는 어울리지 않는 차림새이다. 궁전은 고사하고 도시의 어느 거리에서도 그런 사람을 만나기는 어려울 것이다. 깊은 산이나 사막의 동굴에서 수 십 년 동안 살다가 이제 막 나타나서 무언가를 터뜨릴 것 같은 자세이다. 아마 그 옛날 엘리야의 모습이 그랬을 것이다. 예언자는 무언가 다른 사람이다. 일반인과는 무언가 다른 삶을 사는 사람이다. 그 '다름'이 어떤 영적 분위기를 가져다주기도 한다. 이것만으로도 그는 대중들의 관심을 불러일으키기에 충분했다. 그럼에도 불구하고 집중의 대상을 자신이 아닌 또 다른 이에게로 돌리고 있다. 그의 뚜렷한 검지손가락 방향이 이를 말해준다.

세례자 요한은 사해 서쪽 유대 광야 출신이다. 예루살렘도 아니고 갈릴리도 아니고 메마른 땅이란 뜻의 네게브Negev 사막으로 이어지는 황폐한 땅 곧 황무지에서 살아온 사람이다. 그곳은 다윗이 사울을 피해 피신한 아둘람 동굴이 있는 곳이며, 엘리야가 이세벨의 칼날이 두려워서 도망한 브엘세Beersheba가 있고, 에세네 파의 쿰란 공동체가 있던 곳이고, 예수가 40일 금식하며 사탄의 유혹과 싸운 곳이기도 하다. 또한 73년 유대 나라가 로마와 최후의 항전을 벌인 맛사다Masada 성터가 있는 곳이기도 하다. 이렇게 유대 광야는 때로는 낙오자들의 피신처로서, 때로는 일상의 삶을 떠나 영적 세계를 추구하는 연마장으로서, 때로는 나라를 지키기 위한 마지막 요새로서 그 역할을 해왔다고 보겠다. 요한이 유대 광야 출신이라는 점은 이러한 요소들을 모두 떠오르게 한다. 그렇다 그는 거친 빈들에서 살았으며 거기에서 야성野性으로서의 영성靈性을 키웠다. 그리고 이것을 새로운 세계로 나아가도록 하는 에너지원으로 삼았다. "회개하여라. 하늘 왕국이 가까이 왔다!" 마 3:2는 일갈一喝은 예수에 앞서 그로부터 시작된 엄청난 선언이었다. 이 말은 로마 통치자들에게는 정치적 반항의 구호로 들렸을 것이고, 헤롯당에 속한 정치인들에게는 민중을 소란케 할 위험 소지의 불온문서에 해당하는 것이었을 것이며, 당시 종교 지도자들에게는 다분히 이단적 요소를 담은 불순물이었을 것이다.

사람들은 그에게서 엘리야를 보았고 엘리야의 외침을 들었다. 이 세벨에게서 녹을 얻어먹는 바알 예언자 450명과 아세라 예언자 400명과 맞서 싸우는 영적 기백을 보았으며, "너희들은 언제까지 양쪽에 다리를 걸치고 머뭇거리고 있을 것인가, 야훼가 참 하나님이면 그분을 따르고 바알이 참 하나님이면 그를 따르라!"왕상 18:21 고 꾸짖는 말을 들어야 했다. 그 앞에서 백성들은 한 마디도 하지 못하고 쩔쩔맬 수밖에 없었다. 그야말로 엘리야는 백성들에게 하늘로부터 보내심을 받은 사자使者 곧 메시아였다. 그 엘리야는 이 땅에서 죽지 않고 그대로 하늘로 올라갔다고 성경은 기록한다. 그때로부터 800 여 년이 지난 뒤에 세례자 요한은 엘리야의 화신化身으로 다시 왔다고 믿는 것은 당연했다.

적어도 이스라엘 백성들은 그렇게 생각했을 것이다. 그 앞에서 온 백성은 그때와 같이 야단맞는 처지기 되었다. "독사의 자식들아! 누가 너희에게 닥쳐올 징벌을 피하라고 일러주더냐? 주제넘게 '아브라함이 우리 조상이다'라고 말할 생각을 하지 말아라. 하나님께서는 이 돌들로도 아브라함의 자손을 만드실 수 있다. 도끼가 이미 나무뿌리에 놓였으니, 좋은 열매를 맺지 않는 나무는 다 찍혀서 불 속에 던져질 것이다."마 3:7–10 세례자 요한이 엘리야와 같은 메시아적 기대감을 한 몸에 받았다는 것은 의심할 수 없는 사실이다. 이게 그 얼마만인가? 말라기를 끝으로 400년 동안 예언자는 없었다. 그동안 이런 나라 저런 나라에 시달리며 힘겹게 살아 온 백성 아닌가? 왕은 왕이 아니었다. 제사장도 제사장이 아니었다. 지도자도 진정한 지도자가 아니었다. 예언자도 나타나지 않았다. 예언자의 계시없이는 살아갈 수 없는 유대민족 아니었던가? 이제 이스라엘 왕국 다윗의 나라는 끝이 났구나, 야훼 하나님은 유대 민족을 버렸구나, 하늘로부터는 그 누구도 오지 않는 세상이 되었구나! 이런 탄식의 절벽 끝에, 하늘 번개의 그 빛처럼 하늘 천둥의 그 소리처럼 나타난 이가 바로 세례자 요한이었던 것이다.

그가 회개를 외치며 요르단 강에서 세례를 베풀 때 엄청나게 많은 무리가 몰려들었다. "두 벌 옷을 가진 사람은 없는 이들에게 나누어 주라, 먹을 것도 그리 하여라!" 눅 3:11 이 말씀을 듣고 그대로 순종하고 따르는 이들 가운데 제자들이 생겨나기 시작했다. 그 가운데 시몬 베드로와 안드레 형제가 있었다. 예수의 첫 제자가 된 두 형제가 실은 세례자 요한의 제자였다고 요한복음은 일러준다. 요 1:35-42 예수의 사랑 받는 제자 요한이 복음서를 기록하면서 이러한 사실을 밝히는데 주저함이 없었다는 것이 놀랍다. 당시 예수의 제자들에게도 세례자 요한의 비중이 얼마나 컸는지를 말해주는 좋은 예라 하겠다. 그는 그야말로 '여자가 낳은 사람 가운데 가장 큰 인물'이었다. 눅 7:28 예수의 그 말은 무슨 뜻일까? 단순한 칭찬의 표현만은 아닐 것이다. '가장 큰 인물됨'에 주목해본다. 우선 쉽게 떠오르는 인물상人物像이다. 유교에서 말하는 군자君子, 도교에서 말하는 도인道人, 일반적으로 말하는 성인聖人, 아니면 신비스런 기인奇人? 그보다는 이스라엘의 계시적 전통으로 보아서 '나비 Nabi'로 일컬어지는 예언자 가운데 예언자, 엘리야 보다 더 큰 예언자 그러므로 가장 큰 예언자라고 말함이 적합할 것이다. 달리 말해서 가장 큰 계시자라고 칭함이 어떨는지…

주어진 땅에서 한 시대를 살아가지만, 하늘의 계시를 받고 이를 온몸과 온 삶으로 전하는 예언자의 모습을 세례자 요한에게서 본다. 그는 예수를 메시아 곧 그리스도로 알아본 최초의 인물이 아니었을까 싶다. 추측컨대 그에게도 메시아적 사명이 있을 수 있었다는 점이다. 하늘 왕국의 선포, 종말론적 삶, 회개의 촉구 등이 이를 말해준다. 하나님이 이루고자하시는 메시아 왕국을 이 땅에 이루기 위해서 자신이 앞장서야 하지 않을까를 생각할 수 있었을 것이다. 몰려드는 무리에게 세례(침례)를 베풀면서 이들과 함께 새로운 하나님의 나라를 이루어보면 어떨까하는 생각을 어찌 하지 않았겠는가? 만일 예수라는 의외의 인물이 나타나지 않았다면 그럴 수 있었을 것이라는 개연도 가능하다. 그러나 요단강변으로 자기를 향해 다가오는 예수를 보았고 즉각적으로 그가 '세상 죄를 지고 가는 하나님의 어린 양'인 줄 알아보았다. 이 계시적 깨달음은 실로 놀라운 것이었으니 이른바 메시아 관에 대한 파격적 선언이었다. 메시아에 대한 전통적 이해를 단숨에 전도시키는 폭탄선언이었다. 곧 메시아에 대한 정치적, 경제적, 종교적 해석을 한마디로 뒤집는 것이었으니 말이다. 이것은 바로 예수가 유대 광야에서 사탄과의 일전을 벌이면서 논박을 벌인 바로 그것이었다. 지금 우리가 사탄의 유혹이라고 쉽게 말하지만 사실 사탄이 "네가 하나님의 아들이라면"이라고 내건 '3가지 전제'는 이스라엘의 국가 이념이며 유대의 민족정신인 이른바 '메시아니즘

messianism'에 해당되는 것이었다. 그리고 이것은 예수의 12 제자들이 3년을 따라다니며 스승 예수를 향해 줄기차게 요구한 바로 그것이기도 했다. 이것에 대한 기대를 한 몸에 받고 있는 이 위대한 인물이 또 다른 한 인물에게 세례(침례)를 베풀면서 "그는 번성해야하고 나는 쇠퇴해야 한다" 요 3:30 고 말하는 것이다. 그리고 고백한다.

> "나는 그리스도가 아니오,
> 나는 엘리야도 아니오,
> 나는 예언자도 아니오,
> 나는 빈들에서 외치는 이의 소리일 뿐이오." 요 1:19-23

그는 참으로 큰 그릇이었다. 크다는 말을 외형으로가 아니라 내면의 비움으로 보고 싶다. 그는 참으로 크게 비운 사람이었다. 그 비움이 얼마나 크기에 하늘의 소리를 담을 수 있었는가. 그 비움이 얼마나 크기에 메시아 예수를 담을 수 있었는가. 비우고 또 비운 그의 너른 마음이 세례자 요한의 영성이다. 유대 광야와 네게브 사막의 그 비움도 모자라 깊이 파인 동굴의 그 깊이만큼이나 그렇게 비운 그리고는 끝내는 하늘의 비움으로 가득 채워진, 그 비움의 깊은 내면의 공간으로부터 울려나오는 커다란 울림. 그렇다, 그는 하늘의 소리를 담아 이를 그대로 뿜어내는 소리 공명통共鳴桶이었다. 거기에서 나오는 울림은 결코 동굴 안에서 맴돌 수 없었으며 결국 세상 밖으로 터져 나왔다. 유대 광야 이름 없는 어느 한 동굴에서 시작된 '빈들의 소리'는 모래 바람을 타고 요르단의 강물에 이르렀다. 그리고 그 물을 회심과 그에 합당한 열매를 뜻하는 상징의 성지성수聖地聖水로 그렇게 바꾸어 놓았다.

  무슨 말이 더 필요하겠는가? 세례는 이런 것이고 광야는 이런 것이고 소리는 이런 것이다. 비움의 영성은 바로 이런 것이다.

26

베드로,
갈릴리 어부의 영성

베드로의 얼굴 하면 먼저 떠오르는 것이 레오나르도 다 빈치 Leonardo da Vinci 의 '최후의 만찬'에 나오는 그림이다. 한 가운데 예수의 앉아 있는 모습이 있다. "여기 있는 사람 가운데 나를 파는 자가 있다"는 말을 하는 표정으로는 결코 보이지 않는 평온한 얼굴. 그 오른쪽으로 여성스럽게 비슷한 얼굴을 한 요한이 있고 옆으로는 한 손에 돈 주머니를 잡고 있는 가룟 유다가 스승을 직시하고 있다. 그 옆의 인물이 베드로이다. 그는 예수인지 요한인지에게 무언가를 말하려는 듯 몸을 기울였다. 손에는 식사용 나이프라 하기에는 좀 커 보이는 칼이 쥐어져 있다. 거친 손, 투박한 얼굴, 금방이라도 무슨 일을 벌일 듯한 자세이다. 그는 갈릴리 지역 출신의 어부였다. 주로 갈릴리 호수에서 물고기 잡는 일을 생업으로 삼아 살아가는 사람이었다. 갈릴리는 북 이스라엘에 속했던 스불론과 납달리를 말하며 나사렛, 가나 그리고 갈릴리 호수 인근 지방인 벳세다, 게네사렛, 디베랴, 고라신 거라사, 가버나움 등이 다 이 지역에 속한다. 갈릴리는 예루살렘과 대조되는 지역이다. 예루살렘이 내륙의 중심부라면 갈릴리는 북쪽의 변방이다. 지역적으로만 그런 것이 아니라 정치적으로도 종교적으로도 그러했다. 그곳에는 기원전 721년 북 이스라엘이 아시리아로부터 멸망당하고 이방인들이 들어와 살기 시작한 뒤로 이방인 지역으로 불렸다. 이들의 모국어는 아람어였으며 바리새주의와 열심당 Zealots 과 같은 반反 헬라 로마 운동도 여기에서 태동되기 시작했다. 그 결과로 열심당의 혁명 지도자는 자기를 대놓고 '갈릴리의 유다' 행 5:37라고 부르기도 하였다. 유대 역사가인 요세푸스 F. Josephus는 갈릴리 사람들을 '태어날 때부터 투사'라고 기록하였다. 갈릴리는 여러 문화가 섞여 있는 곳으로 순수 보다는 혼잡, 보수 보다는 개방, 전통 보다는 개혁의 집산지였다.

베드로의 영성을 갈릴리의 지역적 특성과 더불어 말함은 당연한 일일 것이다. 어린 시절 내가 교회에서 배운 갈릴리는 목가적이고 평화롭고 아름다운 바다 이미지였다. 그런 마음으로 '갈릴리야 갈릴리 아름다운 갈릴리'를 노래했다. 신학을 하고 이스라엘의 역사를 배우면서 갈릴리는 그런 곳만은 아닌 것을 알게 되었다. 오히려 그 반대의 경향성을 생각하게 되었다. 바다와 같이 큰 호수와 주위의 높은 산언덕을 기대어 치열하게 살아가는 사람들, 그들의 신분은 대체로

낮았고 가난했으며 무시당했다. 때때로 일어나는 민중봉기 때문에 로마 당국으로부터는 늘 의심의 눈초리를 받았을 것이다. 먹고 살기 위해 호수에서 물고기를 잡는 일로 하루하루를 보내는 고달픈 삶이 었으나 그러면 그럴수록 새로운 세상, 새로운 시대에 대한 꿈을 가 슴 깊이 간직하며 이를 키워가는 사람들이었을 것이다. 지금은 이렇 게 죽지 못해 살고 있지만 언젠가는 이와는 다른 삶을 살게 될 수 있 으리라 기대했을 것이다. 이방인 취급을 받고 있었지만 그들 나름의 야훼 신앙 속에서 다윗의 나라와 솔로몬의 영화를 되찾고 싶었을 것 이다. 지금 당장 잡아야하는 것은 물고기였으나 그들의 손으로 정말 잡고 싶은 것은 다른 것이었다. 무언가 다른 것을 향한 그 눈빛을 전 부터 유심히 지켜 본 이가 있었고, 때가 되어 그 랍비는 한 촌부에게 로 다가섰다. 비린내 나는 포구 어시장을 다니기는 마찬가지였으나 관심은 물고기가 아니라 사람에게 있었던 그분 역시 나사렛 출신으 로 갈릴리 사람이었기에, 그들이 무엇 때문에 힘들어 하며 무엇을 소 망하는지를 누구보다 더 잘 알 수 있었다. 나사렛 예수께서 따르던 이들과 더불어 이방의 땅에서 벌인 이른바 '갈릴리 운동'은 이러한 역사적 사회적 배경을 담고 있었다. 마태는 이사야의 글을 인용하며 이렇게 기록했다.

"스불론 땅과 납달리 땅,
바다로 가는 길목에 있고, 요단 건너편에 있는
이방인들의 갈릴리야!
어둠 속에 앉은 백성이

큰 빛을 보았으며,

죽음의 고장, 죽음의 그늘에 앉은 자들에게

빛이 솟았구나" 마 4:15-16

그런데 눈 여겨 봐야 할 점은 그 랍비가 처음부터 이런 내색을 드러내지는 않았다는 점이다. 언제까지나 여기서 이런 일만 하다가 갈 것이냐, 우리 함께 힘을 모아 좋은 세상을 한번 만들어 보자는 투의 말은 아니었다. 다시 말해서 그동안 열심당이나 에세네파의 한 맥락에서 이해될 수 있는 그런 부류의 움직임으로는 다가오지는 않았을 거란 말이다. 갈릴리에서 일어난 예수운동이 '하나님의 나라' 운동이었다는 점에 누구나 동의한다 하더라도 그런 이야기의 실마리조차 꺼내지 않고, 거두절미하고 다짜고짜로 '나를 따라오라'는 그 말 뿐이었다. 그나마 사람을 낚는 어부가 되게 하겠다는 설명은 오히려 친절과 배려였다. 그런데 '사람 낚는 어부'라니 이게 무슨 말인가. 그 당시 문화권에서 이런 말이 일반적으로 사용되는 용어였는지 아니면 '예수의 제자 삼기'에 적용되는 특수 용어였는지는 잘 모르겠으나 고기처럼 사람을 낚는다는 것은 쉽게 납득이 가지 않는다. 사람을 물고기에 비유하는 것도 그렇고 '낚시질'이라는 것이 어떤 긍정적 의미를 갖고 있지는 않기 때문이다. 물고기를 잡아서 무얼 하나? 먹거나 팔기 위함인데 사람을 거기에 비교한다는 것이 좀 그렇지 않느냐는 말이다. 어부인 베드로도 그렇게 생각할 수 있었지 않은가 해서다. 그렇다면 그런 오해를 풀기 위한 설명이 있었어야 했다는 이야기다. 도대체 사람을 왜 낚으려 하며 어떻게 낚으며 그 다음에는 무얼 하려는 건지...그럼에도 불구하고 아무런 내용 설명도 묻거나 듣지 않고 곧 바로 그물과 배를 버려두고 따를 수 있는 사람은 도대체 어떤 사람인가. 그 사람 어부 베드로의 사람됨이 궁금하다.

마태복음에 따르면 베드로가 예수님의 첫 제자가 된 배경은 이렇다. 예수님이 갈릴리 해변을 다니시다가 호수에서 고기를 잡고 있는 시몬과 그의 동생 안드레에게 "나를 따라오라 내가 너희를 사람을 낚는 어부가 되게 하겠다"고 말씀하신다. 그리고 그 말을 들은 이들이 그물을 버려두고 예수를 따랐다는 것이다. 누가복음은 이 장면을 자세히 묘사한다. 호수에서 밤새 고기를 잡는데 실패한 시몬에게 주님이 다가가 깊은 데로 가서 그물을 던지라고 말씀하신다. 그 말대로 했더니 그물이 찢어질 정도로 많은 고기가 잡혔다. 동료들에게 도움을 청하여 두 배에 가득 실은 시몬은 우리가 생각하기에도 좀 엉뚱한 행동을 한다. 주님의 무릎 아래 엎드리고는 "주여 나를 떠나소서 나는 죄인이로소이다." 눅 5:8라는 것이다. 왜 죄인라고 고백을 하는가? 무엇을 잘 못했는가? 밤 새 고기를 잡으려 했으나 헛수고였고 그런데 주님의 말씀을 듣고 순종하여 깊은 데로 가서 그물을 던졌고 고기를 잔뜩 잡았으니 잘 된 것 아닌가? 그러니 이제 고맙다는 말씀을 드리고 만일 욕심을 좀 부린다면 그분이 지닌 고기 잡는 비법에 대해 물을 것이고 잡은 고기를 감사의 표시로 드리면 되는 것 아닌가 말이다. 그런데 이 무슨 희한한 고백인가? 이 물음에 대한 답변이 가능하다면 이것이 예수께서 처음으로 그를 제자 삼도록 한 이유가 될 것이며 이것이 바로 베드로 영성의 특성으로 규정될 수 있을 것이다.

　영성을 이루도록 하는 두 가지 요소가 있다. 하나는 타고난 성향이
라는 수평 차원과 다른 하나는 영적 체험의 계기라는 수직 차원이다.
자연인으로서의 인격체를 씨줄로 하고 하늘(또는 하나님)의 부름에
대한 깨달음을 날줄로 하여 베를 짜듯이 짜나가는 일이 영성화
spiritualize의 과정이라고 하겠다. 붉은 날줄의 실에 하얀 씨줄이라면
분홍색 옷감이 될 것이다. 똑같은 붉은 날줄이라도 초록 실이라면 검
정색 옷감이 될 것이고 검은 실이라면 회색의 옷감이 될 것이다. 씨
줄과 날줄 이 둘이 만나 새로운 감을 만들어 가는 것이다. '시몬'이라
는 평범한 이름으로 살아가는 삶의 여정인 수평의 선에 '게바' 즉 반
석이나 주춧돌이라는 수직의 선線이 만나면서 이루어가는 새로운 삶
으로서의 면面이 베드로의 영성이리라. "네가 요한의 아들 시몬이니
장차 게바라 하리라 하시니라. (게바는 번역하면 베드로라)." 요 1:42
'너는 반석이다. 이제 반석이 되었다.' 라고 하지 않고 '앞으로 반석
이 될 것이다. 차차 반석이 되어갈 것이다'는 말이다. 시몬에서 베드
로가 되어가는 과정은 결코 간단하지 않았다. 험난한 길이다. 파도
치는 물에 빠져 허우적대기도 하고, 칼로 사람의 귀를 쳐서 자르기
도 하고, 스승을 배신한 자괴감에 눈물을 쏟기도 하는 그런 길이었
다. 그러나 그 여정에서 으뜸 제자답게 우뚝 설 수 있었던 때도 있었
으니 그것은 빌립보 가이사랴 지방에서의 일이었다. 처음에는 "사
람들이 나를 누구라 하느냐"고 물으셨고 다음에는 제자들을 향하여
"너희는 나를 누구라 하느냐?"고 물으셨다. 베드로는 스승 예수에

대한 가장 명확하고 바른 이해를 하고 있었다. 곧 "당신은 그리스도 시요 살아계신 하나님의 아들" 마 16:16 이라고 대답한 것이다. 많은 이들이 주님을 떠날 때에도 나는 그렇게 되지 않을 것이라며 자신이 따르는 이유는 오직 '영생의 말씀' 요한 6:68 임을 강조하며 그분 앞에 당당히 서기도 했다.

그러나 그만 뜻하지 않은 예수 처형의 십자가 앞에서 모든 것이 무너져 내렸다. '게바, 베드로가 아니었다. 결코 반석이 아니었다. 더 이상 하나님의 나라의 주춧돌이 될 수 없었다. 주추는 커녕 돌도 아니었다. 아무것도 아니었다. 그저 요한의 아들 시몬일 뿐이었다. 스승 예수를 만나기 전의 그 상태와 다를 바 없었다. 할 수 있는 것은 그저 물고기나 잡는 일이었다. 요한복음 21장은 그 장면을 드라마틱하게 묘사하고 있다. 그때도 그분을 처음 만날 때처럼 밤새도록 고기 한 마리도 잡지 못하고 허탕만 치고 있었고 배 오른 편에 그물을 던지라는 말씀을 듣고 그렇게 했고 그물을 들어 올릴 수 없을 정도로 엄청난 고기를 잡을 수 있었다. 잡아들인 153마리는 가운데 몇 마리를 구어 아침식사로 대신 한 뒤에 다시 부르시는 주님의 부르심이 그러했다. "요한의 아들 시몬아!" 그러했다. 그것은 맞는 말이었다. 그저 나약한 시몬일 뿐이었다. 그런데 그 시몬에게 "나를 사랑하느냐"고 묻는 것이다. 그리고 "내 어린 양을 먹이라고 또 내 양을 치라"고 말씀하신다. "젊어서는 원하는 곳으로 다녔지만 늙어서는 두 팔이 벌려지고 원치 않는 곳으로 가게 될 것" 요한 21:18 이라고 하면서...

만찬석상에 앉아 있는 베드로를 그린 다빈치가 디베랴 호숫가에서 이런 이야기를 주고 받는 시몬을 그린다면 어떤 얼굴일까? 여전히 우락부락하고 기세등등하고 손에는 칼을 잡고 주님을 당당하게 주시하는 그런 모양은 아닐 것이다. 오히려 그와는 전혀 다른 얼굴이 아닐지. 예수와 가롯 유다의 얼굴 모델이 동일인이었다고 하는데 그만큼은 아니더라도 전혀 다른 인물로 느껴질 만큼 그런 얼굴로 바뀌어 있을 것이다. 내가 무엇을 하겠다는 얼굴, 내가 한번 해보겠다는 얼굴, 내 스스로 따르겠다는 자세 그야말로 '나'를 앞세우는 모습이 아니라 되어지고 따라지고 벌려지고 죽어지는 수동형으로 몸짓 말이다. 그런 사람이라면 이렇게 말할 수 있으리라. 어부는 어부지만 무언가 다른 어부라고, 갈릴리 사람은 갈릴리 사람이지만 무언가 다른 갈릴리 사람이라고. 무언가의 다름, 그 '다름'에 영성의 차원이 있다. 시몬 베드로의 경우는 더욱 그렇다.

요한,
예수로 가득히 물든 영성

    요한은 그의 형 야고보와 함께 갈릴리 호수에서 고기를 잡는 어부였다. 두 형제는 아버지 세베대의 가업을 이어 받아 살아가고 있었다. 어느 날 호숫가 한쪽에서 찢어진 그물을 깁다가 졸지에 예수의 부름을 받고는 그분의 제자가 되었다. 제자가 스승을 따라다니면서 스승의 가르침을 배우는 사람이라면 이런 점에서 요한은 으뜸 격이다. 물론 베드로가 예수님의 대표적인 수제자인 것은 사실이다. 외형적으로 그렇다. 그러나 내면의 차원에서는 오히려 요한이 어느 누구보다 예수님과 가깝게 있었던 사람이었다. 그는 늘 스승의 곁을 지켰다. 그래서 다른 사람이 보지 못한 것들을 볼 수 있었다. 흔히 마태복음과 마가복음 누가복음 이 세 복음을 공관복음이라고 하고 이와는 좀 다른 관점에서 요한복음이 기록되었다고 한다. 분명히 요한

215

복음은 다른 세 복음서에 비하면 다른 점이 많다. 예를 들어 요한복음에는 예수의 출생이나 어린 시절에 관한 기록이 없다. 마지막 만찬 때의 일도 빠져있다. 그러한 관점의 차이는 어쩌면 거리의 차이일 수 있겠다.

다른 세 복음서에는 없으나 요한의 기록으로 남겨진 이야기는 이렇다. 니고데모 이야기(3:1~21), 사마리아 여인 이야기(4:1~42), 음행하다가 잡혀 온 여인 이야기(8:1~11), 죽은 나사로를 살리신 이야기(11:1~44), 제자들의 발을 씻기신 이야기(13:1~20) 그리고 일곱 제자에게 나타나신 이야기(21:~25) 등이다. 이렇게 중요한 이야기를 어찌하여 세 복음서 기자는 빠뜨렸을까 의문이 갈 정도이다. 그것도 한두 줄의 짧은 기록이 아니라 어떤 것은 한 장 전체를 할애할 정도로 길고 자세한 내용이다. 그래서 세 복음서와 요한복음은 단순한 관점의 차이라기 보다 거리의 차이라고 말하고 싶은 것이다. 요한은 누구보다도 예수님과 가까이 있었다. 가까이라는 말보다 붙어 있었다고 해야, 아니 그분 안에 있었다는 표현이 더 어울릴 듯싶다. 그래서 다른 복음서 기자들이 '예수에 대해' 썼다면 요한은 '예수를 썼다'라고 말하게 된다. 만일 예수님이 기록을 남길 뜻이 있어서 글을 썼다고 한다면 무슨 글을 어떻게 쓰셨을까? 그런 상상을 가능케 하는 글이 요한의 글이다. 그런 점에서 요한복음은 그야말로 '예수복음'이다.

이 예수복음을 기록한 요한의 핵심 사상으로 들어가 보자. 그는 예수를 '로고스'로 이름 붙였다. 이 말은 그리스 사상에서 아주 중요한 개념으로 이치나 원리 또는 도道 를 말한다. 태초부터 하나님과 함께 있었던 '도'가 사람의 몸을 입고 이 땅에 내려왔는데 그분이 바로 예수라는 것이다. 또한 그 도 안에는 생명이 있었고 이 생명이 빛으로 이 세상을 비추어 어둠의 세력을 이겨냈다는 것이다. 여기에서 중요한 말은 '생명'이다. 우리말 생명으로 번역되는 그리스어는 프쉬케 psyche 와 죠에 Joe 이다. 마가복음 3장4절과 누가복음 6장9절의 생명은 프쉬케를 번역한 것이고 누가복음12장15절과 마태복음 7장4절, 19장17절은 죠에를 번역한 것이다. 다른 복음서와는 달리 요한복음에는 생명이란 말이 16번이나 나오는데 모두 죠에를 번역한 것이다. 재미있는 점은 요한복음에서도 프쉬케라는 말이 나오는데 이를 우리말에서는 모두 목숨으로 번역하였다. 생명과 목숨을 대조 시키는 좋은 예는 요한복음 12장 25절이다. 곧 "자기의 목숨을 사랑하는 사람은 잃을 것이요, 이 세상에서 자기의 목숨을 미워하는 사람은 생명을 얻을 것이다" 원어로 보면 프쉬케를 사랑하는 사람은 잃을 것이고 프쉬케를 미워하는 사람은 영원한 생명을 얻을 것이라는 말이된다. 다른 복음서에는 간과하고 있는 이 두 단어의 차이를 요한은 아주 흥미 있게 다루고 있다. 이 보다 앞서 있는 24절을 주목해 보자. "내가 진정으로 진정으로 너희에게 말한다. 밀알 하나가 땅에 떨어져서 죽지 않으면 한 알 그대로 있고 죽으면 열매를 많이 맺는다." 앞의 말들을 종합하면 죠에로서의 생명 영원한 생명 곧 영생은 프쉬케인 목숨을 내어 놓음으로 가능하다는 것이다. 구차한 목숨은 부지가 아니다. 지금 이 목에 붙어 있는 숨이 끊어질 것이 두려워 그리고 이 목숨을 줄곧 이어가기 위한 수단이 아니다. 그것은 마치 진시황이 그렇게도 원했던 불사초를 얻으려는 것이나, 이집트의 파라오들이 죽어도 언젠가는 다시 살아나 몸종들을 거느리려는 피라밋 순장 제도나 오래전 그리스로부터 이어진 영혼불멸설이나 소위 구원파나 사이비 집단에서 내세우는 144,000 이란 유혹의 구원숫자 등, 이 모두는 어쩌면 얄팍한 불노장생不老長生의 상술에 불과한 것이리라. 요한이 말하는 영원한 생명은 길고 긴 목숨의 연장이 아니었다.

요한은 스승 예수를 따르며 그분의 말씀에 들으며 그분 안에 있는 생명을 보았다. 그리고 그 생명을 전하고자 하였다. 스승이 밤을 지새우며 니고데모와 토론을 할 때도, 사마리아 여인과 우물가에서 대화를 나눌 때도, 간음하다 잡혀 온 여인을 앞에 두고 이야기를 할 때도, 죽은 나사로를 향해 "나는 부활이요 생명이니 나를 믿는 사람은 죽어도 살고 살아서 나를 믿는 사람은 영원히 죽지 않을 것"이라고 말씀하실 때도, 제자들의 발을 씻겨주실 때도 그리고 디베랴 곧 갈릴리 바다에서 다시 일곱 제자를 만나고 베드로와의 뜻 깊은 이야기를 나누실 때도 요한은 무엇보다 예수 안에서 나오는 생명을 보았다. 그분은 곧 생명의 빵이었다.요 6:35 하늘에서 내려온 하늘의 빵이었다. 배고픈 이들이여 나를 먹어라, 목마른 이들이여 나를 마셔라. 그리고 영원을 살라!

영원을 사는 생명은 가르침으로 되는 것이 아니다. 설득으로 되는 것도 아니다. 이해를 시키는 것도 아니다. 생명은 그러한 방법으로 되는 것이 아니다. 생명은 먹는 것이고 생명은 마시는 것이다. 사람이란 생명체가 그 생명을 이어나가기 위해 빵을 먹고 밥을 먹고 물을 마시듯이 영원을 사는 생명도 그러한 방법으로 이어지는 것이다. 그렇게 하여 생명은 생명을 낳고 그 생명을 키우고 또 그 생명이 다른 생명으로 이어져나가게 되는 것이다. 이를 결정적으로 보여주는 것이 다름 아닌 유월절 만찬이었다. 예수께서 잡히시던 밤에 12제자와 함께 유월절을 기념하는 식사를 하면서 빵을 들어 축사하시고 떼어서 제자들에게 주시며 말씀하셨다. "받아서 먹으라 이것은 내 몸이니라"마 26:26 또 잔을 가지사 감사하시고 그들에게 주시며 이르시되 "너희가 이것을 마시라"마 26:27 그 이후 교회에서 성만찬으로 이어지는 이 거룩한 예식에 대한 기록을 마태와 마가와 누가는 모두 다 사건으로 그의 복음서에 기록하고 있다. 그러나 이 기록을 요한은 남기지 않았다. 그 대신에 요한은 유월절의 사건을 '의미'로 우리에게 전달하고자 했다. 그것은 요한복음 17장에 나오는 '예수의 기도'이다. 즉 "…아버지께서 내 안에 계시고 내가 아버지 안에 있는 것과 같이 모두가 하나 되고…우리가 하나인 것처럼 그들이 하나 되기 위해서…내가 그들 안에 있고 또 아버지께서 내 안에 계심으로 그들이 완전히 하나가 될 것입니다…그것은 아버지가 나를 사랑하신 그 사랑이 그들 안에 있고 나도 그들 안에 있기 위해서입니다." (21~24 중략) 그렇다. 생명은 그런 것이다. 먹는 것이고 마시는 것이고 하나가 되는 것이다.

성만찬의 참 뜻을 보여주는 예수의 기도는 '내 안과 너의 안'으로 집약된다. 내가 네 안에 있고 네가 내 안에 있는 것이다. 이것이 신비神秘 다. 신비가 무엇인가? 하나님의 존재적 그리고 관계적 특성을 가리키는 가장 적절한 말은 미스테리오 mysterio 라는 표현이다. 신약성경에 나오는 대로 하나님의 비밀/신비 고전 4:1, 그리스도의 비밀/신비 에베소 3:4, 복음의 비밀/신비 에베소 6:19, 믿음의 비밀/신비 디모데전 3:9, 경건의 비밀/신비 디모데전 3:16 등이 그것이다. 특히 에베소서는 이 말을 아주 중요하게 다루고 있는데 하나님에 대해서 뿐 아니라 교회와 결혼에 까지 적용시킨다. 예수 그리스도와 교회와의 신비적 관계처럼 남편과 아내의 관계도 그렇다는 것이다. 사도 바울은 이렇게 말한다. "그러므로 사람이 부모를 떠나 그의 아내와 합하여 그 둘이 한 몸이 될지니 이 비밀/신비가 크도다. 나는 그리스도와 교회에 대하여 말하노라" 엡 5:31~32 서로 다른 둘이 하나가 되는 체험이 신비인데 여기에 적합한 예가 바로 남자가 부모를 떠나 아내와 결합하여 한 몸을 이루는 경우이다. 이런 실재의 경험을 토대로 우리는 예수 그리스도와 교회의 관계를 이해할 수 있고, 하나님과 예수 그리스도의 관계를 이해할 수 있으며, 하나님과 인간의 관계를 이해할 수 있다. 성만찬은 예수와 제자들이 하나 되고 제자들이 공동체적으로 하나 되는 것처럼, 이 예식에 참여하는 이들이 '하나 됨'의 신비한 체험을 하도록 하는 것이다. 요한은 이 사실을 예수의 기도를 통해 아주 잘 설명해주었다.

우리 개신교는 신비주의라는 말에 대한 부정적 인식 때문에 그 말과 함께 신비라는 말도 거부해온 것이 사실이다. 어떤 신비스런 밀교의 분위기가 떠올려져서 그런지 모르겠다. 개신교의 신학이 계몽주의의 세례를 받으면서 신비나 계시의 차원을 간과함으로서 '이성 신학'으로 흘러갔지만 요즘같이 '영성 신학'이란 말이 회자되기 전부터 기독교 역사에서 '영성'의 영역은 '신비'라는 용어로 표현되었다. 영성신학이 일종의 신비신학이며 영성가는 신비신학자이기도 하다면, 이를 가능하게 하는 출발선상에 요한이 있다. 이 전통 속에서 강조되는 신비적 관상, 무념의 방법Apatheia, 부정의 신학Negative theology 등은 현대 서구 신학의 한계를 극복하는 방법론으로 재인식되고 있음은 다행한 일이라 하겠다.

요한은 '예수께서 사랑하시는 제자'로 자칭했다. 열두 제자 가운데서도 베드로와 야고보와 요한 이 세 사람은 특별히 구별되었는데 막내인 요한은 더욱 남 다른 사랑을 받았던 것 같다. 이 사랑 받은 제자는 다른 이들에게도 늘 "사랑하는 자들아 우리가 서로 사랑하자." 요일 4:7 라고 말하며 살았다. 스승 예수와 가장 가까이에서 가장 많은 사랑을 받은 사랑하는 제자 요한, 그는 예수와 하나 된 사람이었다. 사랑의 신비를 경험한 사람이었다. 사랑으로 일체의 비밀을 깨달은 사람이었다. 예수 안에서 하나님의 사랑을 보았고 만났으며 그 사랑을 제 안에 가득히 채워 넣어 끝내 사랑의 화신이 되었다. 그 사랑은 생명의 강줄기가 되어 메마른 대지를 적시었다. 유배지 '밧모 섬'에서 요한이 마지막으로 바라본 것은 참으로 신비한 세계였다. 그것은 새 하늘과 새 땅이었는데, 생명수의 강이 길 한 가운데를 흐르며 강 주위는 달마다 열두 가지 열매를 맺는 생명나무 요한계시 22:2로

뒤덮인 거룩한 도시였다. 이것은 예수의 생명과 사랑으로 가득히 물든 사람이 아니면 결코 볼 수 없는 하늘의 계시였다. 그야말로 사도 바울이 말한바 "그리스도의 사랑을 알고 그 너비와 길이와 높이와 깊이가 어떠함을 깨달아 하나님의 모든 충만하신 것으로 충만한" 에베 3:18-19 상태에서 나온 거룩한 환상이었다.

기독교 영성이 예수 그리스도를 마음에 담고 또 닮아가는 과정 Imitatio Christi 이라면, 요한의 예수 닮음은 이러했다.

야고보,
신행일치信行一致의 영성

　야고보서는 이렇게 시작 된다. "하나님과 주 예수 그리스도의 종 야고보는 흩어져 있는 열두 지파에게 문안하노라." 바울 서신을 비롯하여 신약 성경의 서신은 특정한 지역의 교회에게 보낸 글이다. 우리가 잘 알고 있듯이 로마서는 로마에 있는 교회의 성도에게 보내기 위해 쓰여졌으며, 고린도 전 후서는 고린도에 있는 교우들에게 보내졌다. 갈라디아서와 에베소서 빌립보서도 마찬가지였다. 따라서 서신들은 일차적으로 당시 그 교회가 처한 상황이나 그 교회 교우들 사이에서 일어난 문제가 주된 내용이었다. 그런 점에서 볼 때 야고보서는 서신을 받아보는 대상의 범위가 아주 넓다. 여러 지역에 흩어져 있는 열두 지파에게 보내려고 쓴 것이기 때문이다. 신약 성경에서 열두 지파라고 하는 총괄적인 표현은 마태복음과 누가복음 그리

고 사도행전에 이어 요한 계시록에 각각 한 번씩 나올 뿐 서신으로
는 야고보서가 유일하다.

신약 성경에서 야고보는 두 사람인데 한 사람은 예수님의 제자이
며 다른 사람은 예수님의 동생이다. 세베대의 아들로 요한의 형제인
야고보는 A.D 44년 헤롯 아그립바에 의해 살해 되었으며, 예수님
의 동생 야고보는 예루살렘에서 교회의 지도자로서 역할을 했다.
사도 바울이 회심한 다음 예루살렘에 올라가서 먼저 베드로를 만나
고 주님의 형제 야고보를 만났다는 기록 갈라 1:18-19 으로 보아서 그
의 위치를 가늠할 수 있다. 실제로 야고보는 예루살렘 회의의 초대
회장이었다. 이방인들에게도 율법을 지키도록 하며 할례를 요구하
는 일에 대한 찬반 토론이 벌어졌을 때에도 끝마무리 발언을 하였
고 제자들을 비롯한 회의장의 모든 사람들은 이를 잘 따라주었다.
행15:13-21 이로 보아서 야고보는 교회의 지도자로서 권위를 가지고
있었다. 그 권위는 지역의 특수성을 넘어서 보편적 차원을 열도록
하였다.

야고보의 영성을 말함에 있어 중요한 점은 그가 누구보다도 예수
와 오랜 시간을 지냈다는 것이다. 제자들이 3년의 기간을 함께 보냈
으며 바울은 예수를 직접 대면할 수 있는 기회가 없었음에 비해 야
고보는 그 기간이 30년이었다고 말할 수 있다. '평생을 예수와 함께'
라는 말이 실제로 가능하다면 여기에 가장 적합한 인물이 바로 야고
보였다. '영성'을 이야기 할 때 '복음화'와 '제자화'와 '영성화'의 단계

를 말하는데, 복음화에 대표적 인물은 사도 바울이고 제자화의 대표적 인물이 베드로라면 영성화의 대표적 인물은 야고보라고 말할 수 있다. 복음화는 일순간의 체험으로 가능하다. "자신의 죄를 깨닫고 예수를 그리스도로 고백함으로 죄 사함을 받고 그분을 삶의 주인으로 모시고 그리스도인으로 살아가는 것" 이것이 복음화의 단계이다. "하나님이 세상을 이처럼 사랑하사 독생자를 주셨으니 이는 그를 믿는 자마다 멸망하지 않고 영생을 얻게 하려 하심이라. 요 3:16 는 말씀 한 구절이라도 좋다. 이를 믿고 받아들이면 되는 것이다. 그러나 제자화는 좀 더 시간이 필요하다. 예수의 제자들도 3년이 걸렸다. 주님이 가신 그 길, 십자가의 길을 따르려면 훈련이 필요하다. 누구나 구원을 얻을 수 있지만 누구나 제자가 될 수 있는 것은 아니다. 복음화와 제자화에 이런 차이가 있는 것처럼 마찬가지로 제자화와 영성화에도 이런 정도의 구별이 있다. 제자화의 과정에 훈련이 필요하다면 영성화에는 일정 기간의 훈련 정도가 아니라 보다 긴 삶이 요구된다. 복음화가 믿는 것이고 제자화가 따르는 것이라면 영성화는 닮는 것이다. 예수를 믿고 예수를 따르고 그리고 예수를 닮아가는 것이 우리 신앙생활의 전 과정이라면 첫 단계의 대표주자는 사도 바울이고 둘째 단계의 대표주자가 베드로라면 셋째 단계의 대표 주자는 야고보이다. 따라서 처음 로마서를 통하여 구원의 확신을 가지게 되며, 사복음서를 통하여 제자의 길을 배우게 된다면, 그 다음 단계로서 우리에게 야고보서가 주어진 것이다. 야고보는 그 정도의 무게감을 가질만한 인물임에 틀림없다. 그의 글도 그렇다. 비록 짧은 서신이지만 야고보서의 의미는 이렇게 깊은 것이다.

믿음으로 구원을 얻는다는 일차원적 단계와 그 믿음을 이웃에게 전하는 이차원적 단계와 그 믿음이 성숙한 과정을 거쳐 온 인격과 삶으로 나타나는 단계는 서로 상반되는 것도 서로 충돌되는 것도 아닌 단지 단계의 문제일 뿐이다. 야고보는 믿음을 배제한 행위를 말하고 있는 것이 아니다. 믿음 없이 율법을 실천해야 한다는 것도 아니다. 그는 믿음의 초보 단계에서 성숙한 믿음으로 나아가야 한다는 점을 말하려는 것이다. 그러한 점을 말하기 위해서 모든 믿음을 싸잡아서 한꺼번에 말하지 않고 구별하는 것이다. 그리고 분석하는 것이다. 그래서 죽은 믿음을 이야기 하고 헛된 믿음 즉 가짜 믿음을 말하고 이른바 믿음 제일주의를 경계하고 이런 일방적 믿음이 얼마나 위험한가를 알려주려는 것이다. 그래서 야고보는 "네가 하나님은 한 분이신 줄을 믿느냐 잘하는도다 귀신들도 믿고 떠는도다." 약 2:19 라고 말하는 것이다. 이 말은 이렇게도 연결된다. 네가 만일 실행을 하지 않고 그저 믿음만을 이야기 한다면 나는 행함으로 나의 믿음을 보이리라! 참으로 중요한 선언이다. 그렇다면 믿음의 차원에 행함을 끌어 들인다는 것이 왜 중요한가? 오늘의 교회를 보라, 오늘의 교회 지도자들을 보라. 그들이 믿음에 대해서 외치는 그 입을 보지 말고 그들의 몸을 보라. 그들이 그 몸으로 하루하루를 어떻게 사는 가를 보라!

야고보는 그 당시에도 오늘 우리의 모습처럼 믿음을 고백하면서 그 믿음에 따르는 삶이 없는 사람들을 보았다. 입으로는 믿음을 말하면서 그와는 전혀 다르게 살아가면서도 양심의 가책을 느끼지 못하는 사람들을 보았다. 믿음이 오히려 그러한 이중성을 합리화하고 때로는 강화 시키는 마약과도 같은 역할을 한다는 것도 알게 되었다. 사도 바울은 이 세상의 사람을 둘로 나누는데 하나는 믿는 신자요 다른 하나는 믿지 않는 불신자이다. 야고보는 교회 안의 사람을 둘로 나누는데 하나는 행함이 따르지 않는 신자요 다른 하나는 행함이 따르는 신자이다. 사도 바울과 야고보 회장의 차이는 결국 다른 것이 아니고 관점의 차이이다.

야고보에게는 '낙타 무릎'이란 별명이 붙여졌다고 한다. 무릎을 꿇고 기도를 많이 해서 그렇게 되었다는 것이다. 진리를 알고 이 진리가 온전히 내 것이 되기까지는 학學-습習-득得의 과정이 있다. 곧 배우고 익히고 끝내 체득에 이르는 것을 말한다. 머리의 생각이 가슴을 울리고 그것이 손과 발로 이어짐으로 마무리가 된다고 할 때, 우리의 신앙도 이와 같은 과정이 필요하다. 머리의 신앙에서 가슴의 신앙 그리고 손, 발의 신앙으로 말이다. 사랑에 있어서도 마찬가지다. 그래서 사랑의 사도 요한은 이렇게 말한 것이다. "자녀들아 우리가 말과 혀로만 사랑하지 말고 행함과 진실함으로 하자." 요일 3:18

야고보가 행함을 강조한다고 해서 믿음의 차원을 경시한다고 생각하면 그건 잘못 이해한 것이다. 야고보는 사실 다른 무엇보다 먼저 믿음을 말하고 있다. 1장 도입부에 나오는 대로 '믿음의 시련' 1:3, '오직 믿음으로 구하고' 1:6 등에서 알 수 있듯이 그의 관심은 '믿음'이다. 다만 그 믿음을 교리적 차원으로 말하는데 그치지 않고 믿음 그 다음을 말하려는 것이다. 그것은 바로 '믿는 사람'에 대한 것이다.

 믿음에 사람이 들어감으로 영성의 세계가 열린다. 영성의 세계에서는 '믿음' 그 자체 보다 '믿는 사람'이 더 중시된다고 할 수 있다. "사람이 사람이면 다 사람인가 사람이 사람다워야 사람이지"라고 말할 때의 '그 사람'이다. 세례 요한이 가리킨 '그 사람' 곧 성육신 되신 '그 사람'이다. 그리고 그분을 하나님의 온전한 형상을 지닌 참 사람으로 믿고 그분을 따르고 그분을 마음 중심에 모시고 그분의 가르침과 삶을 따라감으로 생겨난 또 하나의 사람이 있다면 그 또한 '그 사람'이다. 나타니엘 호던 Nathaniel Hawthorne 이 말하고자 하는 '큰 바위 얼굴' 곧 예수를 닮은 얼굴이다. 이런 얼굴을 가진 사람, 이런 성품을 지닌 사람, 이런 삶을 살아가는 사람을 위해 영성 수련이 있는 것이다. 그런데 기독교 초기와 중세의 동방 기독교, 서방 기독교 시대를 거쳐 2000년 동안 오늘의 영성 수련의 과정에서 강조하는 덕목이 알고 보면 이미 야고보가 1세기에 말씀한 내용들이다. 영성을 말함에 있어서 중요하게 다루는 것들, 즉 침묵, 욕망, 절제, 겸손, 기도, 관상 등이 그것이다.

 영성 수련이 침묵의 훈련이라면 야고보는 이렇게 말할 것이다. "만일 말에 실수가 없는 자라면 곧 온전한 사람이라."(3:2). 영성 수련이 절제의 훈련이라면 야고보는 이렇게 말할 것이다. "욕심이 잉태한즉 죄를 낳고 죄가 장성한즉 사망을 낳느니라."(1:15) 영성 수련이 환대하는 훈련이라면 야고보는 이렇게 말할 것이다. "내 형제들아...예수 그리스도에 대한 믿음을 가졌으니 사람을 차별하여 대하지 말라... 하나님이 세상에서 가난한 자를 택하사 믿음에 부요하게 하시고..."(2:1,5) 영성 수련이 겸손의 덕을 쌓아가는 훈련이라면 야고보는 이렇게 말할 것이다. "선생이 된 우리가 더 큰 심판을 받을 줄 알고 선생이 많이 되지 말라."(3:1) "주 앞에서 낮추라 그리하면 주께서 높이시리라."(4:10) 영성 수련이 돈으로부터의 자유로운 영혼을 위한 것이라면 야고보는 이렇게 말할 것이다. "들으라 부자들아 너희에게 임할 고생으로 말미암아 울고 통곡하라."(5:1) 영성 수련이 고난의 신비를 깨닫도록 하는 훈련이라면 야고보는 이렇게 말할 것이다. "보라 인내하는 자를 우리가 복되다 하리니 너희가 욥의 인내를 들었고 주께서 주신 결말을 보았거니와..."(5:11) 영성 수련이 하나님과 깊은 친밀감을 누리는 훈련이라면 야고보는 이렇게 말할 것이다. "하나님을 가까이 하라 그리하면 너희를 가까이 하시리라."(4:8)

이렇게 야고보의 가르침을 통해서 본다면 다름 복음서와 서신도 크게 다름이 없다는 것을 알 수 있을 것이다. 곧 믿음과 행함의 하나 됨 즉 신행일치이다. 성경에서 '그러므로'라는 말 다음에 전하려고 하는 뜻이 바로 여기에 있다. "...그러므로 누구든지 나의 이 말을 듣고 행하는 자는 그 집을 반석 위에 지은 지혜로운 사람 같으리니..." 마 7: 24, "그러므로 형제들아 내가 하나님의 자비하심으로 너희를 권하노니 너희 몸을 하나님이 기뻐하시는 산 제물로 드리라. 이는 너희가 드릴 영적 예배니라" 롬 12:1 이 세대를 본받지 말고 롬 12:2, 사랑은 율법의 완성이니라 롬 13:10. 믿음을 강조하는 로마서와 행함을 강조하는 야고보서를 대립 구도로 보는 시각이 일반적이긴 하지만 꼭 그렇게 볼 것만은 아닌 것이 로마서 역시 결코 행함을 무시하지 않으며 야고보서가 결코 믿음을 경시하지 않는다는 점이다.

  유교에 성리학이 있고 양명학이 있다면 야고보서는 신학 분야에 있어서의 양명학이다. 이 학풍은 실행과 실천을 강조하며 지행합일知行合一을 주장했다. 이 정신을 이어 받은 가르침이 실학사상이다. 허학虛學이 아닌 실학實學이란 뜻이다. 신행합일信行合一의 정신은 곧 허신虛信 아닌 실신實信의 정신으로 돌아가자는 말이기도 하다. 야고보는 이런 신행합일의 영성을 대표하는 영성가이다.

바나바,
관용의 영성

"바나바는 착한 사람이요 성령과 믿음이 충만한 사람이라."

행 11:24

알려진 대로 사도행전의 저자인 누가는 **바나바를** 일컬어 한마디로 '착한 사람'이라고 말한다. 성령이 충만하고 믿음도 충만함을 강조하는 것으로 충분할 터인데 착하다는 말을 그 **앞에** 두었다. 사도행전은 사도들이 복음을 전한 기록이다. 온갖 박해**와** 조롱과 역경을 견디며 온 생명을 다해 복음을 전하는데 있어서 그 **바탕**은 '성령의 능력'이었다. 그래서 사도행전을 성령행전이라고도 **하는** 것이다. 이러한 관점에서 볼 때 중요한 것은 오직 성령의 역사役事일 뿐이며 인간

231

의 역할은 한낱 도구에 불과하다 말할 수도 있겠다. 예루살렘에서 시작되어 온 유대와 사마리아를 거쳐 땅 끝까지 복음을 전달하는 그 주체는 성령이시니까 더욱 그렇다. 이 같은 사실을 누구보다도 누가는 잘 알고 있었다. 그럼에도 불구하고 누가는 복음 전도자의 품성에 대한 언급을 놓치려 하지 않는다. 사도행전에는 여러 인물이 등장한다. 가룟 유다 대신 12 사도로 뽑힌 맛디아를 비롯하여 베드로와 요한, 아나니아와 삽비라, 스데반과 사울, 도르가와 고넬료, 야고보와 헤롯, 마가라 하는 요한과 디모데, 브리스길라와 아굴라, 실라와 아볼로, 아나니아와 벨릭스, 아그립바와 버니게 등등. 이렇게 여러 사람을 등장 시키고 있음에도 인물에 대한 구체적 품평은 거의 없다. 등장인물에 대한 묘사가 주 관점이 아니었기 때문이다. 그럼에도 특이하다 할 만한 기록이 있으니 그것은 바나바에 대한 인물평이다. 그가 착한 사람이라는 것이다. 그에게 붙여진 '성령과 믿음이 충만한 사람'이라는 표현은 앞서 스데반을 말할 때의 '믿음과 성령이 충만한 사람'이라는 표현과 일치 한다. 그런데 착하다는 말은 스데반에게는 들어 있지 않다.

바나바의 '착함'은 여러 형태로 확인된다. 초기 신앙 공동체가 이루어져 자기 소유를 자기 것이라고 하지 않고 공동으로 사용할 때, 키프로스 태생인 바나바는 자기 소유의 밭을 팔아 공동체에 바쳤다. 또한 사울이 극적으로 예수를 만나 복음자로 바뀌게 되었으나 어느 누구도 이를 쉽게 인정할 수 없었는데, 이때 사도들의 신임을 받고 있는 바나바가 사울을 사도들에게로 데려가서 적극 변호함으로 결국은 사울로 하여금 일정 기간 제자들과 함께 지낼 수 있도록 하였다. 또한 안디옥으로 파송된 바나바는 일부러 다소에 까지 가서 사울을 데려와 목회 동역자로 일하도록 하였으며 이곳에서 처음으로 '그리스도인'이라는 칭호가 시작되는 역사적 사건이 일어났다. 또한 마가라 하는 요한이 제 1차 선교 여행 때 중도에 포기하고 돌아간 일로 인해 제 2차 선교 여행 때 바울은 그와 재차 동행하는 것을 반대했으나, 바나바는 바울과의 결별을 무릅쓰고라도 그를 포용하고자 하였다. 한 가지 덧붙이면 갈라디아서에 기록된 대로(2:11−13) 예루살렘 회의 때 베드로를 책망하는 일이 있었다. 다름 아닌 베드로가 이방인과 함께 식사를 하다가 할례자들이 다가오자 이를 피하여 슬쩍 물러간 일이었다. 이런 베드로를 면전에서 직언을 하고 바나바까지도 이러한 일에 동조하는 모습을 보며 그냥 지나치지 않은 경우이다. 바나바의 착함은 바울이나 베드로와 그를 구별 짓는 요소가 된다. 베드로에게 열정이 있고 바울에게 엄격함이 있다면 바나바에게는 착함이 있다. 이러한 성품을 나는 '관용'이라 부르겠다.

첫째로, 관용은 관대함이며 너그러움이며 부드러움이며 온유함이다. 영성靈性이란 말이 영적 바탕이며 영적인 그 무엇이 담기는 그릇이라고 한다면, 그 나름의 바탕과 그릇에 따라서 영성은 체화 된다고 본다. 이것이 베드로의 영성과 요한의 영성이 다른 이유이며, 바울의 영성과 바나바의 영성이 다른 까닭이다. 베드로의 베드로다움이 있다면 요한의 요한다움이 있으며, 바울의 바울다움이 있다면 바나바의 바나바다움이 있는 것이다. 바나바의 바나바다움은 관용이다. 관용은 일차적으로 남을 내 안에 담는 너른 품이다. 나와 다른 남을 내 안에 담을 수 있을까? 그 다름을 담기 위해서는 내 안에 나로 채워지지 않은 여유 공간이 필요하다. 자신의 에고(ego)로 똘똘 뭉쳐진 마음은 결코 해 낼 수 없는 일이다. 그는 재산이 있었음에도 그 재산으로 자신을 채우지 않았다. 그래서 언제라도 그의 소유를 내놓을 수가 있었다. 그 당시 상황으로 볼 때, 사울이라는 받아들이기에 결코 만만치 않은 인물을 품었으며 심지어 그를 대변하는 역할을 자청한다. 바나바 없이 사울이 가능했겠는가. 바울이 사울로 변화되는 과정에서 위로는 하늘부터의 회심이 일차적 단계라면 바나바를 통해 제자들에게로 소개와 추천이 이루어지고 이어서 안디옥 교회의 공동 목회자의 역할까지 가능할 수 있었던 것은 바나바의 결정적인 배려였다. 이러한 2차적 단계를 통하여 우리가 아는바 오늘의 사도 바울이 가능한 것이다.

둘째로, 관용은 잘못을 용서하는 착한 마음이다. 바나바와 바울에 의해 이루어진 선교 여행에서 가장 큰 변화의 계기는 바나바와 바울의 결별 사건이다. 마가와의 동행 문제를 놓고 둘 사이에 의견 대립이 생겼기 때문이다. 이 사건 때문에 28장까지의 사도행전의 기록에서, 바나바는 15장을 끝으로 사도행전의 무대에서는 사라지고 만다. 이런 일을 감수하면서까지 바나바는 마가를 붙들어야 했을까?(물론 이러한 결과를 인식하지는 못했겠지만...) 사실 그 전까지만 해도 바울보다는 바나바가 선교에 있어서 주도적 역할을 해온 것이 사실이다. 그에게는 그럴만한 위치와 자격이 있었다. 바울을 이끌어 갈만

한 영적 권위도 있었다. 그러나 그는 그렇게 하지 않았다. 그는 마가를 용서하고 자신과 끝까지 맞서는 바울도 받아들인 셈이다. 바울의 견해를 수용했다. 의견 대립의 과정이 있었으나 끝내 바울의 의견을 꺾을 정도로 일방적이지는 않았다. 그래서 바울로 하여금 실라를 선택토록 하여 바울 나름의 독자적 노선으로 떠나는 일도 가능할 수 있었다.

장 칼뱅 Jean Calvin이 「기독교 강요」를 발표하기 4년 전인 1532년 23살의 젊은 나이에 쓴 「세네카Senaca의 관용론 주석」은 관용에 대한 중요한 해석을 전한다.

> "관용은 힘이 있음에도 복수를 억제하는 마음, 또는 강자가 약자를 처벌할 때 베풀어주는 인정을 의미합니다...그리고 관용은 처벌하려 할 때 관대한 편으로 기울어지는 마음이라 할 수 있습니다.."

> "..용서는 마땅히 이루어져야 할 처벌의 면제입니다. 이 점에서 관용은 확실히 우위에 있습니다. 관용은 사면 받은 자들이 어떤 다른 취급을 받을 만한 가치가 있는 것이 아니라고 선언합니다. 따라서 용서보다 더 완전하고 신뢰할 만합니다."

> "덕행은 다양할 수는 있지만 서로 반대적일 수는 없다. 마치 관용과 엄격함이 참으로 다양한 속성을 가지고 있으나 병존할

수 있듯이 말이다...잔인함은 관용의 부족이고 엄격함의 과잉
이다. 그러나 동정심은 엄격함의 부족이고 관용의 과잉이다."

＊「세네카의 관용론 주석」, 박건택 편역.

총신대 출판부. 281~290 참고

진정한 의미의 관용은 정의를 간과하는 심약한 동정심을 뜻하지
않는다. 사랑이란 이름으로 용서하되 정의의 차원을 그 바탕으로 한
다. 마치 정의의 실현이 사랑을 바탕으로 이루어져야 하듯이...

바나바가 마가의 편에 섬으로 바울과 뜻을 달리했다는 사실을 두
고 이를 마가에 대한 단순한 동정심 때문이라고 말하는 것은 지나친
해석이다. 바나바는 그리 유약한 사람은 아니었다. 비록 마가가 자
신의 조카이기는 했지만 그것이 큰 이유는 아니었을 것이다. 팔이 안
으로 기울 듯 그렇게 편을 들어서가 아니라 한번 넘어진 마가에게 한
번 더 기회를 주고 싶었을 것이다. 이러한 점을 들어 키프로스 태생
으로 원래 요셉이라는 이름을 가진 바나바를 사도들이 '위로 또는 권
면의 아들' 행 4:36 이라고 불러준 것이 아닐까 생각한다. 고린도 전서
14장 3절에서 사도 바울은 예언자의 덕목으로 사람을 권면하고 위로
하는 일을 소개하고 있다. 실제로 바나바는 안디옥 교회의 목회자로
서 "많은 사람들로 하여금 굳건한 마음으로 주님을 의지하라고 권
면" 행 11:23 하는 목회를 하였다.

셋째로, 바나바를 착한 사람으로 말할 때의 그 '착함'은 그리스어

로 '아가토스' αγαθοσ 인데, 좋음 또는 선함을 뜻하며 곧 사람다움의 인격이 구비되어 있음을 뜻한다. 누가는 사도행전에서 이 단어를 3번 사용한다. 욥바에 사는 다비다 라는 여자 제자가 착한 일을 많이 한다고 해서 사용했고(9:36), 바울이 로마 사령관 앞에서 자신을 들어 "하나님 앞에서 바른 양심을 가지고 살아왔다"(23:1)고 말할 때 사용한 단어이기도 하다. 이 말은 누가복음에서 선한 사람, 좋은 땅, 선한 선생님 등에도 사용되었다. 특이한 점은 누가복음 18장에서 어떤 관리가 예수께 물으며 '선한 선생님'이라고 칭하였을 때 예수께서 "네가 어찌하여 나를 선하다 일컫느냐 하나님 한 분 외에는 선한 이가 없다."(18-19)라고 할 때도 같은 단어를 사용한다. 하나님에게만 사용할 수 있다고 할 만큼 큰 뜻을 지닌 이 말을 어떻게 바나바에게 부칠 수 있었을까?

착함의 바탕에 담긴 영성을 관용의 영성이라 부르고자 한다. 이 때의 관용은 먼저 영적인 어떤 것들에 대한 것이다. 영적 굳음이 모세 시대 이집트 파라오의 완악함이라면 영적 관용은 예수님이 품에 안은 어린 아이의 순수한 마음이다. "어린 아이들이 내게 오는 것을 용납하고 금하지 말라. 하나님의 나라가 이런 자의 것이니라. 내가 진실로 진실로 너희에게 이르노니 누구든지 하나님의 나라를 어린 아이와 같이 받아들이지 않는 자는 결단코 거기 들어가지 못하리라. 눅 18:16-17 영적 관용이란 하나님 앞에서 또 하나님의 말씀 앞에서 어린 아이의 속살처럼 부드럽고 유연한 마음을 갖는 일이다. 그리고 이러한 마음은 사람들을 향해서도 열려 있게 된다. 곧 열린 마음이다.

이 열린 마음들이 모여 열린 공동체를 이루고 이런 마음들이 모여 열린 사회를 이루어 간다. 관용은 품는 것이다. 잃어버린 양 한 마리를 품고, 집 나간 아들을 품고, 배신한 제자를 품는 것이다. 영성이 예수를 담고 예수를 닮아가는 것이라면 그리도 큰 예수를 담고 품어 함께 커짐 마음인데 담지 못할 그 무엇이 있을 건가.

우리는 아직 이런 말을 자주 들으며 살고 있다. "믿음은 좋은데 사람은 참 못됐다." "교회는 열심히 다니는데 사는 건 엉망이다." "기도는 많이 하는데 자기밖에 모른다." 그러나 앞으로는 이런 말을 듣는 때가 오면 좋겠다. "그 사람 참 착한 목사네, 착한 장로야, 착한 권사고, 착한 집사구 말고, 착한 교인이구만!" 그렇다, 착한 것이 영성이다.

바울,
내적 치열함의 영성

"내 속 사람으로는 하나님의 법을 즐거워하되 내 지체 속에서
한 다른 법이 내 마음의 법과 싸워 내 지체 속에 있는 죄의 법
으로 나를 사로잡는 것을 보는도다. 오호라 나는 곤고한 사람
이로다. 이 사망의 몸에서 누가 나를 건져내랴." 로마 7:22-25

위의 말씀은 그 어느 성경 구절보다 사도 바울의 내적 고민을 잘
보여주는 구절이다. 마음으로는 선을 원하지만 그 선이 삶으로 이어
지지 못하여 악을 행하는 자신을 두고는, 악행의 주체가 내가 아니
라 내 안에 있는 죄라고 단호하게 말하는 바울에게서 선과 악, 율법
과 은혜, 행함과 믿음 이 양자 사이의 치열한 갈등을 본다. 그는 철
저한 율법주의자였다. 당시 최고의 율법학자이며 랍비였던 가말리

엘 1세 Rabban Gamaliel 의 제자로서 그 누구보다도 율법을 배우고 또 그 율법을 실천하고자 했던 사람이었다. 그러나 율법을 알고 따르는 일로 구원의 자유함을 누리지 못했고 급기야 다메섹 도상에서의 인생 대반전 사건이 일어났다. 예수 살아있을 때에는 그분을 만난 적도 그의 가르침을 배운 적도 없었던 사람, 예수님과 그를 따르던 제자 공동체의 분위기와는 전혀 어울릴 것 같지 않은 사람, 나사렛 농부와 갈릴리 어부 출신들과는 구별되는 사울은 전형적인 도시인이었다.

사울이 태어난 다소Tarsus 는 소아시아 남부 길리기아 주의 수도로서, 로마의 정치와 헬라의 문명이 크게 영향을 끼쳤던 도시였다. 당시 소아시아의 아테네라고도 불릴 만큼 정치적으로 학문적으로 문화적으로 여러 면에서 앞서가는 도시였다. 이러한 높은 수준의 문명권에서 태어나서 자란 그는, 혈통으로는 유태인이지만 신분으로는 로마 시민권자였다. 율법학자이며 헬라 철학자인 그가 한낱 변방의 나사렛 출신으로 게다가 목수의 아들로 주위에 몇 사람을 데리고 다니며 '하나님의 나라'를 운운하는 떠돌이에 지나지 않던 촌사람을 어떻게 그리스도 메시아로 떠받드는 사람으로 돌변할 수 있었을까? 사울과 예수는 '다소'라는 도시와 '나사렛'이라는 시골 마을의 차이만큼이나 큰 차이와 거리가 있었다.

예수라는 한 존재를 만나 변화되기 이전의 인간 사울의 상태를 분석해 볼 수 있다. 그의 학문과 삶의 전부라고 할 수 있었던 '율법'은 그에게 구원이자 자유가 되지 못했다. 그가 율법을 부정하는 사람은 아니었다. 회심 이후에도 그는 율법과 계명이 하나님으로부터 왔다는 사실을 의심하지 않았다. 로마서 7장 12절에서도 나타나듯이 "율법은 거룩하고 계명도 거룩하고 의로우며 선하다"고 말한다. 다만 그 율법은 죄를 알게 하고 죄인임을 깨닫게 하는 역할로서의 한계를 지적하고자 했다. 그 한계를 넘어서는 새로운 법으로서의 성령의 법을 강조하는 것이다. 죄와 사망의 법과 대조되는 성령의 법, 이 법은 예수를 그리스도로 믿게 하고, 그분을 주인으로 삼고, 성령의 인도함으로 살아가도록 하는 자유의 법이며 해방의 법이다. 이렇게 사는 사람은 더 이상 육에 속한 자가 아니다. 영에 속한 자이며 곧 성령의 열매를 맺게 된다. 이것이 복된 소식이고 기쁜 소식이다. 바울의 글 가운데 특히 로마서와 갈라디아서로 기록되고 남겨진 신앙 고백과 변증은 훗날 기독교의 핵심 교리를 이루는 기반이 되었다.

이제 바울의 사람됨을 영성의 차원에서 접근해 보기로 하자. 바울의 논지는 방법론적으로 전형적인 변증법의 구도를 따른다. 즉 양자의 대립 구도를 설정하면서 주장을 펼쳐간다는 것이다. 이러한 방법적 논리를 배경으로 삼게 된 데는 몇 가지 근거가 있다. 첫째로 출생을 통해서도 알 수 있듯이 그는 헬라 철학의 논리적 방법론을 충분히 인지하고 있었다는 점이다. 이것은 진리를 인식하는 방법론으로서 양자 사이의 대립적 긴장을 의미한다. 헬라 철학은 오래 전부터 사물과 인간 그리고 삶에 대한 본질이 무엇인가를 물었고 이를 풀어가는 과정에서 이원론적 입장을 기본으로 하였다. 즉 보이는 것과 보이지 않는 것, 물질과 정신, 육체와 영혼, 현실과 이상, 유한과 무한이 그것이다. 이러한 철학적 기본 틀 위에 유대 율법이라는 종교적 신념 체계가 덧 붙여졌다고 말 할 수 있다. 거룩하고 정의로우신 야웨 하나님의 법적 요구와 이를 따르지 못했을 때 주어지는 가책. 이것은 외부로부터 오는 정죄함을 내적으로 받아들일 때 나타나는 죄책감일 것이다. 그가 율법의 틀 안에서 고민했던 이분법적 갈등의 문제는 정의와 불의, 거룩함과 더러움 등이었다.

이러한 다소 사람 사울에게 어느 순간 하늘의 빛이 비추이고 하늘의 음성이 들려왔다. 그는 가던 길을 계속해서 갈 수가 없었다. 그동안 함께 하던 사람들과 더 이상 뜻을 공유할 수도 없게 되었다. 눈이 멀었고 먹지 못했고 자신의 의지로는 아무것도 할 수 없는 식물인간처럼 되어버렸다. '아나니아'라는 영적 지도자의 안수를 통하여 눈에서 비늘 같은 것이 벗어지면서 비로소 다시 살아날 수 있었다. 사울이 죽고 바울로 사는 체험이었으니 곧 철저한 자기 부정을 통해 다시 태어남을 뜻한다. 그가 예수의 도道를 따르는 사람을 잡아들이기 위해 다메섹으로 갈 때만해도 예수와 그를 그리스도로 믿고 따르는 이들에 대한 인식은 결코 좋지 않았다. "사울아 사울아, 네가 어찌하여 나를 핍박하느냐!" 사도행 9:4 는 하늘로부터 들은 음성 그대로 그는 예수 믿는 이들을 박해하는 가해자였다. 이런 뜻밖의 사건은 어떻게 해서 일어난 것일까?

일반적으로 종교 체험을 경험한 이들에게 공통적으로 나타나는 현상은 실존적 위기-자기 포기-신적 체험-영적 고양-영혼의 밤-새로운 삶의 과정이라고 한다. 사도가 되기 전, 바울이라는 이름으로 불리기 전, 인간 사울이었을 때 그가 겪은 실존적 위기는 충분히 헤아려 볼 수 있다. 그가 율법을 붙들고 씨름을 벌였을 때의 모습이 그것이다. 예수의 제자들에게 있어서 십자가 사건이 객관적 상황에서의 좌절이고 절망이었다면 사울에게서의 십자가 사건은 처음부터 내면적인 것이고 주관적인 것이었다. 예수의 제자들이 그들의 스승을 따르면서 꿈꾼 세상은 보다 정치적이었고 사회적이었다라고 말할 수 있다. 일제 시기 우리 민족의 꿈이 독립이며 해방이었듯이 로마의 압제 속에서의 유대인들이라면 누구나 이러한 해방을 바라지 않았겠는가. 이러한 상황 속에서 예수의 십자가 죽음은 정치적 사회적 좌절과 절망이었다. 로마 시대의 십자가는 정치범들을 처형하는 수단이었고 예수의 처형도 그러한 범주 안에 드는 것이었다. 이러한 정치적 상징물인 십자가를 사도 바울은 영적 체험의 상징물로 바꾸었다. 사도 바울이 고린도 전서 1장과 2장에서 펼친 이른바 '십자가의 도道'를 설파한 사람은 일찍이 아무도 없었다. 이것은 사도 바울의 체험과 그 체험을 기반으로 하는 영성적 논지였다. 따라서 이렇게 말할 수 있을 것이다. 초기 예수와 제자 공동체가 일으키는 '하나님의 나라 운동'이 역사적이고 사회적 영역에서의 변화였다고 한다면 사울의 체험은 다분히 내면적이고 신비적 차원이었다고. 다시 말해서 제자들이 예수를 만나고 들은 것들이 일정한 시공간적 영역의 경험이었다면 사울의 예수 만남은 초 시공간적 영역의 체험이었다는 말이 될 것이다. 이 점이 사도 바울 영성의 특징이다.

신학적으로 기독론은 역사적 예수 Historical Jesus 와 선포된 그리스도 Kerygmatic Christ 사이의 문제로 본다. 전자가 역사적으로 2000년 전 이스라엘의 갈릴리 지방을 중심으로 하나님의 나라 운동을 펼친 예수 사건에 초점을 맞춘다면, 후자는 그 예수를 그리스도로 고백되고 체험되어져야 할 신앙의 대상으로 간주한다. 역사적 예수론은 제자들에 의해 기록된 사복음서가 바탕이 되며 선포된 그리스도론은 여러 서신들이 바탕이 된다. 이 서신 가운데 바울 서신이 차지하는 비중이 가장 크다. 과거의 '역사적 예수 연구'와 최근의 '예수 세미나'가 역사적 예수를 강조하는데 이들의 견지에서는 바울의 예수관이 문제 될 수밖에 없다. 또한 이들은 기독교 전통이 바울 신학에 의해 정립되어 온 점에 대해서도 의문을 가진다. 해방 신학과 민중 신학 역시 이러한 비판적 입장에서 정치적 메시아로서 해방자 예수를 강조하는 것은 당연하다 하겠다. 초기 예수 운동이 급진적 사회운동이었음에도 오히려 바울은 예수에 대한 신앙을 온건하고 보수적 구도 안에 안주하도록 만들어 놓았기 때문이다.

어찌되었던 바울 영성은 내면적인 것이었다. 이것은 율법에 대한 것 뿐 아니라 회심 이후 십자가와 부활에 대한 것도 마찬가지다. 율법에 대한 내면적 갈등을 십자가와 부활 신앙으로 극복하는 과정도 역시 내면적이었다. 십자가 사건이나 부활 사건을 정치화 하거나 사회화 한다는 것은 그에게 있어서 크게 중요하지 않았다. 그에게 있어 십자가는 철저하게 '내가 죽는 것이고 따라서 부활도 내가 사는 것'이다. 이를 외향적 사건으로 불러일으키는 일에는 큰 관심을 가질 수도 또 그럴 이유도 없었다. 이것이 바울의 영성을 내면적으로 파악하는 근거이다. 또한 바울의 회심 이전의 내적 치열함은 회심 이후에도 여전히 계속 된다. 그렇지 않다면 "나는 날마다 죽는다" 고전 15:31 는 말이 필요 없었을 것이다. 그가 살아온 삶의 과정으로 이렇게 정리해보자. 헬라 철학 안의 이원적 치열함, 철학 사상과 유대 율법 사이의 치열함, 율법 안에서의 윤리적 치열함, 성령의 새로운 법안에서의 영적 치열함으로 말이다. 회심 이후의 치열함은 이렇게 나타난다. "육신의 생각은 사망이요 영의 생각은 생명과 평안이니라... 너희 속에 하나님의 영이 거하시면 육신에 있지 아니하고 영에 있나니...너희가 육신대로 살면 반드시 죽을 것이로되 영으로써 몸의 행실을 죽이면 살리니..." 롬 8:5,9,13 그에게 있어 영성의 최종 단계인 성령의 열매도 이런 내적 치열함을 전제 한다. 이런 열매를 강조하기 위해서 그는 앞서 육체의 일을 나열하는데, 곧 음행과 더러운 것과 호색과 우상숭배와 주술과 원수 맺는 것과 분쟁과 시기와 분 냄과 당 짓는 것과 분열함과 이단과 투기와 술 취함과 방탕함이다. 9가지 성령의 열매를 강조하기 전에 15가지나 되는 육체의 일을 지적하는 것이다. 갈 5장 19-22

영성이 꼭 내면적인 것만은 아닐 것이다. 양자택일적 성격만도 아닐 것이다. 영성의 외적 발현이나 양자의 통합도 영성의 중요한 방향일 것이다. 그렇다고 해서 처음부터 이를 더불어 말 할 수는 없다. 내면 없는 외향이 없고, 이것 없는 저것이 없다면, 바울은 내외內外와 양자兩者 를 처음부터 뭉뚱거려 말할 의향이 없었다. 그는 어떤 정립된 이론을 펼치기에 앞서 자기 나름의 실존적 체험의 과정을 진솔하게 밟아갔을 뿐이었다. 한 인물의 영성이 그의 실존을 기반으로 해서 형성되어 가기 마련이라면 사도 바울은 처음부터 끝까지 여기에 충실한 사람이었다.

누가,
구심과 원심의 균형을 이루는 영성

　누가복음의 저자인 누가가 다른 세 복음서 기자와 다른 것은 그가 사도행전의 저자이기도 하다는 점이다. 누가복음과 사도행전은 둘 다 '데오빌로'라는 인물에게 자신의 글을 보내고 있다. 눅1:3, 행 1:1 일반적으로 사도행전은 누가복음의 속편으로 간주한다. 그러므로 이렇게 말할 수 있다. 누가복음은 누가가 기록한 '예수 영성록'이고 사도행전은 누가가 기록한 '예수 선교록'이라고. 따라서 누가를 이해할 때는 이 두 기록 문서를 함께 참고하는 것이 당연하다 하겠다. 이 말은 영성과 선교, 선교와 영성에 대한 상보적 관계를 뜻한다. 누가는 예수님의 제자가 아니었으며 유대인이 아닌 그리스인이었다.(누가라는 이름은 그리스어로 빛을 뜻하는 루카스이다) 사도 바울이 1차 선교 여행을 할 때, 그로부터 복음을 전해 듣고 그리스도인이 되었을 것으로 본다. 그는 바울의 2차 선교 영행 때 소아시아의 '드로아'에서부터 바울을 수행하기 시작했다. 또한 그는 예루살렘 교회의 박해를 비롯하여 베드로와 바울의 순교 그리고 유다 전쟁(주후 66-70년)과 그 결과로 나타난 예루살렘 도시의 파멸 사건도 알 수 있었다. '예수의 복음'이 유대인들로부터 거부되고 그리스-로마 사회로부터 보잘 것 없는 주변 종교로 터부시 되던 시대적 상황에서, 그는 어떻게 하면 이 복음이 유대인 뿐 아니라 그리스인과 로마인을 비롯하여 만민을 구원하는 '기쁜 소식'이 되도록 할 수 있을까에 전념하였다.

그 당시 예수의 가르침과 그의 삶 그리고 죽음과 부활의 사건, 그 의미와 중대성을 온 세계에 알린다는 것은 그야말로 목숨을 내걸어야 하는 일이이었다. 이른바 '복음서신'은 불온문서였으며 '전도행위'는 불법적 정치행동이었기 때문이었다. 주후 80년 경 누가는 먼저 예수 그리스도에 관해 탄생부터 비교적 자세하게 써내려가기 시작했다. 마가와 요한은 예수의 탄생 과정을 생략하고 마태는 요셉과 마리아부터 시작하고 있으나, 누가는 그에 앞서 사가랴-엘리사벳-가브리엘 그리고 세례요한을 등장인물로 차례로 설정하면서 이들을 예수 탄생의 드라마틱한 배경으로 삼는다. 누가는 의사로서 골4:14 지식과 교양 있는 인물이었다. 복음서 가운데 가장 뛰어난 그리스어를 사용하였으며 풍부한 어휘력으로 출중한 문학적 표현을 구사할 만한 지적 능력을 갖추고 있었다. 그의 이러한 학문적 수준은 유대교적 복음 이해를 범세계적 복음 이해의 수준으로 높일 수 있었다. 이 점에서 누가복음은 사도행전에 나오는 대로 예루살렘과 온 유대와 사마리아와 땅 끝으로 복음이 확장되는 그야말로 복음의 전 세계적 확산이라는 선교의 한 축을 분명하게 보여준다. 즉 선교에 있어서 그 누구도 겨루지 못할 위치를 선점하고 있다 하겠다.

이렇게 복음이 땅 끝까지 확장되도록 하는 그 힘은 어디서 나오는 것일까? 물론 사도행전 1장 8절의 말씀대로 '성령의 임하심과 그에 따른 권능'일 것이다. 그리고 오순절 기간의 성령 충만의 체험일 것이다. 이를 성령의 외적 능력 또는 외적 충만이라고 한다면 이에 앞서서 어떤 내적 깨달음이 있었다는 점을 간과해서는 안 될 것이다. 다시 말해서 어떤 능력이 밖으로 들어나기에 앞서는 어떤 내적 채움이다. '선교에 있어서의 원심적 확장' 이전에 내면적 알갱이로서의 그 무엇을 말하고자하는 것이다. 이는 원심력에 대한 구심력을 뜻하는데 곧 '영성에 있어서의 구심적 집중'이다.

이방인으로 예수님을 알게 되고 그분을 그리스도 주님으로 고백하게 되었고, 사도 바울과 함께 그분을 전하는 선교의 역할을 감당하게 되었지만, 사실 누가는 제자들이 알고 있듯이 그렇게는 예수님을 모르고 있지 않은가. 그의 태어나심, 그의 어린 시절, 그의 공생애 그리고 십자가와 부활 등에 있어서. 누가는 예수 그리스도에 대한 역사적 사실을 좀 더 정확하게 알고 이를 기록해야 할 필요성을 느끼게 되었을 것이다. 이것이 누가복음이라는 복음서를 남기게 된 연유이다. 누가복음은 이렇게 시작된다. "우리 중에 이루어진 사실에 대하여 처음부터 목격자와 말씀의 일꾼 된 자들이 전하여 준 그대로 내력을 저술하려고 붓을 든 사람들이 많은지라." 눅 1:1-2 누가의 관심은 '사실'과 목격자의 '증언'이었으며 이를 '근원부터 자세히 살피는 일' 눅 1:3 이었다. 어쩌면 이것은 선교의 열정이나 선교의 방법에 앞서는 선교의 내용이었다. 즉 무엇을 전할 것인가? 그 무엇이 과연 사실인가? 그 무엇을 말하는 사람들은 정말 믿을만한 목격자인가? 전하는 이들이 목숨을 걸어도 아깝지 않은 확실한 증거를 갖고 있어야 하지 않겠는가!

누가는 의료 선교사라고 말할 수 있다. 지금 우리의 시각으로 의료 활동을 겸비한 선교 활동을 했는가에 대해서는 확실하지 않지만, 적어도 의사로서의 자의식은 잊지 않고 살았을 것이다. 의사는 사람의 질병에 관심을 두는 사람으로서 병의 원인을 알고자 하는 사람이다. 어떤 상태에 대해 원인을 규명하는 일이 중요하다. 자연과학을 비롯한 모든 과학은 이러한 관심과 규명으로 시작되고 발전되었다. 이 같은 모든 과학의 기반으로서 철학이 있으며 서구의 철학은 헬레니즘을 그 뿌리로 삼는다. 그렇다면 헬라인으로 또 의사로서 누가의 경우는 더 말할 나위가 없지 않겠는가. 바로 이런 점에서 누가는 선교사였으며 단순한 선교 활동에 그치지 않고 내면의 세계에도 비중을 두며 살았던 것으로 보인다. 바로 이 점이 그가 갖춘 균형적 감각이다. 즉 안과 밖, 내향과 외향. 구심력과 원심력이다. 누가복음과 사도행전은 이 양자의 균형을 이루는 아주 좋은 예시例示 이다. 누가복음은 '구심적 집중'의 차원이며 사도행전은 '원심적 확장'의 차원이다. 전자가 영성의 특성을 일컫는 것이라면 후자는 선교의 특성을 뜻한다. 그런데 이 둘은 양립구도로 분리되어 있지 않다. 이 양자는 물리학에서 말하듯이 구심력과 원심력의 관계이다. 우주의 별들은 이 기본적 중력重力의 중도中度 때문에 코스모스를 유지한다. 이 둘 가운데 어느 하나가 약해져 균형을 잃으면 그 구도는 깨지고 만다. 이러한 물리의 법칙을 영성과 선교의 장에 적용한다면 '영성적 선교' 또는 '선교적 영성'으로 이름 붙일 수 있을 것이다. 곧 선교사 누가의 영성이다. 그의 이러한 이중적 균형의 영성은 누가복음을 이해하는 데 큰 도움을 준다.

누가복음은 저자인 누가 안에 각인된 예수상像 이다. 누가복음 1장은 제사장 사가랴에서 세례자 요한, 2장은 예수의 탄생, 3장은 세례자 요한의 선포, 4장은 예수의 광야 시험 그리고 5장에서 예수님이 제자를 부르시고, 회당에서 가르치시고, 더러운 귀신 들린 사람을 고치시고, 온갖 병자들을 치료하시는 본격적인 사역 활동이 나온다. 급기야 예수의 소문은 여러 곳으로 퍼져나가고 많은 사람들이 그 주위로 몰려들기 시작하였다. 그런데 선교 활동이 한참인 그 와중에 누가는 중요한 사실을 기록에 남긴다. 곧 "예수는 물러 가사 한적한 곳에서 기도하시니라." 눅 5:16 이 때의 '한적한 곳'은 그리스어로 '에레모스'ερημοσ 인데 '광야', '빈들', '외딴 곳'으로도 번역된다. 에레모스는 누가복음 4장의 예수께서 요단강에서 돌아와 40일 동안 마귀에게 시험 받은 곳으로 보이는 그 유대 광야이거나 그와 유사한 장소일 것이다. 그런데 이 에레모스라는 단어는 4장 42절에도 나온다. 많은 사람을 고치신 그 다음 날, 날이 밝으니 예수께서는 한적한 곳으로 가셨다는 기록이다. 많은 무리가 예수님이 어디 계신지 잘 몰라서 이리저리 찾다가 겨우 만나고는 자기들 곁을 떠나지 못하도록 붙잡았다는 것이다. 이러한 경우와 비슷한 일이 그대로 5장에도 나타난다. 4장과 5장에서 누가는 '선교적 나섬'과 '영성적 물러남'이 둘을 대조적으로 보여주고자 하는 것이다. 그리고 10장에서 칠십 인들이 귀신을 항복시키는 능력을 드러낼 때에는 그것으로 기뻐하지 말고 자신의 이름이 하늘에 기록된 것으로 기뻐하라고 한다. 또한 강도를 만난 사마리아 사람의 비유를 통해, 제사장이나 레위인의 행동과 비견되는 이웃에게 자비를 베푸는 일(행동)에 대한 가치를 강조한다. 또 마르다와 마리아의 예를 들어 바쁘게 활동하는 일과 종용히 말씀을 묵상하는 일에 대한 균형을 제시한다.

사람이란 어느 한쪽에 치우치게 마련이다. 외향적인 사람과 내향적인 사람, 활동적인 사람과 얌전한 사람, 말하기 좋아하는 사람과 듣기 좋아하는 사람, 공격적인 사람과 방어적인 사람, 강한 사람과 부드러운 사람, 좌파적 기질의 사람과 우파적 기질의 사람. 사람의 기질이 그렇듯이 사람의 신앙 특성이나 영성의 색깔이 그렇다. 성경의 구약 인물 가운데 이런 특성을 보여주는 경우도 얼마든지 있다. 아브라함과 이삭, 에서와 야곱, 다윗과 요나단, 아모스와 호세아가 서로 대조를 이룬다. 신약 성경의 인물로도 베드로와 요한, 바나바와 바울, 마르다와 마리아가 그렇다. 동양의 음양론이나 서양의 이원론도 이러한 현상에서 비롯되었다고 본다. 음과 양의 관계는 서로 조화를 이루는 구도로 태극사상을 발달시킨 동양철학에 비해 서양

철학은 정-반-합이라는 변증법을 발전시켰다.

　기독교는 역사적으로 서방교회와 동방교회라는 두 맥락으로 전개되었다. 서방교회의 전통이 철학을 기반으로 하는 이성적 이론 위에 세워졌다면, 동방교회는 이성 보다는 종교적 감성 위에서 영성을 키워나갔다. 서방의 신학이 생각하며 깨닫도록 한다면 동방의 영성은 느끼면서 깨닫도록 한다. 개신교가 16세기 가톨릭교회를 개혁하면서 형성되었기에 큰 흐름에 있어서는 서방교회와 그 맥을 같이 한다. 따라서 성공회나 루터교나 장로교나 감리교는 동방교회와 별 접촉점이 없었다. 물론 한국의 개신교도 예외는 아니었다. 21세기에 와서 한국 개신교에도 영성이란 말이 회자되면서 그 의미와 비중이 커지는 시점에서 우리 개신교의 영성은 신앙과 신학의 대립 구도를 통합하는 역할로 누가의 영성은 아주 좋은 지침이 될 수 있겠다.

　일찍이 아리스토텔레스(Aristoteles 주전 384-322)는 철학을 '아르케의 학문'이라고 정의했다. 아르케Arche 는 근원이나 시원始原 뜻하는 말인데, 누가는 이 철학의 핵심 개념인 아르케의 정신으로 복음서를 써나갔다. 누가복음 1장 2절의 '처음부터'라는 말과 1장 3절의 '근원부터'라고 번역된 말은 이 아르케와 통한다. 이렇게 누가는 헬레니즘의 영향 아래 있는 사회의 지식인으로서 합리적인 사고를 하는 사람이었다. 그러나 그는 합리주의의 한계를 뛰어넘는 신비적 사건이라 할 수 있는 '복음의 가르침'을 받아들였으며 이 예수의 복음을 전하는데 모든 것을 바쳤다. 그는 때로는 치열한 세계를 무대로 복음을 전하고 때로는 한적하고 외딴 곳에서 깊이 묵상하면서, 때로는 예수 그리스도를 알리고 때로는 그분을 깊이 묵상하면서 헬레니즘Hellenism과 유대주의Judaism, 합리와 신비, 선교와 영성 이 양자의 이중성과 양가적 가치를 조화롭게 이루어낸 인물이었다. 무엇보다 영성에 있어서 구심과 원심의 균형을 이룬 대표적 영성가였다고 말할 수 있겠다.

디모데,
맥脈 으로 이어지는 영성

한 사람의 믿음이나 영성을 생각할 때, 그 사람이 먼저 떠오르는 경우가 있고 본인 보다는 그에게 영향을 끼친 앞 선 어떤 사람이 떠오르는 경우가 있다. 전자가 아브라함이나 바울이라면 후자는 이삭이나 디모데이다. 아브라함 없이 이삭을 말할 수 없다면 바울 없이 디모데를 이야기 할 수 없다. 이것은 어떤 무엇을 처음 시작하는 일과 시작한 그 일을 잘 이어나가도록 하는 일의 관계이다. 시작이 반이라면 이를 지속 가능하도록 하는 일 또한 시작 못지않게 중요하다고 말이다. 개척과 도전의 가치도 중요하지만 이것이 단회성이나 당대용에 끝나지 않고 계속해서 이어지는 것 역시 중요하다. 이런 점에서 디모데는 전형적으로 후자에 해당되는 인물이다.

사도 바울은 사랑하는 제자 디모데에게 편지하면서 먼저 그의 가족을 언급한다. 곧 외할머니 로이스와 어머니 유니게에 대한 것이다. 외할머니와 어머니에 깃들여 있었던 신앙이 그대로 손주 디모데에게로 이어져왔다는 것인데 그것은 바로 '거짓 없는 믿음' 딤후 1:5 이었다. 이 가식적이지 않은 믿음은 '깨끗한 마음'과 '선한 양심'에서 비롯된 것이라고 하는 것이다. 여기에서 중요한 점은 믿음을 말함에 있어 마음 kardia 과 양심 suneidesis이 함께 강조된다는 사실이다. 그것은 디모데가 목회하는 에베소라는 도시가 그리스의 여러 전승과 철학의 온상으로서 잡다한 신화 (제우스, 아폴로, 비너스, 이틀라스 등 여러 신들의 이야기)에 영향을 받고 있기 때문이었다. 우리의 신앙이 예수 그리스도에 대한 단순한 믿음에서 시작 되어 성숙한 신앙으로 자라나기 위해서는 우리를 둘러싸고 있는 시대정신이나 풍미하는 사상, 이념이나 가치관과 만날 수밖에 없다. 그 가운데 어떤 것들은 신앙을 키우고 넓히는데 도움을 주기도 하지만 그 반대의 경우도 많다. 때로 대화하고 때로 맞서며 지켜나가는 것이 신앙의 성숙 과정이다. 그런데 이러한 과정을 잘 밟기 위해서는 자기 자신의 역량으로는 한계가 있다. 이때 필요한 것이 다름 아닌 축적되는 신앙의 전승이다.

또한 바울 사도는 디모데를 '자기 아들' 고전 4:17 이라고 힘주어 말한다. 우리가 디모데의 신앙과 영성을 말하면서 자연스레 그의 신앙 가문과 영적 아버지 바울을 떠올리는 까닭이 여기에 있다. 구약 성경에 비해서 신약 성경은 할아버지나 할머니 그리고 그의 자녀와 그 다음으로 이어지는 후손, 이렇게 신앙의 가문을 강조하는 경우는 별로 없다. 신약에서 강조되는 복음은 구약과는 달리 혈연 보다는 예수 그리스도의 직접적 선택이나 성령의 초월적 개입으로 이루어졌기 때문이다. 그럼에도 예수 그리스도의 혈통이 마태복음과 누가복음에는 기록되어 있다. 예수의 제자로 부름을 받은 야고보와 요한의 경우에 그들이 세베대의 아들 형제임을 밝히고 있다.

젊은 시절 강원도 태백 골짜기에 있는 예수원을 찾은 일은 참으로 귀중한 경험이었다. 예수원이 자리한 위치나 건물도 아름다웠지만 더욱 귀한 일은 그곳을 설립한 대천덕 R.A Torrey 이란 인물이었다. 그런데 그에게는 그를 그답게 해주는 후광이 있었는데 그것은 바로 그의 아버지와 할아버지였다. 그는 1918년 중국 산둥성 지난濟南에서 미국인 장로교 선교사의 아들로 태어났다. 그의 조부 토레이 1세는 '성령론'의 권위자로서 유명한 무디 목사 D.L.Moody 와 함께 시카고를 중심으로 하여 미국 전역을 대상으로 복음 사역을 하였으며, 1903년 원산 사경회 강사로 후에 1907년 평양 부흥으로 확산된 원산대 부흥 운동을 일으킨 장본인이었다. 1964년에 시작된 예수원은 현재 대영복 토레이 4세가 맡아 이끌어가고 있으니 이른바 사대를 이어가고 있는 토레이 가문이다.

마태복음 1장은 예수의 탄생을 말하기 위해서 그보다 앞서 있었던 신앙의 조상들을 나열하면서 이를 '낳고, 낳고, 낳고'라는 말이 반복된다. "아브라함은 이삭을 낳고 이삭은 야곱을 낳고 야곱은 유다와 그의 형제를 낳고…" 사실대로 말하면 아브라함의 아내 사라가 이삭을 낳았다. 그럼에도 그렇게 말하는 것은 아브라함의 믿음이 이삭에게로 이어져 내려왔다는 말이다. 그리고 야곱에게는 할아버지와 아버지의 신앙이 전승되어 축적되었다는 말이다. 우리가 하나님의 아들로 고백하는 '예수'도 수천 년을 거쳐 오면서 이어진 영적 맥의 소산이다. 아브라함에서 다윗까지 14대, 다윗부터 바벨론 포로 때까지 14대, 그 뒤로 그리스도까지 14대로 모두 42대로 이어져 내려 온 것이다. 누가복음은 아브라함 그 이전 아담에까지 거슬러 올라간다.(1:38)그렇다 믿음은 당대로 반짝하고 끝나는 것이 아니라 이렇게 대대로 이어지는 것이다. 그런 점에서 한 사람의 얼굴 그 뒤에 드리워지는 빛, 후광이 있다면 그것은 여러 대를 거치며 자연스레 깃들여지는 것이다.

땅 밑에 광맥鑛脈이나 수맥水脈 이 있고 땅 위에 산맥山脈 이 있듯이 그리고 사람의 몸에도 그러한 혈맥動脈, 靜脈이 있다. 맥은 사물이든 생명이든 이를 하나의 통일성으로 일관 되도록 연결시키는 그 무엇이다. 이러한 일관적 연결성이 영적 세계에도 당연히 존재한다고 본다. 아브라함의 하나님, 이삭의 하나님, 야곱의 하나님, 요셉의 하나님 그리고 미디안 광야에서의 모세에게 나타나신 하나님은 동일한 야훼 하나님이셨다. 그리고 그분을 예수는 아빠 아버지라고 불렀으며 자기를 따르는 제자들에게도 그렇게 부르도록 하였다. 물론 예수께서 가르쳐주신 주기도문을 따라하는 오늘 우리도 아빠라고 부른다.

다시 디모데로 넘어가보자. 디모데 전후서는 디도서와 함께 목회서신으로 불린다. 일반 바울서신과는 달리 자신의 제자이며 영적 아들이라 할 수 있는 디모데와 디도에게 목회적 차원에서 어떤 지침을 제시하는 책이다. 여기에서 목회적 차원이라 함은 사도행전의 '성령론'이나 로마서의 '구원론'이나 '칭의론' 에베소서의 '교회론'과 구별되는 '목회론'이다. 목회는 목양牧羊이며 사목司牧을 뜻한다. 즉 예수를 믿어 그리스도인이 된 사람들을 지속적으로 양육하는 사역이다. 마치 가정에서 자녀를 낳아 기르며 키우는 교육의 전 과정과 비슷하다고 하겠다. 하나의 교회가 세워지고 믿음의 식구가 생겨나고 이 식구들이 결혼하여 자녀를 낳고 길러지고 키워져 또 결혼하여 자녀를 낳고 양육되는 일이 지속적으로 이어지면서 한 교회 안에 3–4대가 이어진다. 교인 뿐 아니라 목회자도 대를 이어가며 3–4대 뿐 아니라 10–20대로 이어가기도 한다. 이렇게 대를 이어 영적 맥이 지속되는 경우 그때의 신앙은 그 한 사람의 것이 아니라 그 집안 대대로의 것이라는 말이다. 이른바 맥으로 이어지는 영성이다.

동양이든 서양이든, 기독교 문화이건 유교적 전통이건 한 집안의 가풍은 높이 평가되어왔다. 우리의 전통으로는 가문을 묻는 일이 일상이었으며 아직도 '일가一家'를 이룬다는 말이 남아 있다. 서양에는 한 사람의 이름 뒤에 그 집안의 명성이 성性으로 뒤따른다. 프랑스 사람의 경우 '드' De 가 붙는 경우나 독일의 경우 '폰'Von 이 붙는 경우가 그렇다. 이차대전 이후 프랑스를 강력하게 이끌었던 샤를 드골 Charles De Gaulle 대통령은 보통 '드골'이라는 이름으로 더 알려져 있는

데 이 말은 '골 집안 출신'이라는 뜻이다. 독일의 유명한 구약 신학자 게르하르트 폰 라트 Gerhard von Rad 는 보통 '폰 라트'라고 불리는데 이 말 역시 '라트 집안 출신'이라는 뜻이 된다. 한 개인의 이름 보다 어떤 집안사람이라고 불리는 것을 더 좋아한 것이다. 대학 시절 한 선교회에 소속 되어 외국인을 안내한 적이 있었는데, 내가 안내한 영국 목사님은 10대를 줄곧 목회자로 내려 온 집안이었다. 요즘 '세습'이라는 말이 부정적으로 인식되어서 그 대신에 계승이라는 말로 바꾸자고 하는 사람들도 있지만, 세습이나 계승이나 그 낱말 자체는 나쁜 것만은 아닐 것이다. 문제는 어느 한 집안에서 '권력과 부'를 끌어안고 축적시키며 대대로 욕심을 부리려는 추한 모습 때문이 아니겠는가.

로마도 하루아침에 이루어지는 것이 아니듯이 명문 집안도 그러하다. 흔히 '개천에서 용 났다'는 말이 있기는 하다. 가난하고 보잘 것 없는 집안에서 자수성가하여 크게 성공한 경우를 말하는 것이겠으나, 이런 사람이 큰 그릇으로서의 명성답게 사회적 역사적 역할을 잘 감당한 위대한 인물인지는 알 수 없다. 심리학적으로 말한다면 한 사람의 인격 형성 과정에서 중요한 점은 그가 어린 시절 어떤 결핍을 느끼면서 살았는지 하는 것이다. 어린 시절 채우지 못한 그 결핍을 어른이 되어서도 끊임없이 채우려 한다는 것이다. 권력이나 재물이나 성에 대해 지나친 집착을 보이는 사람이라면 그의 인지도와 명성이 어떠하든지 존경의 대상이 될 수는 없는 것이다. 용은 날만한 못에서 나오는 법이니 개천에서 나온 용은 아무리 크다 하더라도 개천 물 냄새가 따라다니게 마련이다.

내가 태어난 집안이 별 볼일 없다고 생각된다면 나 스스로 용이 되려는 욕심을 부리지 말고 용이 나올만한 못을 키워라 깊이와 넓이로서 말이다. 가문이라는 것이 있다. 집안의 내력이 있다. 가족의 병력이 있듯이 가문도 여러 종류의 가문이 있다. 학문이나 예술성향, 무인기질이나 돈 버는 일 아니면 시대에 타협하지 않고 나라를 사랑하는 의사 또는 열사를 낳는 올곧은 기질의 집안이 있다. 그와 마찬가지로 신앙심을 오랜 세월 잘 지켜나감으로서 이에 따른 신앙적 경륜이 이룩한 신앙의 가문, 성인의 가문이 있다.

'하나님을 공경하는 자' '하나님을 영화롭게 하는 자'라는 뜻의 이름을 지닌 디모데는 바울의 1차 선교 여행 때 복음을 받아들였고 2차 선교 여행 때는 바울과 함께 하였으며, 바울이 3차 선교 여행을 마치고 예루살렘으로 귀국할 때도 그와 동행하였다. 교회 전승으로는 바울의 순교 이후 에베소 감독 신분으로 64세의 나이로 순교한 것으로 전해진다. 그는 자주 나는 병 때문에 포도주를 쓰도록 권유 받았을 정도로 병약한 사람이었으나 바울에게 있어서는 신망 두터운 제자이며 가장 가까운 동역자로서, 누구라도 그를 바울의 영적 후계자로 인정하지 않는 사람은 없을 것이다. 자신이 고백한 그대로 바울은 '조상 때부터 깨끗한 양심으로 하나님을 섬기는' 딤전 1:3 집안이었으며, 디모데는 그의 외가로부터 '진실한 믿음' 딤전1:5을 이어 받았다. 그렇다, 영성은 이렇게 일종의 영맥靈脈으로 대를 이어가는 것이다.

도마,
깨침과 깨달음의 영성

1945년 '무함마드 알리' 라는 이집트 농부가 나일 강 상류 나그 함마디 Nag Hammadi 라는 산기슭의 밭에서 토기 항아리를 발견하였다. 그 안에는 13뭉치의 파피루스가 있었는데 콥트어(이집트 고어)로 쓰여진 52종의 문서였다. 이른바 '도마복음' '빌립복음' '요한 비밀서' 등으로 그 가운데 가장 큰 관심을 끈 것이 '도마복음'이었다. 이것은 1898년 이집트 옥시링쿠스에서 발견된 그리스어 조각 필사본과 일치하였다. 이 복음서가 언제부터 어떻게 발견 당시까지 남겨져 있었는가를 정확하게 파악하기는 어렵다. 그러나 이런 추정은 가능하다. 우리에게 알려진 대로 최초의 수도원이라 할 수 있는 안토니우스 Antonius (251-356)가 305년에 세운 독거 수도원이나, 파코미우스 Pachomius (292-348)가 312년에 세운 수도원은 모두 이집트에 있었다는 사실이다. 그렇다면 그곳에서 수도생활을 하던 수사들에 의해 보전되었을 것이란 가정을 해 볼 만 하다. 도마 복음서는 예수의 일생에 대한 전기적 내용을 담고 있는 사복음서의 형식과는 달리 예수의 어록들로 이루어져 있다.

도마에 대한 이야기는 다른 세복음서에는 없고 요한복음에만 나오는데, 예수 부활을 목격한 제자들과 달리 부활에 대한 확신을 가지지 못한 사람으로 묘사된다. 왠지 그는 다른 제자들과 함께 있지 않고 혼자 떨어져 있었다. 눈으로 못 자국을 보고 손으로 옆구리에 넣어보지 않고는 믿을 수 없다고도 말했다. 얼마 후 직접 손으로 만져보고 넣어보라는 주님의 말씀에 "나의 주님, 나의 하나님!"이라고 고백한다. "의심하지 말고 믿음을 가져라, 너는 나를 보고 믿느냐 보지 않고 믿는 사람은 행복하다."는 스승의 말씀도 들어야 했다.
요 20:24~29

도마복음 서문은 "이것은 살아계신 예수께서 말씀하시고 디두모 유다 도마가 받아 적은 비밀의 말씀이라."고 되어있다. 여기에서 디두모 Didymos 는 그리스어이며 도마 Thomas 는 아람어인데 둘 다 '쌍둥이'를 뜻한다. 실제 이름은 '유다'인데 여기에 쌍둥이라는 보통명사를 붙여서 불렀으리라. 즉 가롯 유다와 구별되는 쌍둥이 유다라는 말이다. 도마복음을 실제로 도마가 썼느냐는 사실 여부를 떠나, 신약 성경의 사복음서와는 완연하게 구별되는 도마복음의 기록이 왜 '도마'라는 인물 이름으로 정리되고 보존되었느냐가 더 중요할 것이다. 도마의 어떤 점이 이런 글을 남기도록 했느냐는 것이다. 바로 이 점이 도마복음 안에 나타나는 도마의 영성을 이야기하는 준거가 되도록 한다.

도마복음의 관심은 시종일관 '예수께서 하신 말씀'이다. 3년 동안 스승을 따라다니며 그분으로부터 들은 여러 말씀이 있었을 텐데 굳이 114절로 정리했다면 거기에도 그럴만한 이유가 있었을 것이다. 이 점에 착안하여 '도마의 영성'을 추정해보고자 한다. 각각의 복음서는 이를 기록한 복음서 기자가 바라본 예수의 상像 이 그려져 있다고 한다면, 마태복음에는 마태의 영성이, 마가복음에는 마가의 영성이, 누가복음에는 누가의 영성이 그리고 요한복음에는 요한의 영성이 담겨져 있다고 할 때, 도마복음에서는 도마의 영성을 찾을 수 있다고 본다. 과거에는 세 복음서를 공관복음으로 묶고 요한복음을 따로 이해했으나 현대 신약 신학자들은 각 복음서를 저자 각각의 관점에서 이해하고자 한다. 복음서의 네 기자의 관점이 각각의 복음서를 해석하는 틀이 될 수 있는 것이다. 요한복음에 나타난 도마 그리고 도마복음에 담겨진 도마를 통해 그의 영성을 다음 세 가지로 살펴보고자 한다.

첫째, 요한이 기록한대로 "예수께서 오셨을 때, 그들과 같이 있지 않았다." 요한 20:24 그가 다른 제자들과 함께 있지 않고 따로 있었다는 것이다. 요한이 특히 이 점을 부각하고 있는데 이는 도마의 어떤 성향을 암시하고 있다. 한편으로 이것이 예수의 부활을 믿지 못하게 된 원인이 되기도 하지만, 다른 한편으로는 도마로 하여금 예수와의 또 다른 대화를 낳도록 하는 계기가 된다. 제자 도마와 스승 예수 사이의 대화 내용은 매우 특별하다. 이를 화폭에 담은 여러 화가들은 '의심하는 도마' 또는 '의심 많은 도마'로 이미지화 하였으나 실제로 도마가 스승을 향하여 드린 "당신은 나의 주, 나의 하나님입니다." 요 24:28 는 고백은 가이사랴 빌립보 지방에서 베드로가 드린 "당신은 메시아이시며 살아계신 하나님의 아들이십니다." 마16:16 라는 고백에 못지않은 것이다. 아니 그보다 더욱 진한 고백이다. 베드로의 고백이 객관적이며 일반적인 것이었다면 도마의 고백은 보다 주관적이고 구체적이다. "나의 주님, 나의 하나님!" 이런 고백을 과연 도마 이전에 누가 할 수 있었는가? 랍비이신 예수 앞에 이런 고백을 드리는 제자를 그려본다고 할 때, 우리는 거기에서 또 다른 도마의 모습을 상상할 수 있을 것이다.

둘째로, 도마복음의 기록은 이렇게 시작된다. "이것은 살아 계신 예수께서 말씀하시고 디두모 유다 도마가 받아 적은 비밀의 말씀이라." 여기에서 주목할 점은 예수의 말씀이 '비밀'의 말씀이라는 것이다. 진리 특히 종교적 진리는 감추어져 있는 것으로 라틴어 '미스테리움mysterium 즉 비밀, 신비, 비의와 동의어로 사용된다. 기독교의 하나님을 창조주 또는 구원주로 구체화하기도 하지만 역시 하나님에 대한 가장 적합한 표현은 '하나님은 신비이시다.'라는 말일 것이다. 사도 바울이 특히 에베소서에서 말한 대로 '그리스도의 비밀(신비)' 엡 3:4, 하나님 속에 감취었던 비밀(신비) 엡 3:9, 복음의 비밀

(신비) 엡 6:19 도 그런 말인데, 그리스어로 모두 신비를 뜻하는 미스테리오 μυστήριο 에서 나왔다. 예수께서 하신 말씀의 주제는 '하나님의 나라' 또는 '하늘나라'에 대한 것이었고 이를 비유로서 말씀하셨다. 그 까닭을 묻는 제자들에게 "너희에게는 하나님 나라의 비밀을 아는 것을 허락해 주셨다. 그러나 다른 사람들에게는 비유로 말하였으니 그것은 그들이 보아도 보지 못하고 들어도 깨닫지 못하게 하려는 것" 눅 8:10 이기 때문이라고 하셨다. 곧 '하나님의 나라'라는 말은 그 자체가 비밀이며 비의이며 신비라는 뜻이다. 이 하나님의 나라의 주인공인 메시아 또한 비밀일 수밖에 없는 것이다. 곧 신학적으로 중요한 개념인 '메시아 비밀'도 그런 뜻이다.

셋째로, 이 신비스런 하나님 나라의 진리를 깨우치도록 하는 방법은 일종의 화두話頭와도 같은 것이었다. '공안'公案 이라고도 하는 이 방법은 진리를 알도록 하기 위한 방법으로서 수행자로 하여금 "이것이 무슨 말인가?"하는 의문을 갖도록 하여 언어를 넘어서는 그 세계를 스스로 깨닫도록 유도하는 방법이다. '줄탁동기' 즉 병아리가 알을 깨치고 나오기 위해서는 안과 밖에서 동시적으로 두드려야 한다는 말이다. 도마복음서에는 이런 형태의 구절들로 가득 차 있다.

- 너 자신을 알라 그러면 남도 너희를 알 것이다. (3절)
- 먼저 된 자들 중 많은 이들이 나중 될 것이고 모두가 결국은 하나 될 것이다. (4절)
- 너희 바로 앞에 있는 것을 깨달으라. 그리하면 감추어졌던 것이

드러나리라. (5절)

- 나는 너희를 택하리니 천 명 중에서 한 명, 만 명 중에서 두 명이라, 저들이 모두 홀로 서리라. (23절)
- 신들이 셋 있는 곳에 그들은 신이거니와 둘이나 하나 있는 곳, 거기에 내가 있느니라.(30절)
- 너희 안에 있는 아버지의 증거가 무엇이냐? 하거든 저들에게 이르라. 그것은 움직임과 쉼이니라. (50절)
- 세상을 알게 된 자는 시체를 찾았느니라. 시체를 찾은 자는 세상이 그에게 합당하지 아니하니라. (56절)
- 나는 내 비밀에 합당한 자에게 내 비밀을 밝히노라. 네 오른 손이 하는 바를 네 왼손이 알지 못하게 하라. (62절)
- 둘을 하나로 만들면 너희는 인자가 되리라. (106절)

예수의 가르침은 대부분 '깨침'을 위한 것이며 이 깨침을 위하여 우리는 집단이 아니라 먼저 '홀로' 즉 monachos 가 될 필요가 있다. 수도사를 뜻하는 monk 나 수도원 monastery 는 여기에서 나왔다. 도마는 왜 제자들과 함께 있지 않고 떨어져 있었을까? 예수 부활의 처음 공동체를 이루는데 뒤처지게 되었을까? 그리하여 의심하는 제자라는 누명을 오랜 세월 쓰고 다녀야 했을까? 그러나 관점을 달리 해보자. 도마는 홀로 서기를 원하는 사람이었다. 그것이 다름 아닌 스승의 가르침이었기 때문이었다. 하나님 나라의 비밀을 깨닫기 위해서는 홀로 서야 하기에, 홀로 서지 않고는 결코 진리와 함께 할 수 없기에 말이다. 제자들 가운데 끝까지 예수의 부활을 의심하는 도마는 달리 말하면 부활을 화두 삼아 지속적인 의문을 제기하던 사람이었다. 도대체 부활이 무엇인가? 죽은 자가 다시 산다는 말이 무슨 뜻인가? 부활에 참여한다는 말의 참뜻은? 도마는 이 질문을 끝까지 물고 늘어지며 부활에 대한 남 다른 깨달음을 터득한 인물이었다. 그러지 않고서야 어찌 이런 남 다른 복음서를 기록으로 남길 수가 있었겠는가!

도마에게는 도마적 예수의 냄새가 난다. 마태에게는 마태적 예수의 냄새가 나고 요한에게는 요한적 예수의 냄새가 난다. 바울에게는 바울적 예수의 냄새가 난다. 예수를 먹고 그 예수를 마시고 나니 예수의 살과 예수의 피가 흐르는데 그 살과 피는 예수의 살과 예수의 피 이면서 동시에 예수의 살과 예수의 피와는 다른 도마의 살과 도마의 피가 흐른다. 이것은 도마가 예수를 만나기 전의 그 살과 피가 아니며 또한 예수와 똑 같은 것도 아니다. 이것이 도마가 예수를 만나 변화되었다는 증거이다. 제 3의 살과 제 3의 피, 바로 이것이다. 이것이 도마의 영성이다. 내가 너를 만나 제 삼의 인물로 변화 되어 나타난 그 무엇이 생겨난다면 이것이야말로 영성의 확실한 증거물이다.

진리는 감추어져 있다. 알 만한 사람들에게 조심스레 드러날 뿐이다. 내 밖 누군가로부터의 '깨침'이 필요하고 내 안에서의 '깨우침'이 일어나고 수직 차원에서의 '깨달음'으로 승화 되어야 한다. 이 진리는 누구에게나 열려 있지만 아무에게나 일어나지는 않는다. 부활의 진리도 마찬가지이다. 부활의 영을 받아 죽고 다시 산 그 살과 그 피를 먹고 마심으로 새롭게 부활체가 된 사람이다. 예수의 부활의 영은 도마를 통해 이렇게 도마복음으로 다시 살아났다.

> "이런 일들이 있은 뒤에, 예수께서 디베랴 호수에서 제자들에게 다시 자신을 나타내시었다. 그의 나타내심은 이와 같았다. 시몬 베드로와 디두모라고 하는 도마와 갈릴리 가나 출신 나다나엘과 세배대의 아들들과 예수의 제자 중의 다른 두 사람이 같이 있었다." 요 21:1-2

34

막달라 마리아,
영성 그 너머의 영성

아, 막달라 마리아!

기독교 영성이 궁극적으로 예수 그리스도를 통한 하나님과의 일치를 뜻하는 것이라면 이러한 일치를 가장 먼저 가장 진하게 경험한 사람이 누구일까? 시기적으로 말하면 마리아, 요셉, 엘리사벳, 세례요한, 베드로를 비롯한 제자들, 그 중에서도 요한 등일 것이다. 그러나 갈릴리호의 서안의 막달라 Magdalene 지방 출신의 마리아가 예수님과 가진 친밀감에 비하면 이보다는 덜할 것이다. 막달라 지방은 갈릴리 호수 연안 도시인 디베랴의 북쪽 5km 지점에 위치한 성읍이다. 그녀는 '일곱 악귀'에 걸려 사람대우를 받지 못하는 여인이었으나 고침을 받고 예수의 사랑스런 여 제자가 되었다.

누가복음은 예수께서 성과 마을을 두루 다니시면서 하나님 나라를 선포하며 복음을 전한 사실을 기록하면서 거기에 열 두 제자와 함께 몇 몇 여자도 동행하였음을 밝히고 있다 8:1-3. 요안나와 수산나와 그 밖에 여러 여자들이 재산으로 예수의 일행을 섬겼다고 하는데 그 여자들 가운데 막달라라고 하는 마리아를 가장 먼저 꼽는다. 물론 그녀가 악령과 질병에서 고침을 받았다는 사실과 함께. 마가복음은 예수께서 숨을 거두신 뒤에 그의 시신이 어디에 안장되는지를 끝까지 지켜본 사람으로 요세의 어머니 마리아와 함께 막달라 마리아를 언급한다 눅 24:10. 요한복음은 부활의 첫날 이른 새벽에 처음으로 예수의 시신이 있던 무덤을 찾았으며 무덤을 막은 돌이 이미 옮겨져 있었음을 처음으로 확인하고 시몬 베드로와 요한에게 뛰어가서 이를 전한 여인이 바로 막달라 마리아임을 밝히고 있다(20:1-5). 무덤 밖에서 울고 있는 마리아와 흰 옷을 입은 두 천사와의 대화 그리고 부활하신 예수님과의 대화를 요한복음은 비교적 자세하게 기록으로 남긴다 20:11-18.

예수를 만나 육체적 정신적 고침을 받고 영적으로 변화되어 그분을 스승으로 모시고 평생을 그와 동행한 인물, 예수의 죽음과 부활을 그 어느 누구보다도 가까이 지킨 인물, 으뜸 제자로 여겨지는 베드로는 주님을 배반하고, 가장 특출 났다는 유다는 스승을 팔고, 똑똑하다는 도마는 스승의 가르침으로 전부터 예시되어 온 부활을 의심하고, 동거동숙하며 3년 동안 키움 받은 제자들도 다들 달아났지 않은가. 누가 있어, 제자중의 제자이며 참 제자일 수 있는가?

아, 막달라 마리아!

누구라도 그 앞에서 머리가 숙여질 것이다. 시와 소설과 희곡, 연극과 영화에서 막달라 마리아를 주인공으로 다루었던 이유가 무엇일까? 이런 말이 있다. 명배우로 이름 남기기를 바라는 여배우는 창녀와 성녀의 역할을 잘 해냄으로 가능하다는 것이다. 이 두 역할 안에서 남자가 해낼 수 없는 여성적 연기의 광대한 스펙트럼이 포괄적으로 담겨 있다. 전해지는 이야기로 음행하다가 현장에서 잡혀 온여인 요 8:3-11 과 예수의 발에 옥합을 깨뜨려 나드 향유를 부은 죄 많은 여인으로 손가락질 받는 여인 마 26:6-16, 눅 7:36-50 을 막달라 마리아로 일치 시킨다. 찬송가는 211장은 "값 비싼 향유를 주께 드린 막달라 마리아"라고 못을 박고 있다. 군중에 둘러싸여 돌무덤이될 뻔 했던 그 가련한 여인이 막달라 지방 출신의 그 마리아인가는사실일 수도 있고 아닐 수도 있다. 그러나 개연성으로는 얼마든지 가능한 일이다. (*요한복음은 이와는 다르게 이 여인이 마르다의 언니마리아라고 말하기도 했지만) 사실 여부에 있어서 신학적 문제가 되기는 하더라도 복음서의 본문이 적어도 막달라 마리아의 어떤 이미지를 창출하고 있다는 점에서는 일치한다. 즉 그녀는 죄의 밑바닥에서 거룩함의 천상에 이를 수 있었던 극단의 표상이라는 점이다. 기독교 복음이 무엇인가. "죄인인 우리가 예수 그리스도를 만나 그분을 주님으로 영접함으로 변하여 새 사람이 되는 것"이라면 이 보다더 확실한 복음의 증거가 또 어디 있겠는가. 그래서 예수는 제자들로부터도 야유의 대상이 되었던 이 여인의 사건이야말로 복음이 전

파되는 곳마다 더불어 전해져서 사람들에게 오래도록 기억될 것이라고 말씀하셨다. 마 26:13

영성의 性은 바탕의 성이며 거룩함의 聖이며 여성의 性이며 하늘의 별처럼 빛나는 星이다. 영성을 남성과 대비되는 여성적인 그 무엇으로 이해한다는 것은 억지가 아닌 아주 자연스러운 일이다. 한마디로 영성은 여성적인 것 곧 여성성이다. 영성은 생명을 품고 보듬고 키우는 모성성이다. 영성은 강한 것이 아니라 부드러움이며, 직선이 아니라 곡선이며, 차가움이 아니라 따뜻함이며 돌출이 아니라 숨겨짐이며, 공격이 아니라 방어이며, 파괴가 아니라 일으킴이다. 신학적으로 말해서, 남성으로 해석되는 하나님의 이미지에 대한 여성화가 다름 아닌 성령의 이미지이다. 그러한 성령의 여성성을 인간화하고 인격화하며 또 인성화 하려는 데서 영성 신학은 그 근거를 둔다고 해도 틀리지 않을 것이다.

영성신학은 전통적으로 '신비'神秘 thelogia mystica 와 '수덕'修德 theologia ascetica이란 말로 일컬어져 왔다. 신비란 하나님과의 관계에서 일어나는 일치를 말하며 수덕은 내 자신과의 일치를 뜻한다. 일치가 무엇인가는 요한복음 17장에서 십자가를 눈앞에 두고 아버지 하나님께 드리는 아들의 기도문에 잘 나타나 있다. 예수께서 제자들에게 가르쳐주신 첫째기도가 '주기도문'이라면 이는 그가 제자들 앞에서 본을 보이신 마지막 기도라고 할 수 있다.

"아버지여, 아버지께서 내 안에 내가 아버지 안에 있는 것 같이 그들도 다 하나가 되어 우리 안에 있게 하사 세상으로 아버지께서 나를 보내신 것을 믿게 하옵소서. 내게 주신 영광을 내가 그들에게 주었사오니 이는 우리가 하나가 된 것 같이 그들도 하나가 되게 하려 함이니이다. 곧 내가 그들 안에 있고 아버지께서 내 안에 계시어 그들로 온전함을 이루어 하나가 되게 하려함은 아버지께서 나를 보내신 것과 또 나를 사랑하신 것을 세상으로 알게 하려 함이로소이다." 요 18:20-23

예수께서 하나님과 하나된 것처럼 제자들은 예수와 하나 되고 또 그들끼리도 서로 하나가 되기를 원하는 기도이다. 즉 일치의 신비를 뜻하는 기도이다. 신비는 일치를 의미한다. 곧 둘이 하나 됨이다. 서로 다른 두 존재가 만나 하나를 이루는 일치가 곧 신비이다. 이 일치를 위해 수덕의 수련 과정이 필요하다. 수덕은 사도 바울의 고백대로 '내가 내 몸을 쳐 복종'하게 하는 일이다. 다시 말해서 내가 내 몸을 호되게 연단하여 복종시키는 일이다. 고전 9:27 이것은 내 안의 깊은 곳에 똬리를 틀고 있는 육적 욕망과의 투쟁을 말한다. 그래서 '날마다 죽는다' 고전 15:31 고 말하게 되는 것이다. 이렇게 자기 자신 내면의 이기적 욕망과 자기중심성 ego-centrism 을 철저하게 복종 시키는 훈련과 연단 없이는 예수와의 일치가 있을 수 없다. 십자가는 이런 자기 죽음의 연단 과정이다. 요한이 복음서에서 증거 하는 이 예수의 기도문은 '십자가'가 무엇인가를 우리에게 극명하게 보여준다. 십자가는 자기 죽음을 통한 하나님과의 일치를 의미한다. 그리고 이를 이루어가는 과정이 영성 수련이다. 즉 내 안에서 내가 죽고 그리스도가 사는 것이다.

> "내가 그리스도와 함께 십자가에 못 박혔나니 그런즉 이제는
> 내가 사는 것이 아니요 오직 내 안에 그리스도께서 사는 것이
> 라. 이제 내가 육체 가운데 사는 것은 나를 사랑하사 나를 위
> 하여 자기 자신을 버리신 하나님의 아들을 믿는 믿음 안에서
> 사는 것이라." 갈 2:20

그런데 자신을 보내신 이의 마음과 뜻에 일치시켜 비로소 '나와 아버지는 하나' 요 10:30 임을 선언적으로 표출하는 일은 일종의 신성모독이 되었다. 막달라 마리아에게 돌을 던지려 했던 유대인들은 다시 돌을 들어 예수를 치려하였다. 유대인들은 율법으로 살아가는 사람들이었다. 모세의 율법이 그들 공동체를 이루는 핵심 사상이며 일상의 준칙이었다는 것은 틀림없는 사실이다. 그러므로 율법의 조항을 하나하나 지켜나가는 일이야말로 야훼 하나님을 믿고 따르는 것이었다. 이스라엘을 정의로운 공동체가 되도록 하기 위해서는 온갖 부정한 것, 더러운 것, 불의한 것들을 물리쳐야 했다. 물리치거나 내쫓거나 죽이는 방법으로 말이다. 그들은 왜 돌을 들었는가? 바로 이러한 의로운 일을 하기 위해서였다. 이른바 바리새인들의 의는 이런 것이었다. 이렇게 보면 주위에는 온통 다 죽어 마땅한 사람들뿐이다. 창녀, 세리, 혼혈인, 이방인, 나병환자... 그런데 예수는 그들과 함께하지 않는가. 그들과 벗하며 한 식탁에서 함께 먹고 마시지 않

는가?

　예수가 자신을 하나님과 일치시킴으로 그분과 하나 되는 영성을 이루었다면 그 예수와 자신을 일치시킴으로 예수와 하나 되는 영성을 이룬 대표적 인물이 있다면 누구를 꼽을 수 있을까? 막달라 지방에서 온 가련한 여인 그 말고 또 누가 있겠는가? 그녀만큼 예수를 알고 예수를 사랑하고 예수를 따르고 예수 그 마음 안으로 들어 갈 수 있었던 사람이 누구일까? 아, 막달라 마리아! 그녀를 따라갈 사람은 없다. 베드로도 아니다. 안드레도 아니다. 도마도 아니다. 유다도 아니다. 남자들이 아니다. 율법 그 너머의 영성, 도덕 그 너머의 영성, 사상 그 너머의 영성, 이념 그 너머의 영성, 신학 그 너머의 영성 아니 영성 그 너머의 영성이 있다면 그런 영성은 다름 아닌 막달라 마리아에게서 만날 수 있는 영성이다.

　율법이 구약시대에 유대인에게서 율법주의자를 길러내는 준거의 틀이 되는 어처구니없는 일이 일어났다면, 이 시대에서는 영성이 영혼을 버린 영성주의자들을 양산하는 모순이 발생한다. 진정한 의미에서 그런 영성주의에는 영성이 없다. 중세교회에 예수가 없고 개혁교회에 개혁이 없다면, 그런 점에서 영성 그 너머의 영성이다. 이는 영성이 그 어떤 이론이나 신학으로 되어지는 것이 아니기 때문이다. 영성은 이론 너머의 이론, 신학 너머의 신학, 도덕이나 윤리 그 너머의 어떤 것이기 때문이다.

막달라 마리아는 예수에 대한 지극한 사랑을 기록으로 남기지 않았다. 그러나 그의 사랑의 영성은 나드의 향기로서 복음서를 넘길 때마다 독자의 마음 깊은 곳에 와 닿는다. 나드 향은 감송향甘松香으로 불린다. 감송은 특이한 냄새로 청량감을 주며 쓴맛과 함께 맵고 또 달콤하며 따뜻하다고 한다. 감송 뿌리는 히말라야에서 유래하는데 고대부터 진통제의 재료이며 유대인들의 결혼식에 사용하는 향유로도 알려져 있다. 십자가의 고통과 결혼의 신비, 이를 누구보다도 앞서 체화한 인물이 막달라 지방 출신의 마리아였다.